돈이란 무엇인가

주식, 비트코인, 부동산에 열광하는
당신이 가장 먼저 던져야 할 첫 번째 질문

조병익 지음

MONEY

21세기북스

'돈'처럼 우리에게 익숙한 단어가 있을까? 현대인들은 돈을 벌어 그것으로 무언가를 소비하며 만족감을 느낀다. 그러나 큰돈을 벌고 싶어 하는 수많은 사람 중 어떤 사람은 돈을 지배하고, 어떤 사람은 돈의 노예가 된다.

그럼 도대체 돈이란 무엇일까? 초창기 상품화폐, 금속화폐에서부터 현대 사회의 지폐와 신용카드를 비롯해, 일부에서 돈처럼 사용되는 비트코인까지, 돈의 정의와 성격은 시대의 변천과 함께 변화해왔다.

특히 자본주의 사회에서 돈이 실생활에 미치는 영향은 점차 커지고 있다. 실제로 현대 자본주의 사회에서의 돈은 다양한 사물과 가치를 측정하고, 상품의 질적 차이마저 비교 가능한 수치로 나타내면서 경제활동을 원활하게 해주는 중요한 수단으로 작용하고 있다. 따라서 현대 자본주의 사회의 구성원이라면 돈에 대한 지식은 반드시 갖추어야 할 기본적인 상식과도 같다.

그렇다면 우리는 왜 더 많은 돈을 추구하며 살아가고 있는 것일까? "돈이란 결국 인생에 필요한 모든 안락함의 상징이다"라는 괴테의 말처럼 돈이 삶을 더욱 풍요롭게 만들기 때문일 것이다. 재테크 관련 서적이 베스트셀러가 되고 유튜브의 재테크 강의 영상의 조회 수가 늘어나는 것도 이와 무관치 않다.

이렇듯 돈은 현대 자본주의 사회에서 절대적인 존재이지만 그 익숙함 때문에 실제로는 잘 보이지 않는다. 즉, 우리는 돈을 안다고 하면서도 실제로는 돈이 삶에서 어떻게 작용하는지, 돈이 부여하는 삶의 의미가 무엇인지를 잘 모른 채 살아가고 있는 것이다. 따라서 돈에 대한 인간의 태도와 사고방식을 종합적으로 바라볼 필요가 있다.

하지만 이를 제대로 설명해주는 책들은 많지 않은 것 같다. 사람들의 욕구에 편승해 어떻게 돈을 많이 벌 수 있는지에 대한 책들은 시중에 넘쳐나지만, 이는 자칫 사람들로 하여금 돈에 대한 맹목적인 추종을 하게 만들 위험도 있다. 이런 측면에서『돈이란 무엇인가』는 돈에 관한 인문학적 고찰을 통해 우리의 삶과 생각이 돈과 어떻게 연결되어 있는지 생각해 볼 수 있는 기회를 제공한다. 다양한 역사적 사실, 문학, 철학, 심리학 등 인문학적 요소들뿐 아니라 경제와 관련된 전문적인 내용까지 딱딱하지 않게 풀어가는 힘은 독자들을 쉽고 재미있는 이야기 속으로 빠져들게 할 것이다.

한국은행에서 20여년 이상 일하며 갖춘 다양한 경제적 지식을 바탕으로 한 저자의 노력과 식견에 탄복하며, 독자들에게도 충분히 돈에 대한 생각과 안목의 깊이를 더해줄 것으로 확신한다.

경희대학교 무역학과 교수 박하일

머리말

가끔 돈이 궁할 때 '하늘에서 돈이 떨어지기라도 하면 얼마나 좋을까'라는 생각을 하곤 한다. 그리스 신화에서 제우스는 황금 빗방울로 변신하여 지상의 여인 다나에의 몸에 쏟아져 내렸다고 하는데, 나에게도 그런 돈 방울이 하늘에서 떨어지지 않을까 하는 기대를 하는 것이다. 그러나 이는 어디까지나 신화와 같은 생각에 불과하다. 그만큼 현실에서 벌어지기 힘든 일이기 때문이다. 설사 하늘에 떠 있는 구름이 진짜 '돈 구름'이라고 쳐도 내가 사는 지역에 '돈 비'가 내린다는 보장도 없다. 하지만 영화나 소설에서는 충분히 가능한 일이다.

일례로, 넷플릭스의 인기 드라마인 〈종이의 집〉을 보면 스페인 중앙은행 침입 계획을 세운 강도들이 마드리드 상공 위 체펠린 비행선에서 돈을 뿌리는 장면이 나오고, 우리나라 영화 〈돈〉에서도 주인공이 지하철에서 돈을 뿌리는 장면이 등장한다. 현실에서도 2009년 '마일로라마'라는 온라인 업체가 파리 에펠탑에서 4만 유로를 뿌리는 이벤트를 발표한 적이 있다. 그러자 무려 7천여 명의 군중이 모여들었고, 결국 사고를 우려한 나머지 돈 뿌리기 이벤트는 취소되고 말았다. 업체 이름과 비슷하게 '말로만' 끝난 해프닝이 돼버린 것이다. 그런가 하면 2013년에는 벨기에의 한 강도가 경찰의 추격을 받던 중 금고를 밖으로 던져 100만 유로에 달하는 돈이 흩날리는 일이 벌어지기도 했다. 당시 사람들은 집안의 빗자루까지 들고 나와 지폐를 쓸어 담았다고 한다.

　그런데 이처럼 돈이 뿌려질 때는 항상 어떤 의도가 숨겨져 있다. 〈종이의 집〉에서 강도들이 하늘에서 돈을 뿌린 것은 대중이 자신들을 지지해주기를 바라는 마음에서였고, 영화 〈돈〉이나 벨기에의 강도는 혼란을 유발하여 위기의 순간에서 벗어나기 위함이었다. 그리고 돈 뿌리기 이벤트는 일종의 마케팅이었다.

　하지만 사람들은 그 의도를 파악하려는 시도는 하지 않은 채, 그저 보이는 돈에 달려들기만 한다. 이는 특별한 노력 없이 돈을 얻을 수 있는 절호의 기회이기도 하거니와 잘만하면 꽤 많은 돈을 만질 수도 있기 때문이다. 그 이면에는 방법과는 상관없이 수중에 돈이 굴러들어 오면 장땡이라는 심리도 작용하고 있다. 게다가 이렇게 뜻하지 않은 돈을 얻기라도 하면 마치 하늘에서 돈벼락이라도 맞은 양 기분까지 좋아진다. 전압이 10억 볼트에 달하고 온도가 태양 표면보다 4배 높은 진짜 벼락을 맞으면 영혼이 하늘로 날아가지만, 돈벼락을 맞으면 기분이 하늘로 날아간다. 어쩌면 돈벼락이 칠 때의 움직임이 100미터 세계 신기록 보유자인 우사인 볼트보다 빠를지도 모른다.

　그렇다면 왜 우리는 이토록 돈에 열광하는 것일까? 그것은 기본적으로 돈이 있어야 삶이 더 편리해질 것이라는 생각 때문이다. 한마디로 돈이 삶의 필수재로 작용하는 사회, 즉 돈이 밥이 되고, 옷이 되며, 집이 되는 사회에 살고 있기 때문이다. 더구나 돈으로 할 수 있는 것들이 점점 많아지고, 또 다양해지다 보니 돈이면 못할 것이 없다는 생각이 점점 강해지기까지 한다. 심지어 돈이 꿈이 되기도 한다. 매일 우리가 접하는 뉴스만 보더라도 돈과 관계없는 것들을 찾아보기 힘들 정도로 돈이 모든 것의 축소판인 것처럼 느껴지기도 한다.

하지만 이렇게 돈과 얽혀 살아가고 있으면서도 정작 우리는 돈이 어떻게 삶과 결부되어 있는지, 돈을 통해 어떤 지혜와 통찰을 얻을 수 있는지를 깊이 고민하지 않은 채 살고 있다. 단지 '어떻게 하면 부자가 될 수 있을까'라는 욕망과 고민으로만 가득 차 있을 뿐이다. 그러다 보니 어느새 돈이 삶의 목적으로 자리 잡고, 그 목적을 이루기 위해 수단과 방법을 가리지 않는 모습을 보이기도 한다. 정작 삶의 수단이어야 할 돈이 목적으로 대체되어 버리는 것이다.

그런데 이러한 행태는 '돈'과 '부'가 동일하다는 생각 때문이기도 하다. 하지만 돈과 부는 완전히 별개의 개념이다. 쉬운 예로, 돈이 많을 경우 부자라는 소리를 들을 수 있을지는 몰라도 극심한 인플레이션 상황에서는 단순히 돈이 많다고 해서 부자가 되지 못한다. 또한 부에는 물질적인 것을 넘어 정신적인 요소도 결부되어 있다.

따라서 이러한 돈의 속성을 바라보지 못하고 오직 돈만을 추구하다 보면, 돈을 통해 자신의 삶을 바꾸어보려는 노력과 몸부림이 그 의

도와는 정반대의 결과를 낳기도 한다. 1925년에 발표된 전영택의 『화수분』은 그러한 역설을 상징적으로 보여주는 작품이다. 세 아들에게 각각 백만장자가 되라고 '장자', 큰 부자가 되라고 '거부', 재물이 계속 나오는 보물단지를 뜻하는 '화수분'이라는 이름을 지어주었건만, 정작 장남 '장자'는 젊은 나이에 죽어버리고, 차남 '거부'는 일하다 발을 다쳐 눕게 되고, 막내 '화수분'은 빈털터리가 되어 근근이 살아가다 처량한 죽음을 맞이하고 만다.

심지어 돈이 축복이 아니라 오히려 저주와 재앙으로 작용하는 사례도 부지기수다. 로또에 당첨된 후 가족관계가 파탄하거나, 상속 재산을 두고 형제들이 서로 싸우거나, 돈에 대한 지나친 욕심으로 살인을 저지르는 경우 등 그 사례는 헤아릴 수 없이 많다. 모두 돈과 삶의 균형, 즉 '머라밸Money and Life Balance'을 잃어버린 모습이자 돈의 본질을 제대로 바라보지 못하는 '돈맹盲'의 모습들이다.

이러한 맥락에서 이 책은 돈이 우리 삶에서 어떻게 살아 움직이고 있으며, 과연 돈이 무엇인지에 대한 성찰을 시도해보았다. 이는 기본적으로 돈에 대한 올바른 지식과 지혜를 갖추기 위해서다. 그래야 돈을 잘못 사용하는 우를 범하거나 돈에 대한 개념이 왜곡되지 않는다. 더불어 돈에 대한 감각이 제고되면서 각종 사고도 피할 수 있게 된다. 고속으로 달리는 차가 속도에 무감각해질 때 대형사고가 나듯 돈에 대한 감각이 무뎌질 경우에도 사고는 터지기 마련이다.

영국의 작가 윌리엄 서머셋 몸William Somerset Maugham은 "돈은 사람의 6번째 감각과 같아서 그것 없이는 나머지 다섯 감각이 제대로 작동하지 않을지도 모른다"고 했다. 그의 말대로라면 우리는 돈에 대한 감각이 약해 삶을 깊이 느끼지 못하는지도 모른다. 그러나 반대로 생각해보면 돈에 대한 감각을 제대로 키울 경우 인생을 더 깊이 관조할 수 있다는 뜻이 되기도 하다.

그래서 이 책은 그 감각을 제고하고 돈에 대한 전반적인 이해를 돕기 위해 총 4개의 질문을 던져 보았다. 첫 번째는 '돈의 기본적인 개념에 관한 질문'이고, 두 번째는 '경제를 움직이는 돈의 속성에 관한 질문'이며, 세 번째는 '삶 속에서 돈이 어떤 작용을 하고, 어떤 영향을 미치고 있는지에 대한 질문'이며, 마지막은 '사람들의 생각을 지배하는 돈에 관한 질문'이다. 글의 모든 내용은 다양한 사례와 역사, 인문학적 지식과 결합하여 이해하기 쉽게 서술하였다.

이 책은 돈을 버는 방법을 알려주는 재테크 책은 아니다. 하지만 책의 내용을 따라가다 보면 돈에 대한 감각이 높아져 재테크에 대한 힌트를 얻을 수 있을지도 모른다. 그러나 무엇보다 이 책을 통해 돈의 속성과 본질을 생각해보고, 그 생각이 더 풍요롭고 행복한 삶을 위한 보탬이 될 수 있기를 바란다. 그렇다고 돈이 무조건 좋다는 것을 말하고

자 하는 것은 아니다. 다만 돈 없이도 세상을 행복하게 살 수 있을 거라고 자신할 정도로 현실을 모르는 청맹과니가 되지 말자는 것이다.

"가난한 사람은 책의 힘으로 부유해질 수 있고, 부자는 책의 힘으로 귀해질 수 있다"는 말이 있다. 아무쪼록 이 책이 독자들에게 부유함과 귀함을 가져다줄 수 있기를 염원해본다.

조병익

차례

| 첫 번째 질문 |
돈이란 무엇인가?

| 첫 번째 질문 |

돈이란 무엇인가?

돈을 바라보는 관점

　찰스 디킨스Charles Dickens가 쓴 『돔비와 아들』이라는 소설이 있다. 산업혁명 이후 근대사회로 접어들면서 돈의 힘이 점점 강해지던 19세기 영국을 배경으로 한 이 소설에는 사업으로 많은 돈을 번 '돔비Dombey'라는 남자가 등장하는데, 그는 오직 돈을 통해 자신의 모든 정체성을 선보이고자 했던 당시 시대상을 상징하는 인물이다. 그는 아들 '폴Paul'이 태어나기 전부터 자신의 회사인 'Dombey and Son'을 아들에게 물려주어 자신의 부와 생각을 세습하려 한다. 그런데 자신의 부를 고스란히 이어받아야 할 아들이 갑자기 "아버지, 돈이 뭐예요?"라는 질문을 던진다. 만일 우리가 이 질문을 받는다면 과연 어떤 대답을 할 수 있을까?

•• 살아서 움직이는 돈 ••

갑작스러운 아들의 질문에 돔비는 당황하며 "금, 은, 동, 기니, 실링, 펜스, 이런 것이 돈이야, 너도 알고 있잖아?"라고 답한다. 그러자 폴은 "제 뜻은 돈으로 뭘 할 수 있는 거예요?"라고 되묻는다. 이에 돔비는 "뭐든지 할 수 있지"라고 대답한다. 그러자 "그럼 왜 엄마를 살리지 못했나요?"라고 반문한다. 한참 동안 생각을 가다듬은 돔비는 "돈은 우리에게 영광, 두려움, 존경, 관심, 칭찬을 가져다주며, 또한 모든 사람들의 눈에 우리가 힘 있고 눈부신 존재로 비치도록 만들어주며, 심지어 죽음에서 멀어지게 할 수도 있다"고 자세히 설명한다.

이를 보면 돔비는 돈을 전지전능한 존재로 인식하고 있는 것처럼 보인다. 물론 돔비의 생각에 동의할 수도 있고 그렇지 않을 수도 있지만, 분명한 것은 대부분의 사람들이 돔비와 같이 돈에 자신의 생각과 감정을 투영한다는 사실이다. 단순히 돈을 설명하는 것뿐인데도 인간은 돈에 여러 가지 감정을 담아낸다. 비단 돈뿐 아니라 나무와 풀과 같은 식물, 움직이는 동물, 해, 달, 별과 같은 사물에도 사람들은 다양한 감정을 덧입히고, 심지어 그것들이 마치 사람인양 묘사하기도 한다.

이를 잘 보여주는 것이 1944년 심리학자 프리츠 하이더Fritz Heider 와 메리앤 짐멜Marianne Simmel이 제작한 짧은 영화다.

이 영화의 내용은 아주 간단하다. 영화가 시작되면 작은 삼각형 하나와 원이 만나는 모습이 보이고, 잠시 후 옆에 있던 네모난 구조물 안에서 큰 삼각형 하나가 문을 열고 나온다. 문을 열고 나온 큰 삼각형이 작은 삼각형을 툭툭 치며 밀어내는 사이, 원은 사각형 구조물 속으로 들어가 문을 닫는다. 그러나 큰 삼각형은 사각형 구조물의 문을 열고 안으로 들어가고, 구조물 안에서 원은 큰 삼각형을 피해 탈출구를 찾으려 한다. 마침 밖에서 작은 삼각형이 문을 열어 주고, 원은 빠른 속도로 구조물 밖으로 나간다. 그런 후 문을 닫아 큰 삼각형을 가둔다. 하지만 이내 문을 열고 나온 큰 삼각형은 원과 작은 삼각형을 뒤쫓는다. 구조물을 돌며 쫓기던 원과 작은 삼각형이 멀리 달아나자 큰 삼각형은 사각형 구조물의 벽을 들이받아 구조물을 부숴 버린다.

이처럼 원 하나와 삼각형 두 개가 이리저리 돌아다니는 것이 전부이지만, 이 영화를 본 사람들은 그냥 단순한 도형들의 움직임을 말하지 않고 사랑, 다툼, 추격, 아슬아슬함, 따돌림, 승리와 같은 것들을 이야기한다. 이를 통해 하이더와 짐멜은 사람들이 주위의 사물을 바라볼 때 거기에 어떤 사회적 의도나 의미, 감정을 부여한다는 사실을 보여 주었다.

돈도 마찬가지다. 비록 돈은 움직이지 않는 무생물이지만 사람들은 돈에 다양한 감정과 의미를 덧입힌다. 한 연구에서 5, 6세 아이들에게 '돈'이라는 단어를 보여 주고 자유롭게 연상하도록 해 보았다. 그러자 대부분의 아이들은 자신이 원하는 물건을 살 수 있는 능력과 관련된 것들을 떠올렸을 뿐, 돈의 미덕이나 윤리적인 면에 대해서는 어떤 것도 말하지 않았다. 아이들에게 돈은 가지고 싶은 것, 쓸 수 있는 물건 정도로 인식되었던 것이다. 하지만 어른들은 그렇지 않았다. 성인들은 기본적으로 돈이 좋은지, 나쁜지에 대한 윤리적 판단을 내렸다. 다만 개인마다 처한 상황과 살아온 삶의 궤적이 다르다 보니 돈에 부여하는 의미가 다를 뿐이었다.

그래서 사람들에게 '돈은 (　)이다'라는 식으로 정의해보라고 하면 매우 다양한 대답을 내놓는다. 예를 들어, 돈이 너무 없어 욕망과 원망의 대상이 되어버린 경우 돈을 '바람'이라 정의하기도 한다. 손으로 잡을 수도 없고, 아무리 원해도 오지 않고, 자기 마음대로 왔다 갔다 하는 것이 돈이라고 생각하기 때문이다. 반면 돈으로 인해 어떤 위험이나 피해에서 벗어난 경험이 있다면 삶을 지켜주는 '수호천사'라고 정의할 수 있다. 그런가 하면 돈의 양면성을 깊이 이해하고 있는 사람이라면 잘 키우면 좋은 사람, 잘못 키우면 나쁜 사람이라는 뜻에서 '어린 아이'로 말할 수도 있을 것이다.

이처럼 돈은 그 쓰임에 따라 액션, 멜로, 공포, 코미디 등 온갖 장르의 영화와 같이 다양한 모습으로 다가온다. 또한 돈이 지닌 다양한 모습들이 모자이크처럼 합쳐지면서 새로운 그림을 만들어내기도 하며 흘러가는 구름처럼 시시각각 변하기도 한다. 그렇다면 돈은 중립적인 무생물이 아니라 여러 가지 모습으로 변신하는 살아있는 존재인 셈이다.

•• 다양한 형태로 변신하는 돈 ••

그런데 '돈' 하면 가장 먼저 떠오르는 것이 돈의 생김새다. 대게 나이가 어릴수록 이런 생각을 하기 쉽다. 그래서 아이들은 돈이 무엇이냐는 질문에 동전과 같이 동그랗게 생겼다거나, 지폐와 같이 네모나다는 답을 하곤 한다. 딸아이가 어렸을 때 세뱃돈으로 받은 돈을 계속 지갑에 보관하고 있길래, 그 돈을 은행에 저축하면 이자가 붙어 더 많은 돈이 된다고 말해주었다. 하지만 딸아이는 손에 만져지지 않으면 돈으로 느껴지지 않는다고 했다.

이처럼 돈의 생김새와 형태를 생각하게 되면 예금 통장에 찍힌 숫자보다 돼지 저금통 안에 있는 돈이야말로 진짜 돈처럼 느껴지게 된다. 그런데 여기에는 돈을 석탄이나 노다지와 같이 일정한 형태를 지닌 '고체'처럼 보는 생각이 투영되어 있다. 사람들이 자주 사용하는 "땅을 파봐라. 어디 돈이 나오나?"와 같은 말에도 이런 생각이 담겨져 있다. 그런데 고체로서의 돈이 거래에 이용될 때 그 돈은 '액체'로 변한다. 이는 돈이 돌고 돌면서 경제를 순환시키는 역할을 하기 때문이다. 그래서 이때의 돈은 혈액에 비유되곤 한다. 건원통보, 상평통보에서 사용된 '통通'도 돈이 막힘없이 잘 통용되라는 뜻을 지니고 있으며, '금융金融'이란 단어에도 '녹는다'는 뜻을 가진 '융融'이 따라붙는다. 막힌 곳을 녹여 두루두루 잘 통하게 하는 것이 금융이기 때문이다.

그러므로 경제학에서 말하는 돈의 3가지 기능, 즉 교환의 매개체, 계산단위, 가치저장 기능은 돈의 액체적 속성이라고도 말할 수 있다. 교환의 매개체로서의 돈은 재화 및 서비스를 교환하는 대가로 사용되는 기능이다. 그러자면 돈은 휴대가 편리하고 광범위한 거래에서 수용되어야 한다. 그리고 계산단위로서의 돈은 경제적 가치를 측정하고 재화 및 서비스의 가격을 표시하는 기능을 뜻한다. 이로 인해 모든 상품의 가치가 그것과 교환되는 화폐의 양으로 측정될 수 있다. 마지막으로 돈이 가치저장 수단으로 기능하는 이유는 높은 유동성을 지녀 가치가 안정적이기 때문이다. 따라서 돈이 이러한 세 가지 기능 중 하나라도 제대로 수행하지 못하면 화폐로서의 역할을 할 수 없게 된다.

그런가 하면 돈은 삶의 곳곳에서 보이지 않는 '기체'와 같은 역할을 하기도 한다. 일례로, '돈 냄새가 난다', '신기루 같은 돈', '잡히지 않는 돈'과 같은 표현들에서 돈의 기체적 속성을 엿볼 수 있다. 그리고 기체로서의 돈은 '커뮤니케이션 미디어'로서의 돈이 갖는 속성에도 잘 나타난다. 대개 사람들은 커뮤니케이션을 어떤 정보와 메시지를 전달하는 것으로 생각하곤 한다. 하지만 커뮤니케이션은 단순한 정보의 전달을 넘어 사회 구성원들이 공유하고 있는 생각과 신념을 표현하는 의식으로 정의되기도 한다. 따라서 돈도 사람들의 생각과 신념을 표현해준다는 점에서 '의식'으로서의 커뮤니케이션 미디어라 할 수 있다. 한 예로, 유로화의 앞면에 문과 창문을 그려 넣은 것은 유럽의 열린 마음을, 뒷면에 다리를 그려 넣은 것은 유럽 국가 간 소통과 관계, 통합을 상징적으로 보여주고자 한 것이다.

그래서 미국의 사회학자 탤컷 파슨스Talcott Parsons는 돈을 '정해진 규칙에 따라 의미를 부여하고 기호를 사용하는 일반화된 커뮤니케이션 미디어'라고 했으며, 커뮤니케이션 이론가인 존 더럼 피터스John Durham Peters도 돈을 '교환 미디어이자 표현 미디어'라고 했다. 심지어 철학자 칸트Immanuel Kant는 돈을 '인간의 커뮤니케이션 수단 중 가장 뛰어나고 쓸 만한 수단'으로 여겼다.

그러나 얼음이 녹으면 물이 되고, 물이 증발하면 수증기가 되듯 고체, 액체, 기체로서의 돈은 마치 '보로메오의 고리[1]'처럼 하나하나의 기능이 그 자체로 유효하면서도 서로 긴밀히 연결되어 있다. 이는 고체, 액체, 기체의 성질을 모두 지니고 있는 다른 것들에서도 마찬가지다. 예를 들어, 정보를 캔다(고체적 개념), 정보가 흐른다(액체적 개념), 정보에 환하다(기체적 개념)와 같이 '정보'에도 세 가지 개념이 모두 담겨져 있다. 또한 '모래'도 고체와 액체, 기체의 경계를 넘나든다. 모래 한 알 한 알은 고체로 존재하지만, 손으로 쥐면 물처럼 흘러 빠져나가는 액체적 속성을, 바람이 불면 흩날리는 기체적 성질을 보인다.

이처럼 돈, 정보, 모래 어느 것을 보더라도 고체, 액체, 기체는 서로 동떨어진 개념이 아니다. 즉, 고체인 돈을 캐내어 세상에 액체처럼 유통시키면, 그것이 기체와 같이 우리의 삶에서 보이지 않는 역할을 수행한다. 하지만 쓰기에 따라 돈은 정보처럼 요긴하게 쓰일 수도 있고, 모래처럼 쌓이지 않고 우리 손에서 쉽게 빠져나갈 수도 있다.

•• 돈의 기호학적 속성 ••

이처럼 고체, 액체, 기체라는 프레임을 통해 돈을 바라보게 되면 돈의 기능과 역할을 보다 쉽게 이해할 수 있다. 그런데 돈이 왜 돈이 되는지 그 속성을 제대로 이해하기 위해서는 기호학[2]에서의 '피시스, 노모스, 세미오시스'란 개념을 들여다 볼 필요가 있다.

우선 피시스physis는 실제로 자연에 존재하는 실제 세계를 의미하

---

1) 하나 또는 둘을 놓고 볼 때는 서로 분리되어 있지만, 셋을 놓고 보면 하나의 고리처럼 서로 연결되어 있는 3항의 관계를 가리키는 말로, 16세기 이탈리아의 귀족이었던 보로메오 가문의 문장紋章에서 비롯된 용어다.

2) 사람들이 사용하는 기호에 관한 법칙과 기호 사이의 관계를 규명하고, 기호를 활용하여 의미를 생산하고 해석하며 공유하는 행위 등을 연구하는 학문이다.

는 것으로 물리학Physics의 어원이 되는 말이다. 그리고 노모스nomos는 법이나 규정, 제도를 뜻하며, 세미오시스semiosis는 인간이 전달하고자 하는 내용과 의미를 보여주는 일종의 기호 작용을 말한다.

스위스의 언어학자 소쉬르Saussure는 사람들이 전달하고자 하는 의미의 내용을 '기의signifie', 의미를 전달하는 수단을 '기표signifiant'라고 하면서, 기표를 통해 다른 사람에게 기의를 전달하는 행위와 기표를 전달받은 사람이 그 기의를 해석하는 행위를 '의미작용signification'이라 했다. 이때 기표와 기의를 통해 의사를 주고받는 행위가 '의사소통communication'이며, 의미작용과 의사소통을 합한 것이 기호작용, 즉 '세미오시스'다.

예를 들어, 우리가 사랑하는 사람에게 장미꽃을 선물할 경우 상대방을 사랑하는 마음이 기의이고, 장미꽃은 사랑의 마음을 전달하는 수단, 즉 기표가 된다. 이때 꽃을 받은 사람은 꽃을 선물한 사람의 의도를 해석하게 되는데, 이것이 의미작용이다. 그리고 장미꽃을 준 사람과 받은 사람의 의미작용이 동일할 경우 성공적인 커뮤니케이션이 일어났다고 할 수 있다. 여기서 장미꽃은 사랑을 나타내는 상징적인 기호이다. 그래서 기표는 꽃과 같은 상징을 통해 나타나는 경우가 많다. 그러나 기표는 이러한 상징 외에도 아이콘이나 지표와 같은 형태로 표출되기도 한다. 예를 들어, 카카오톡에서 사용하는 이모티콘은 사람들의 감정을 표현해주는 기표이며, 소비자물가지수는 물가 상승 정도를 보여주는 기표라 할 수 있다.

그런데 피시스, 노모스, 세미오시스는 앞에서 말한 고체, 액체, 기체와 마찬가지로 동일한 개체를 서로 다른 관점에서 바라보는 개념이기도 하다. 예를 들어, 무지개의 경우 수천만 개의 무한한 색으로 구성된 피시스로서의 무지개, 이색 무지개, 오색 무지개와 같이 사람에 따라 서로 다르게 인식되는 세미오시스로서의 무지개, 뉴턴Issac Newton의 실험 이후 과학책에서 규정된 노모스로서의 일곱 빛깔 무지개가 공존하고 있다. 또한 정부는 자동차의 속도를 줄이기 위해 물리적 실체가 있는 과속 방지턱 또는 과속 탐지 카메라를 설치하거나(피시스), 황색선을 그어 운전자의 인식에 영향을 미치는 방법으로 자동차의 속도를 줄이거나(세미오시스), 범칙금과 과태료를 통해 통해 속도를 줄이는 방법(노모스)을 모두 사용하고 있다.

마찬가지로 돈에도 피시스, 세미오시스, 노모스의 개념이 모두 녹아져 있다. 우선 오늘날 화폐는 일정한 형태를 지닌 피시스로 존재한다. 화폐 및 주화의 규격, 액면 체계, 위조 방지 장치 등은 모두 피시스에 속한다. 그리고 화폐에는 사람들의 생각과 삶의 양식이 반영되어 있어 세미오시스로서의 속성도 지닌다. 돈이 사랑의 기준이나 삶을 평가하는 수단이 되고, 권력을 부리는 도구로 쓰이는 것은 모두 세미오시스에 가깝다.

하지만 아무리 피시스와 세미오시스를 갖추고 있어도 돈이 법에 의해 강제 통용력이 보장되지 않을 경우 정상적인 유통이 이루어지지 못한다. 따라서 돈은 일정한 형태를 지닌 피시스, 의미의 상호작용인 세미오시스뿐 아니라 법에 의해 그 유통력이 보장되는 노모스적 속성을 갖추어야만 한다.

돈의 본질

　경제학자 케인즈John Maynard Keynes는 『화폐론』에서 돈이 개념적이고 실제적인 특성을 모두 가진다고 주장했다. 그러면서 개념적인 특성을 가지는 돈은 계산단위로서의 역할을 하는 '자격title으로서의 돈'이고, 실제적인 특성을 가지는 돈은 교환의 매개체 역할을 하는 '물질thing로서의 돈'이라고 했다. 굳이 따져보면 자격으로서의 돈은 세미오시스와 노모스에 가깝고, 물질로서의 돈은 피시스에 가깝다. 이처럼 돈에는 보이지 않는 요소와 보이는 요소가 모두 포함되어 있다. 그러나 어떤 요소를 중시하느냐에 따라 돈의 조건과 본질은 달라진다.

•• 명목주의와 금속주의 ••

피시스, 세미오시스, 노모스 중 돈에서 가장 중요한 요소를 꼽으라면 단연 '노모스'다. 이는 현대 사회의 화폐가 바로 노모스, 즉 법에 의해 그 지위가 인정되고 있기 때문이다. 따라서 법으로 인정받지 못한 돈은 일상에서 사용할 수 없다. 이 때문에 현대 사회의 화폐를 '법정화폐legal tender'라 부른다.

그런데 법정 화폐 체계 하에서의 화폐는 일종의 상징적인 물건에 불과하다. 화폐를 종이로 만들든, 플라스틱으로 만들든 거기에 법이 통용력을 부여해야만 화폐의 기능을 할 수 있기 때문이다. 따라서 법정 화폐 체계에서는 화폐가 지닌 소재가치는 무의미하고 국가가 정한 명목가치만이 중요해진다. 그래서 이를 '명목주의'라 한다. 명목주의를 뜻하는 영어 단어 'nominalism'에서 'nom'은 이름을 뜻한다. 따라서 명목주의는 실체가 없는 이름만 가진 화폐체계라 할 수 있다. 하지만 그 이름을 보장해주는 것이 바로 '법'이기 때문에 아무런 실체가 없어도 돈의 유통이 가능해진다. 그래서 과거 그리스에서도 화폐를 '노미스마nomisma'라 불렀다.

현대의 화폐제도가 노모스 개념을 바탕으로 한다는 사실은 주요국의 중앙은행법에 잘 나타나 있다. 한국은행법 제48조는 '한국은행권은 법화로서 모든 거래에 무조건 통용된다'고 선언하고 있다. 미국 달러화에도 'This note is legal tender for all debts, public and private'이라는 문구가 있다. 여기서 'tender'는 '지급한다'라는 뜻으로 법화로 지급할 경우 법적 채무가 완전히 소멸된다는 의미를 가진다. 즉, 화폐를 지급하는 지급인의 입장에서 볼 때 법화는 '법적 지급 수단'의 의미를 가지는 것이다. 한편 법화는 수취인의 입장에서 볼 때 '강제적 화폐fiat money'의 의미를 지닌다. 라틴어 'fiat'은 『성경』 창세기의 '빛이 있으라fiat lux'에서와 같이 '반드시 그러하리라it shall be'라는 일종의 명령이기 때문에 법화를 받는 수취인은 이를 거부할 수 없다는 뜻이다.

그런데 명목주의는 '국가가 법으로 정해서 유통을 명령하는 대상물이 화폐'라는 사고가 전제되어 있다. 이런 사고 체계 하에서는 국가 또는 최고 통치자가 언제든지 돈을 발행할 수 있다. 과거 국가 권력을 법에 위임하고 있지 않던 시절에는 왕이나 군주의 명령이 법과 같이 작용했다. 때문에 그 시대의 화폐는 하늘과 같은 왕의 명령에 의해 그 가치가 발휘되었다.

춘추전국시대 제나라 위왕은 전국의 학자들을 초빙하여 '직하학궁稷下學宮'이라는 아카데미를 형성했다. 당시 직하학궁에는 한때 76명에 달하는 제자백가들이 모여들 정도로 학문 발달의 중심이 되었는데, 수많은 학자들이 자신들의 사상을 자유롭게 논쟁한다는 '백가쟁명百家爭鳴'이라는 말도 여기에서 나왔다. 당시 직하학궁의 학자들의 언행을 엮은 『관자』에는 군주가 화폐의 유통을 통제해야 한다는 주장이 담겨져 있다. 그들은 군주 외에 다른 누군가가 화폐를 발행하게 되면 군주의 권한의 침해된다고 보았다. 이러한 사상적 흐름은 우리나라에도 영향을 미쳐 조선의 태종도 '돈을 만드는 권력은 왕이 갖는 것'이라는 의미의 '화권재상貨權在上'을 주장하며 닥나무로 만든 종이돈인 '저화楮貨'를 발행하기도 하였다.[3]

이처럼 화폐를 국가가 법에 의해 통용력을 부여한 지급 수단으로 보는 학설을 '화폐국정설[4]'이라 한다. 화폐국정설에 의하면 돈의 가치와 유통은 국가에 의해 정해지는 대상물에 불과하다. 즉, 화폐란 국가의 의지에 따라 만들어진 산물인 것이다. 따라서 국가가 법으로 화폐의 유통을 명령하기 전에는 화폐가 화폐로서의 가치를 발휘할 수 없게 된다.

한편 명목주의에 반대되는 개념은 '금속주의metalism'다. 이는 통치자의 명령과 상관없이 돈이 그 자체로 가치를 지녀야 한다고 보는 입장이다. 금속주의는 화폐 그 자체가 소재가치를 지닐 때 비로소 가치의 척도, 교환의 매개수단으로서의 기능을 갖는다고 본다. 금속주의는 화폐를 일종의 상품으로 보기 때문에 화폐가 그 자체로 존재하거나 최소한 실재하는 물체를 기반으로 존재해야 한다. 그래서 금과 은 같이 소재가치가 있고 실질적인 소유가 가능한 것만을 돈으로 본다.

이러한 견해는 한계효용이론의 제창자였던 카를 멩거Karl Menger에 의해 이론적으로 정립되었는데, 그는 화폐가 물물 교환의 단점을 극복하기 위해 탄생한 발명품이라고 주장했다. 그는 개인적 선택에 의해 화폐가 자생적으로 생겨난 것일 뿐, 정부나 법률이 개입할 여지가

---

3) 위화도 회군 이후 이성계에 대항한 고려의 충신 방사량은 정치, 경제, 군사 등 다방면에 걸쳐 시급하게 개선해야 할 것들을 정리(시무11조)하여 공양왕에게 바쳤다. 방사량의 제안 중에는 포화와 같은 물품화폐 대신 종이돈을 쓰자는 제안도 있었다. 이렇게 해서 탄생한 것이 닥나무로 만든 종이돈 '저화'다. 저화는 공양왕 때 처음 제조되었으나, 이성계에 의해 폐지되었다가 다시 태종 때 부활되었다. 당시 태종이 신하들의 반대를 무릅쓰고 내세웠던 명분이 바로 '화권재상'이다. 그러나 저화 사용을 강력히 권장했던 태종이 죽자 종이돈의 쓰임새는 눈에 띄게 감소했고 성종 때 이르러 사라져 버렸다.

4) 화폐국정설Staatliche Theorie des Geldes은 1905년 독일의 게오르크 크나프Georg Knapp가 발표한 저서의 제목이기도 하다.

없다고 보았다. 즉, 화폐에 사회적 제도나 법적 강제가 필요하지 않고, 단지 국가는 화폐의 주조에 사용된 금속의 질과 양을 보증하고 공식적으로 승인하는 역할에 머물러야 한다는 것이다.

•• 약속과 채권 · 채무로서의 돈 ••

명목주의 관점에서 볼 때 우리는 돈의 두 가지 본질을 유추해볼 수 있다. 하나는 돈이 '약속'이란 것이고, 다른 하나는 돈이 '채권이자 채무'라는 점이다.

우선 명목주의를 바탕으로 한 법정 화폐 체계는 화폐가 하나의 약속이라는 것을 말해준다. 법이 사회 구성원들의 합의에 의해 만들어진 일종의 사회적 약속이기 때문이다. 따라서 공식적인 법화가 없는 곳이라도 구성원들의 합의, 즉 약속만 있을 경우 무엇이든 화폐가 될 수 있다. 구성원들 간의 약속이 일종의 법과 같은 작용을 하기 때문이다.

대표적인 곳이 감옥과 같은 곳이다. 한 예로, 제2차 세계대전에 참전했다가 독일군에 붙잡혀 3년간 포로수용소 생활을 했던 경제학자 리처드 래드포드Richard Radford가 쓴 〈포로수용소의 경제조직The Economic Organisation of a P.O.W Camp〉이라는 논문을 보면, 포로수용소에서 포로들에게 배급된 '담배'가 비누와 같은 생활용품의 가격을 표시하는 가치 척도의 역할, 초상화를 그려주는 대가로 지불하는 지급 수단의 역할을 하고 있다. 즉, 담배가 화폐의 역할을 대신하고 있는 것이다. 이는 담배를 화폐로 사용하겠다는 수감자들 간의 암묵적 합의가 있었기 때문이다.

이러한 합의는 감옥과 같은 폐쇄적 공간에서만 이루어지는 것은 아니다. 2000년대 초 아프리카 소말리아에서는 오랜 내전으로 소말리아 중앙은행이 문을 닫는 바람에 강력한 친족 네트워크를 중심으로 20여 년 전에 발행된, 법적 가치가 전혀 없는 '소말리 실링'이 화폐로 쓰이기도 했다. 소말리아 사람들이 그것을 화폐로 받아들이겠다고 암묵적으로 약속했기 때문에 가능한 일이었다.

그런가 하면 남태평양의 야프Yap섬에서는 '페이fei'라는 돌 화폐가 사용되기도 했다.[5] 이 돌 화폐는 직경 30센티미터 정도의 접시만 한 것에서부터 지름이 3.5미터, 무게가 4톤에 달하는 바위만한 크기에 이르기까지 다양하며, 중심에 막대기를 끼워 쉽게 옮길 수 있도록 맷돌처럼 돌 한가운데에 구멍이 뚫려져 있다. 돌은 크고 무거울수록, 그리고 힘들게 확보한 것일수록 가치가 높았다.[6] 그런데 중요한 것은 돌이 너무 무거웠기 때문에 야프 섬 사람들이 돌을 가만히 둔 채 소유권이 바뀌었다는 것을 서로 인정하는 것만으로 거래를 끝낸다는 점이다. 야프섬 사람들 사이에 그러한 약속이 존재했기 때문이다.

그런데 재미있는 것은 야프섬 돌 화폐의 이체 방식이 현대 금융에

---

5) 1903년 미국의 인류학자인 윌리엄 헨리 퍼니스 3세William Henry Furness III는 남태평양의 미크로네시아 캐롤라인 군도의 야프 섬을 방문한 후 1910년에 쓴 저서 『Islands of Stone Money, UAP of the Carolines』를 통해 페이를 소개했다. 현재 야프섬을 포함한 미크로네시아연방국은 미국 달러를 법정 화폐로 사용하고 있다.

6) 페이의 재료가 되는 돌은 야프 섬에서 약 640킬로미터 떨어진 팔라우 군도의 바벨투아프 섬의 석회암 지대에서 카누와 뗏목을 이용해 운반해 왔다.

서도 널리 사용되고 있다는 점이다.

이를 이해하기 위해 뉴욕 월스트리트에 있는 미국 연방준비은행의 지하금고를 잠깐 들여다보자. 그곳에는 엄청난 양의 금이 보관되어 있는데, 이는 각국의 중앙은행들이 외환보유고로 보유하고 있는 금을 맡긴 것이다. 미 연준뿐 아니라 런던과 같이 금 거래 시장이 발달한 지역에 위치한 주요국 중앙은행들도 금을 대신 보관해주는데, 이러한 업무를 '금 보관업무gold custody'라 부른다.

그런데 미 연준에 금을 보관 중인 일본 중앙은행과 캐나다 중앙은행이 금을 매매한다고 생각해보자. 일본 중앙은행이 캐나다 중앙은행에 금을 매각할 경우 일본 중앙은행의 장부에는 매각된 금만큼의 가치가 제하여지고, 캐나다 중앙은행의 장부에는 동일한 금의 가치가 더해진다. 그러나 실제로 매각된 금은 뉴욕의 미 연준 지하금고 안에서만 움직인다. 즉, 미 연준 금고 속 일본 중앙은행의 보관구획에서 캐나다 중앙은행의 금 보관구획으로 금이 이동하는 것이다. 하지만 이 지하금고에서 실제로 금이 옮겨졌는지를 직접 눈으로 확인하기 전까지는 금의 이동이 이루어졌다는 사실을 그저 믿을 수밖에 없다.

넷플릭스의 인기 드라마인 〈종이의 집〉의 결론 부분도 이러한 사실을 잘 보여준다. 강도에게 모든 금을 털린 스페인 중앙은행이 스페인 경제의 추락을 막기 위해 진짜 금이 아닌 도금이 된 가짜 금을 금고에 입고하기 때문이다. 이는 금고에 다시 입고되는 금이 진짜 금인지 아닌지를 아무도 확인할 길이 없다는 강도의 제안을 정부가 받아들였기 때문이다.

그런데 이러한 방식은 일반적인 계좌이체에서도 똑같이 일어나고 있다. 누군가에게 인터넷뱅킹을 통해 계좌이체를 했을 때 우리는 통장에 찍힌 금액의 변동만을 보고 자신의 돈이 A은행 금고에서 B은행의 금고로 옮겨졌을 것이라고 믿는다. 하지만 그 돈이 실제로 B은행의 금고에 있는지 여부를 확인하지는 않는다. 야프섬의 돌 화폐가 작동하는 방식과 별반 다르지 않다.

한편 명목주의는 화폐가 '채권이자 채무'라는 점도 말해준다. 사실 정부가 법을 통해 공식적으로 지불 수단으로서의 지위를 보증해준다는 것은 국민이 요구할 경우 정부가 언제든지 액면만큼의 금액을 지급해주겠다는 약속을 해주는 것과 같다. 그래서 영국의 중앙은행, 영란은행이 발행한 지폐에는 'I promise to pay the bearer on demand the sum of five(ten, twenty, fifty) pounds' 즉, '이 은행권을 지닌 사람에게 액면금액을 지급할 것을 약속한다'라는 문구가 표기돼 있다. 그런데 이러한 약속이 가능한 이유는 국가가 세금을 징수하거나 채권을 발행하여 국민들의 요구금액을 언제든지 충당해줄 수 있는 능력이 있기 때문이다.

이 때문에 법화를 발행한 국가는 채무자가 되고 국민은 채권자가 된다. 다시 말해, 채권자인 국민이 요구하면 채무자인 국가는 화폐 액면에 쓰여 있는 가치를 언제든지 지급해야 하는 것이다. 그래서 화폐를 발행하는 중앙은행 재무상태표(대차대조표)에도 화폐 발행은 부채

항목으로 분류된다.

그러나 반대로 국민 입장에서 볼 때 화폐는 채권이다. 하지만 일반적인 채권과는 달리 화폐에는 이자가 지급되지 않는다.[7] 따라서 화폐는 '제로금리 채권'이라 할 수 있다. 엄밀히 말해 그 소유자에 관계없이 유효한 금리가 지급되지 않는 무기명 채권인 셈이다.

역사에는 화폐의 무기명 채권적 성격을 잘 보여주는 사례가 있다. 바로 영국의 '탤리 스틱tally stick'이다. 흔히 우리말로 '엄대[8]'라고도 번역되는 탤리 스틱은 12세기부터 약 600년 이상 영국에서 운영된 시스템이다. 탤리 스틱은 템스 강변에서 자라는 버드나무로 만든 막대기 형태였는데, 이는 일종의 세금 영수증이었다. 농부들이 곡물과 같은 것으로 세금을 납부하면 영국 재무부는 그 내역을 눈금으로 새긴 다음 스틱을 가로로 길게 쪼개 하나씩 나눠 가졌다. 이때 납세자(채권자)가 보관하는 것을 '스톡stock', 정부(채무자)가 보관하는 것을 '포일foil'이라 불렀다. 여기서 유래하여 오늘날 주주는 '스톡홀더stock holder'라 칭하고, 영국의 국채는 '스톡stock'이라 부른다.

이러한 스톡과 포일의 관계는 조선시대 어음의 '남표男表와 여표女表'와도 비슷하다. 사실 어음이란 말은 '베다'라는 뜻을 지닌 순우리

---

7) 화폐에 표면적인 이자는 붙지 않지만, 화폐를 발행할수록 보이지 않는 이자는 점점 늘어난다. 이는 화폐 발행으로 인해 인플레이션이 발생하면서 국민들의 구매력이 줄어들기 때문이다. 반대로 화폐를 발행한 국가는 주조차익을 얻기 때문에 국민들로부터 세금을 걷은 것과 마찬가지의 효과가 생긴다. 그래서 이를 '인플레이션 조세'라 한다.

8) 과거 술집에서 단골손님들이 외상으로 술을 마실 경우 글을 몰라 외상장부를 기록할 수 없었던 여주인들은 손님들이 마신 술 잔 수만큼을 벽에 작대기를 그어 표시했다. 또한 반찬가게나 푸줏간에서는 외상 거래를 할 때 막대기에 짧은 금을 새겨 표시했는데, 이때 사용된 막대기를 '엄대'라고 했다. 이 때문에 외상으로 술을 마시거나 물건을 살 때 '외상을 긋다'라는 표현이 생겨났다.

돈이란 무엇인가

말 '엉'에서 나왔다. 탤리 스틱을 뜻하는 엄대와도 그 어원이 같다. 그래서 조선시대 상인들은 어음의 한가운데를 두 조각으로 나눈 뒤 채권자가 갖는 것을 '남표'라 하고, 다른 한쪽을 '여표'라 하여 채무자가 가졌다. 남표를 보유한 채권자가 지급을 요구하면 채무자는 그가 보관하고 있던 여표와 맞춰본 후 액면금액을 지불하는 식이었다. 과거 고구려의 주몽과 유리왕이 부러진 칼을 맞추어 서로를 알아본 것과 같은 이러한 행위를 '부절符節' 또는 '부신符信'이라 하는데, 이는 기본적으로 탤리 스틱과 어음의 진위를 확인하는 절차였다. 현대 금융에서는 신원 확인이 이를 대신하고 있다.

한편 세금의 영수증으로 발행된 탤리 스틱은 시장에서 돈처럼 사용되기도 했다. 사람들은 시장에서 탤리 스틱을 지불하고 물건을 교환할 수 있었으며, 물건 값으로 탤리 스틱을 받은 사람은 세금을 내지 않아도 됐다. 그런가 하면 영국 왕실은 세금을 징수하기도 전에 미리 세금 증서인 탤리 스틱을 발행하여 금세공업자들이 보관하고 있던 금과 교환하기도 했다. 이는 국채를 발행해 돈을 미리 당겨쓰고 나중에 세금을 걷어서 갚는 오늘날의 재정정책과 동일한 원리로 탤리 스틱의 무기명 채권적 성격을 잘 보여준다.

그러나 탤리 스틱은 600여 년 동안 유지되다 1823년 법령에 의해 폐지되었는데, 1834년 의회 건물 지하실에 보관되어 있던 탤리 스틱을 모두 소각하는 과정에서 의회 건물이 불에 타기도 했다.

•• 금본위제의 흥망성쇠 ••

대부분의 현대 국가들은 명목주의에 바탕을 둔 법정 화폐 시스템을 사용한다. 그러나 오늘날에도 여전히 소재가치에 따라 화폐의 가치가 정해져야 한다는 금속주의를 지지하는 사람들이 있다. 특히 금속주의의 주축이 되는 '금'은 오랫동안 사람들의 사랑을 받아왔는데, 이는 금이 법정 화폐와는 달리 객관적이고 실체적인 데다 시간이 아무리 지나도 화학 변화를 일으키지 않고 언제 어디서든 동일한 크기로 나눌 수 있기 때문이다. 게다가 금만큼 귀한 금속을 찾기 힘들다는 사람들의 인식도 화폐로서의 금을 더욱 가치 있게 만들었다.

금이 귀하다는 사실은 중성자별[9]의 충돌에 의해 금이 만들어지는 점만 보더라도 쉽게 알 수 있다. 이는 10만 년에 한 번 일어날 정도로 매우 보기 드문 일이기 때문이다. 그래서인지 금은 '빛나는 새벽'이라는 뜻을 가진 'Aurora'에서 유래한 'AU'라는 원소 기호를 사용한다. 고대인들도 금을 마법 또는 신과 결부시켜 생각을 하곤 했다. 『성경』에서 여호와의 언약궤를 장식한 것이 금이었고, 솔로몬이 만든 성전에도 수많은 금이 사용되었다. 자그마치 『성경』에서 금이 언급된 부분만 400군데 이상이다. 그런가 하면 고대 인도인들은 금을 불의 신인 아그니Agni가 흘린 정액이라고 생각했고, 잉카 제국에서는 금과 은을 해와 달의 땀방울이라고 여겼다. 앗시리아, 바빌론, 이집트에서도

---

9) 중성자별이란 '초신성'의 중심핵이 내부로 붕괴하여 압축될 때 형성되는 밀도가 매우 높은 항성을 말하는데, 만일 중심핵의 질량이 태양의 질량보다 두 배 정도 무거울 경우 중심핵은 중성자별 대신 블랙홀이 된다.

돈이란 무엇인가

금이 태양, 은이 달과 관련되어 있다고 여겼다. 그래서 그들은 해와 달의 회전주기에 따라 금과 은의 교환비율을 정했다. 당시 그 비율은 대략 1대 13.3이었다. 또한 연금술사들은 금이 모든 물질 중에서 가장 완벽한 물질이자 영원한 생명을 보장해준다고 생각하며 연금술을 이용해 불로장생약을 만드는 데 주력하기도 했다.

이처럼 귀한 금이 오랫동안 화폐로 사용되다 보니 여전히 '금본위제도gold standard'를 주장하는 사람들이 존재한다. 금본위제도에서 '본위本位'라는 말은 '뿌리에 해당하는 지위' 혹은 '근원적 지위'라는 뜻이다. 즉, 금본위제도란 화폐의 근원을 금으로 삼는 제도를 뜻한다. 쉽게 말해, 금속 중에서도 오직 금만을 돈으로 사용하자는 주장이 금본위제도다. 마치 태양을 중심으로 행성들이 공전하듯이 금을 중심으로 모든 화폐가 움직이는 체제다. 따라서 은을 본위로 삼으면 은본위제, 철을 본위로 삼으면 철본위제, 토지를 본위로 삼으면 토지본위제가 된다. 그리고 금화와 은화처럼 두 가지 이상의 금속을 모두 사용하는 경우를 '복본위제도'라 한다. 대개 금과 은을 동시에 사용하는 복본위제가 제대로 작동하려면 금과 은의 교환비율이 일정해야 하는데, 현실에서는 금과 은의 채굴량에 따라 그 비율이 항상 달라져 왔다. 미국 지질조사국에 의하면 지구에 매장된 금과 은의 비율은 약 1대 5.7 정도라고 한다. 그러나 역사적으로 금과 은의 교환비율은 항상 1대 12보다 높은 비율로 유지되었다. 이는 금을 향한 인간의 욕망이 더 크다는 사실을 말해준다. 그러나 채굴량에 따라 그 비율은 계속 변할 수밖에 없었기에 복본위제는 그로 인한 혼란을 피하기 위해서라도 금과 은 중 하나로 귀결되어야만 했고, 결국 금본위제가 선택을 받았다.

전 세계에서 가장 먼저 금본위제도를 채택한 나라는 영국이다. 영국에서 금본위제가 정착하는 과정을 보면 지금논쟁bullion controversy[10]과 같은 논란을 거치긴 했지만, 영란은행의 출범과 함께 도입된 금본위제는 제1차 세계대전이 발발할 때까지는 비교적 순탄한 길을 걸었다.

사실 금본위제는 전 세계 모든 이들이 열광하는 금에 의해 뒷받침되기에 화폐가 어디서나 유통될 수 있는 장점이 있는 반면, 세상에 존재하는 금의 양이 한정적이라는 문제점도 있다. 따라서 경제위기 때마다 자신이 갖고 있는 화폐를 금으로 바꾸려는 사람들로 인해 금본위제는 한계에 봉착할 수밖에 없었다. 하지만 세계 곳곳에서 잇따른 금의 발견으로 금이 흔해지면서 금본위제는 안정적으로 정착되었다. 1848년 캘리포니아, 1851년 호주, 1887년 남아공에서 발견된 금광은 산업혁명을 거치며 증가한 산업 활동을 뒷받침하기에 충분한 양이었다. 또한 산업혁명을 거치며 세계 무역을 이끄는 영국의 금본위제를 따라하지 않을 경우 그 불편이 너무나 컸기에 유럽의 주요국들도 줄줄이 금본위제도를 채택했다. 1871년에는 독일이, 1873년에는 네덜란드와 노르웨이, 스웨덴, 덴마크가 금본위제 대열에 합류했다. 이후 1876년 프랑스가 금본위제를 채택했고, 1897년에 일본도 금본위제

---

10) 나폴레옹 전쟁(1797~1815년) 이전 재정 확보 등을 위해 금 태환을 중지했던 영국에서 전쟁 이후 금 태환 재개 여부를 두고 19세기 초에 벌어진 논쟁이다. 데이비드 리카도, 존 휘틀리 등 잉글랜드 출신의 상인, 정치인, 학자로 구성된 '지금론자bullionist'들은 오직 금만이 진짜 돈이기 때문에 금 태환을 재개해야 한다고 주장했고, 제임스 밀, 존 스튜어트 밀, 존 풀라톤 등 스코틀랜드 출신의 이론가와 은행가들로 구성된 '반지금론자anti-bullionist'들은 금본위제 복귀 시 심각한 불황이 우려된다며 금 태환을 반대했다. 무려 24년(1797~1821년) 동안의 지금논쟁에서 지금론자들이 승리했고, 결국 1821년 금 태환이 재개되었다.

를 받아들이면서 마침내 금이 화폐의 유일한 뿌리로 인정받게 됐다. 미국도 1900년에 금본위제를 도입하였다.

그런데 프랭크 바움Frank Baum의 역작인 『오즈의 마법사』는 미국의 금본위제와 관련하여 재미있는 화두를 던지고 있다. 단순한 모험소설 정도로 알았던 이 소설이 금본위제와 관련된 19세기 말의 논란을 풍자한 이야기라는 주장 때문이다.[11] 살짝 그 내용을 들여다보면 도로시가 회오리바람에 날려 도착한 '오즈Oz'라는 동네는 금의 무게를 재는 단위인 '온스ounce'의 약자이고, 도로시 일행이 에머랄드 시티를 향해 가는 길에 깔린 노란 벽돌 길은 금본위제를 상징하며, 도로시의 친구들인 허수아비는 미국의 농민을, 양철 나무꾼은 공장 노동자들을, 목소리만 크고 용기가 없는 겁쟁이 사자는 윌리엄 제닝스 브라이언[12]을 상징한다는 식이다. 그리고 도로시가 신고 있던 은색구두를 부딪치며 소원을 비는 순간, 도로시와 친구들이 각자의 소원을 이루는 대목은 은화의 자유로운 주조를 허용해야만 서민들의 민생고를 해결하고 산업발전을 이룰 수 있다는 것을 암시한다. 그리고 이를 실현할 사람은 브라이언밖에 없다는 것이 이 동화의 정치적 코드였던 것이다.

---

11) 『오즈의 마법사』가 풍자라는 생각은 고등학교 교사였던 헨리 리틀필드Henry Littlefield에 의해 최초로 제기되었다. 그는 1964년 〈오즈의 마법사 : 포퓰리즘의 우화The Wizard of Oz : Parable on Populism〉라는 논문을 통해 이 책에 숨은 정치경제학적 의미를 처음 이끌어냈다. 이후 경제학자 휴 로코프Hugh Rockoff는 1990년 〈통화 우화로서의 오즈의 마법사The Wizard of Oz as a Monetary Allegory〉라는 논문을 통해 리틀필드의 해석을 한층 심화시켰다.

12) 1896년 대통령 선거에서 혜성처럼 등장한 민주당의 윌리엄 제닝스 브라이언William Jennings Bryan은 서민층을 대변하며 복본위제를 주장했다. 은을 화폐로 채택할 경우 인플레이션이 발생하면서 동부의 채권자들에게 많은 빚을 지고 있던 서부 농민들의 채무가 줄어드는 효과가 발생하게 된다.

1939년 프랭크 바움의 원작을 토대로 만든 뮤지컬 영화에서 주연 배우 주디 갈런드는 'Over the Rainbow'라는 노래를 불렀다. 지금까지도 불리고 있는 이 노래는 '무지개 너머 자장가에 가끔 나오는 나라, 네가 꿈꿔왔던 일들이 현실이 되는 나라'를 노래하고 있다. 그러나 이 노래의 가사와는 다르게 윌리엄 제닝스 브라이언은 공화당 후보였던 윌리엄 매킨리William McKinley에게 패배하였고, 미국은 1900년 금본위제를 도입하게 된다. 은본위제는 무지개 너머 나라의 일이었을 뿐이었다.

하지만 이처럼 영원할 것만 같았던 금본위제도는 세계대전의 발발과 함께 서서히 내리막길을 걷게 된다. 1914년 제1차 세계대전이 발발하자 각국 정부는 전쟁 자금을 마련하기 위해 하나둘씩 금본위제를 중단한 채 통화를 남발하였고, 그로 인해 인플레이션은 걷잡을 수 없이 확산되었다. 그러나 금본위제는 여전히 유효한 통화체제였기 때문에 전쟁이 끝난 후 각국은 금본위제로 돌아가고자 했다.

당시와 같은 상황에서 금본위제로 돌아갈 수 있는 방법은 단 두 가지뿐이었다. 늘어난 통화량에 맞추어 단기간에 금 보유량을 늘이는 것은 사실상 불가능했기 때문에 정부가 보유하고 있는 금 보유량에 맞추어 늘어난 통화량을 줄이는 디플레이션 정책을 쓰거나, 아니면 인플레이션으로 인해 낮아진 통화가치를 반영하여 통화의 평가절하를 단행하는 것이었다.

그러나 영국의 경우 제1차 세계대전을 겪으며 외채를 빌려 재정 적자와 무역 적자를 해결해야 하는 채무국으로 전락한 상태였다. 따라서 낮아진 통화가치를 반영하여 영국은 금본위제 복귀와 함께 통화의 평가절하를 단행해야만 했다. 그러나 전쟁 이전 국제경제 질서를 주도해 온 영국으로서는 자국의 통화가치를 절하하는 것이 '태양이 지지 않는 나라'라는 명성에 걸맞지 않은 일이었다. 그러한 자존심 때문인지 결국 영국은 전쟁 이전과 동일한 1파운드당 4.86달러의 환율로 금본위제 복귀를 결정하고 말았다. 이는 영국의 경제상황에 비추어볼 때 심각하게 고평가된 수준이었다. 실제로는 1파운드당 3.4달러 정도로 영국 파운드화의 가치가 낮아져 있었기 때문이다. 따라서 이러한 수준으로의 금본위제 복귀는 수출에 심각한 타격을 주는 것은 물론, 물가 하락과 임금 삭감을 초래할 것이 거의 확실시되었다. 때문에 케인즈는 금본위제로의 복귀를 강력하게 반대했다. 그는 황금이란 '야만적 유산barbarous relic'에 불과하며 경제발전을 제약할 뿐이라고 비판했다. 금본위제는 땅속에 있던 물건을 캐서 네모난 모양으로 만든 다음, 다시 땅속 금고에 묻으면서 부자가 된 것처럼 기뻐하는 것과 다를 바 없다는 것이 그의 주장이었다. 특히 전쟁 이후 대부분의 금이 미국으로 유입된 상황에서 만일 영국이 파운드화를 금에 고정시키게 되면, 그 순간 파운드화는 금이 아니라 달러에 종속되고 말 것이라고 주장했다.

하지만 케인즈의 주장에도 불구하고 1925년 4월 영국은 전쟁 이전의 환율로 금본위제 복원을 선언하고 말았다. 그러나 그 결과는 예상대로였다.

사실 금본위제는 금을 기준으로 돈의 가치를 정하기 때문에 국가 간 무역 불균형을 자정하는 기능이 있다. 즉, 무역 흑자로 금 보유량이 늘어나면 해당 국가의 통화량이 증가하여 인플레이션이 발생하고, 이로 인해 수출품 가격이 오르고 국제경쟁력은 하락한다. 그 결과 무역 흑자가 축소된다. 반대로 무역 적자가 발생할 경우 금이 유출되면서 물가가 하락하고, 이 때문에 수출품 가격도 낮아지면서 무역 적자가 해소된다. 이를 '가격 정화 플로우 메커니즘price-specie-flow mechanism'이라 부른다. 여기서 '정화specie'란 금속주의 시대의 금, 은과 같은 진짜 돈을 말한다.

그러나 영국에서 이러한 메커니즘은 정상적으로 작동하지 않았다. 국제수지 흑자국이었던 미국, 프랑스가 금본위제의 기본 룰을 지키지 않고 불태화정책을 시도했기 때문이다. 불태화정책이란 금이 유입될 경우 통화의 공급증가로 이어지지 못하도록 중앙은행이 증권을 팔아 민간으로부터 통화량을 흡수하는 정책을 말한다.[13]

이 때문에 당시 영국의 국제수지 적자는 해소되지 않았고 국제수지 적자로 인한 금 유출이 계속되었다. 하지만 영국은 금본위제 유지를 위해 긴축정책을 더욱 강하게 밀어붙였다. 이는 금본위제가 지닌 근본적인 단점 때문이다. 사실 금본위제에서는 여러 나라의 통화가 금을 매개로 서로 묶여 있기 때문에 환율을 방어하기 위해 자국의 경

---

13) 불태화不胎化는 영어로 살균 소독이나 불임 시술을 의미하는 'sterilization'을 번역한 말이다. 말 그대로 불태화는 돈이 임신을 못하게 한다는 의미를 지니고 있다. 중앙은행이 화폐를 발행하게 되면 승수효과 때문에 화폐발행액이 임신을 한 것처럼 빠르게 늘어나게 되는데, 불태화정책은 이를 억제하는 정책이다.

제적 이익에 반하는 정책을 써야 할 때가 많다. 즉, 경제가 취약할 때 수요를 촉진하기 위해 금리를 낮추게 되면 더 나은 수익을 찾는 투자 자금을 따라 자국의 금은 나라 밖으로 유출되게 된다. 따라서 자국의 금 보유고를 방어하기 위해 중앙은행은 금리를 높여야만 한다. 그러나 이는 취약한 경제 상황을 더욱 악화시키는 정책이 되고 만다.

영국도 이러한 딜레마에서 자유롭지 못했다. 결국 금본위제 복귀 이후 영국 경제는 급전직하하며 1926년에는 실업률이 18퍼센트까지 치솟았다. 그 후 1929년 10월에는 미국 주식 시장의 붕괴와 더불어 전 세계적인 금융위기가 발생하고, 뒤이어 대공황의 폭풍이 휘몰아치자 1929년에서 1933년 각국은 앞 다투어 영국에서 금으로 태환했다. 이미 영국의 국제수지는 상당히 악화된 상태였기 때문에 더 이상 버틸 수가 없었던 영국은 결국 1931년 9월 금본위제의 종료를 선언하고 만다. 금본위제 복귀 후 6년만이었다.

훗날 영국의 금본위제 복귀는 '노르만 정복'이라는 비판을 받았다. 고용을 해치고 영국 경제를 망가뜨린 그 결정은 윈스턴 처칠Winston Churchill이 영란은행 총재 몬태규 노먼Montague Norman에게 이용당했기 때문이라는 이유에서였다. 당시 재무부 장관이었던 윈스턴 처칠은 그때의 결정이 자신의 경력에서 가장 큰 실수였다고 술회하기도 했다.

그러나 아무리 후회해본들 소용이 없었다. 금본위제의 종주국이었던 영국의 금 태환 중단으로 파운드화는 더 이상 금과 연계되지 않았고, 그 후 몇 개월 동안 파운드화의 가치는 외환 시장에서 수직 하락했다. 이러한 혼란 속에서 세계에서 금을 가장 많이 보유하고 있었던 미국도 1933년 금본위제를 포기했다. 그러자 캐나다, 스위스, 프랑스, 네덜란드, 스페인, 일본 등 금본위제를 채택하고 있던 나라들도 잇달아 금본위제를 중단했고, 6년 후 금 태환을 허용하는 국가는 모두 사라졌다. 이것이 금본위제의 마지막이었다. 이후 인류는 영원히 금본위제도로 복귀하지 않게 된다.

금본위제 종료 이후에도 사실상 화폐는 금 보유고 한도 내에서 발행되었다. 제2차 세계대전 이후 브레튼우즈 체제 하에 금과 달러를 고정시킨 변형된 형태의 '금환본위제gold exchange standard14)'가 시행되었기 때문이다. 그러다 1971년 미국의 닉슨 대통령이 금 태환 중지를 선언하면서 법에 의해 그 가치가 보장되는 신용화폐 시대가 본격적으로 시작되었다.

그러나 금본위제의 오랜 역사 때문인지 몰라도 금만이 궁극적인 화폐라는 인식을 가지고 금본위제를 지지하는 소위 골드버그goldbug들은 여전히 존재한다. 1999년 노벨상을 수상한 로버트 먼델Robert Mundell 교수도 "화폐는 특정 무게의 금에 붙여진 이름에 지나지 않는다"라고 말하기도 했다. 그러나 현대 사회에서 금속주의는 더 이상 주류적 견해는 아니다. 하지만 경제적 위기 상황 때마다 금이 안전자산으로 주목받으며 그 가치가 상승하는 것을 보면, 돈을 단지 법에 의해서만 그 가치가 보장되는 상징적 물건으로 보는 견해만이 무조건 옳다고만 볼 수 없어 보인다.

---

14) 금환은 금과 태환할 수 있는 채권을 말한다. 금환을 보유할 경우 중앙은행은 금을 직접 보유하지 않아도 간접적으로 자국 통화와 금을 연결시킬 수 있다. 브레튼우즈 체제 하에서 미국의 달러화는 금 1온스 당 35달러로 고정되었고, 각국의 화폐는 미국 달러와 교환되게 함으로써 미국 정부에 의한 금의 교환을 보장하였다.

돈의 역사

"돈은 문명의 다른 요소들과 마찬가지로 가장 오래된 유물이다. 돈의 기원은 우리가 생각하는 것보다 훨씬 더 오래전으로 거슬러 올라가야 한다. 단지 간빙기에 얼음이 녹아버리는 바람에 돈의 기원을 밝혀줄 유적이 소멸했을 뿐이다." 경제학자 케인즈의 말이다. 그의 말처럼 돈은 아주 오랜 역사를 지니고 있다. 또한 사람이 유년기를 거쳐 청소년기, 중장년기, 노년기를 거치듯 돈도 인류의 역사와 함께 성장하고 진화해왔으며, 또 지금도 진화하고 있다. 돈의 외양만 보면 점점 더 보이지 않는 형태로 발전하고 있으며, 그에 맞추어 돈에 대한 사람들의 인식도 달라지고 있다.

•• 화폐의 기원 ••

일반적으로 화폐는 물건과 물건의 교환을 매개하기 위해 생겨났다고 알려져 있다. 물물 교환을 통해 자신이 원하는 물건을 얻을 수 있는 편리함에 길들여지면서 사람들은 점점 더 자신이 선택할 수 있는 물건의 가짓수를 확장하기 위해 최대한 많은 사람들이 교환하고자 하는 쌀과 같은 상품을 이용하게 되었고, 그 결과 여러 상품들이 교환의 매개체가 되었다는 것이다. 그러면서 계산단위, 가치저장과 같은 화폐의 다른 기능들은 교환의 매개수단이라는 기능으로부터 도출되었다고 주장한다.

하지만 사람마다 서로 다른 주관적인 선호로 인해 물물 교환의 상대적 비율이 수없이 많이 존재하기 때문에 구성원 모두가 받아들일 수 있는 가치 척도의 기능이 도출되기 어렵다는 반박도 있다. 그래서 명목주의 관점에서는 교환의 매개체로서의 기능보다 계산단위, 가치 척도로서의 기능에서 화폐의 기원을 찾는다. 이러한 견해는 화폐로부터 얻는 혜택의 대부분이 계산이나 가치 척도로부터 나온다는 논리에 근거하고 있다. 다시 말해, 화폐의 기원은 계산 기능에 있고, 계산 기능으로 말미암아 가격 책정이나 채무 계약의 가치 산정이 가능해지고 광범위한 다자간 교환도 나타날 수 있다고 보는 것이다.

하지만 화폐의 기원에 대한 논쟁을 떠나 초기 화폐의 형태는 우리가 일상에서 사용하는 물건의 형태였다. 이를 보통 '물품화폐'라고 하는데, 그 흔적은 우리가 사용하는 언어에 잘 나타나 있다. 한자에서 價(값 가), 貴(귀할 귀), 資(재물 자), 貿(바꿀 무), 賀(축하할 하) 등 우리가 반길 만한 것을 뜻하는 글자라든가, 寶貨(보화), 財貨(재화), 貿易(무역), 賃貸(임대), 賠償(배상)과 같이 재산이나 돈에 연관된 의미를 내포한 단어에는 한결같이 '貝(조개 패)' 자가 들어 있다. 이는 과거 조개가 화폐로 쓰였다는 것을 말해준다.

물품화폐로 쓰인 것에는 조개 외에도 카카오콩 열매, 아몬드, 옥수수, 대추야자, 쌀과 같은 곡물과 순록, 들소, 양, 황소와 같은 동물도 있었다. 한마디로 산과 들에서 자라는 돈, 풀을 뜯어먹고 소리를 내는 돈이 사용된 것이다. 그래서 오늘날 자본을 뜻하는 'capital'은 소의 머리수를 뜻하는 'caput'에서 유래되었으며, 가축을 뜻하는 라틴어 'pecus'로부터 금전을 뜻하는 'pecuniary'가 유래되었다. 18세기 미국에서 화폐로 사용되었던 사슴 가죽을 뜻하는 영어 단어 'bucks'는 오늘날 미국 및 캐나다 달러화의 별칭으로 사용되고 있다.

소금[15]을 뜻하는 영어 단어 'salt'도 마찬가지다. 로마시대 당시 소금은 단순한 조미료가 아니라 감기 예방, 두통, 화상 등을 치료하기 위한 약재로 사용되는 생존의 필수품이었다. 이에 로마인들은 소금을 안정적으로 조달하기 위해 로마와 동부 아드리아 해의 염전도시를 연결한 '비아 살라리아Via Salaria'라는 소금의 길을 닦았다. 여기서 오늘날의 봉급을 뜻하는 'salary'가 나왔다. 당시 로마군은 소금을 급여로 받기도 했으며, 그리스의 노예 상인은 종종 소금을 노예와 교환하기

---

15) 고대 근동 지역에서는 중요한 계약을 맺을 때 계약의 당사자가 함께 소금을 먹어 증거로 삼는 문화가 있었다. 이는 소금의 가치가 매우 귀한 데다 소금이 음식을 오래 보존하기 때문에 불변하는 계약의 징표로 여겨졌기 때문이다. 그래서 『성경』에도 영원히 변하지 않는 약속을 뜻하는 '소금 언약'이란 표현이 등장한다. 이처럼 신뢰를 상징한다는 점에서 소금은 오늘날 화폐의 속성과 닮아 있다.

도 했다. 그런데 노예가 제대로 일을 못할 경우 'not worth his salt', 즉 밥값도 못하는 노예가 되어 버렸다. 이 외에도 소금이 오랫동안 화폐로 사용되었던 오스트리아의 잘츠부르크는 '소금의 성'이란 뜻을 가지고 있다. 모두가 물품화폐의 언어적 유산인 셈이다.

그런데 물품화폐의 한계는 특정 지역에서만 통용된다는 것과 보관이 쉽지 않다는 데 있다. 고대 아즈텍인들이 화폐로 사용했었던 카카오콩 열매가 해적에게 탈취 당했을 때 해적들이 그것을 토끼 똥으로 오해하고 바다에 버린 사건은 이러한 사실을 잘 말해준다. 또한 물품화폐는 보관, 유지에 많은 노동력이 들어가고 작은 단위로 분할할 수 없다는 단점도 있다. 더구나 내가 맡긴 쌀 1리터와 타인이 맡긴 쌀 1리터가 동일한 가치를 갖는지를 분별하기 쉽지 않은 것도 지급수단으로서의 물품화폐가 지닌 한계였다.

•• 금속화폐와 주화의 출현 ••

물품화폐 이후에는 내구성이 좋은 금속이 화폐의 역할을 대신하게 된다. 처음에는 그 재료가 구리나 철이었다가 점차 은과 금으로 발전해갔다.

금속을 돈으로 사용했다는 최초의 기록은 기원전 3천 년경 메소포타미아와 이집트로 거슬러 올라간다. 주화는 기원전 7세기 말에야 등장하지만, 은을 화폐로 사용하는 전통은 그 이전부터 시작되었다. 하지만 당시의 은은 지금처럼 주화의 형태가 아닌 은괴 형태였다. 때문에 금속의 가치를 매번 저울로 측정해야만 했다. 그러다 은괴가 현재와 같은 주화의 형태로 변모한 것은 기원전 7세기경부터다. 오늘날의 터키 서쪽에 해당하고 당시 트로이 남쪽에 위치해있던 리디아에서 주화가 처음으로 만들어진 것이다.

리디아에서 주화가 발명된 배경에는 상업의 발달이 자리하고 있다. 리디아는 온화한 기후로 인해 곡물과 과일이 풍부했다. 그 덕에 사람들이 몰려들면서 자연스럽게 상업이 발달하였고, 역사학자 헤로도토스는 리디아를 '상인, 판매자'라는 뜻을 지닌 '카펠로이Kapeloi의 나라'라 불렀다. 리디아 인들은 상업을 뒷받침하기 위해 당시 리디아에 흐르는 팩톨러스강에 있던 사금을 이용해 주화를 만들었다. 이 강은 그리스 신화에서 마이더스Midas 왕이 자신의 손을 씻은 곳이기도 하다. 이곳에서 사금을 채취한 리디아 인들은 3분의 2의 금과 3분의 1의 은을 섞어 어른 엄지손가락 정도 크기의 주화를 만든 후, 그것을 '일렉트럼electrum'이라 불렀다. 이는 고대 그리스어로 '빛나는 자elector'를 뜻하며, 현재 우리가 사용하고 있는 단어인 '일렉트릭electric'의 어원이 되기도 한다.

일렉트럼은 한쪽에 사자를 새기고, 다른 한쪽에는 구멍 자국만 남기는 형태로 제작되었다. 그런데 주화의 유통과 상업의 발전은 리디아에게 막강한 부를 안겨주었다. 훗날 크로이소스 왕이 페르시아와의 전쟁에서 패하며[16] 리디아는 역사에서 사라지고 말았지만, 그의 존재

---

16) 크로이소스 왕이 페르시아를 공격할 때 델포이의 신전은 만일 페르시아를 공격한다면 '위대한 제국이 멸망하게 될 것'이라는 애매모호한 신탁을 내렸다. 이에 크로이소스왕은 신탁이 가리키는 위대한 제국이 페르시아라 생각하고 공격을 감행했지만, 결국 멸망한 왕국은 페르시아가 아닌 리디아였다.

는 여전히 'as rich as Croesus(크로이소스와 같은 부자)'라는 언어로
남겨져 있다.

한편 리디아가 기원전 546년 페르시아 제국에 흡수되면서 리디아
의 주화는 다른 지역으로 확장되었다. 특히 에게해의 서쪽에 있는 아
테네는 리디아의 화폐 시스템과 시장 구조를 적극적으로 받아들였
다. 아테네에서는 은으로 만든 주화가 활발하게 사용되었는데, 그것
은 아테네에서 약 60킬로미터 정도 떨어진 라우리온 은광에서 많은
은이 생산되었기 때문이다. 당시 그리스인들은 은을 '빛나는 물건'이
란 뜻의 '아르기로스argyros'라 불렀고, 훗날 로마인들은 이를 '아젠툼
argentum'이라 불렀다. 은의 화학기호 'Ag'는 아젠툼에서 유래한 것이
며 프랑스인들은 현재도 은이나 돈을 '아르장argent'이라 부른다.

리디아와 마찬가지로 주화의 유통에 힘입어 아테네의 경제발전은
더욱 가속화되었고, 교역의 발달과 함께 사람과 지식의 교류도 더욱
자유로워졌다. 당시 아테네의 은화는 주변의 이집트, 바빌로니아에서
까지 사용될 정도로 인기가 높았다. 결국 부와 상업의 발전은 점차 사
상의 변화로 이어졌고, 아테네를 보다 민주적인 사회로 변화시켰다.
우리가 잘 아는 그리스의 철학, 예술, 건축 등 소위 헬레니즘 문화도
이러한 시장과 상업의 발달에 기반을 두고 있는 것이다.

•• 종이화폐와 신용화폐 시대의 개막 ••

금속화폐는 소재에 따라 그 가치가 정해지는 금속주의 견해에 기

반을 두고 있다. 그러나 금속은 매장량이 한정되어 있기 때문에 채굴량에 따라 그 가치가 변동할 뿐만 아니라 휴대하기가 불편하여 범용적인 사용에 한계가 있었다. 이에 화폐는 가볍고 휴대가 편리한 종이화폐로 변모하게 된다.

종이화폐가 처음 등장한 것은 중국에서다.[17] 중국 최초의 종이화폐는 서기 800년대 초에 사용된 '비전飛錢'이라는 화폐다. 이는 바람에 날린다고 하여 붙여진 이름이다. 그러나 당시 비전은 지폐로서의 역할보다는 은의 가치를 대변하는 어음과 비슷한 역할을 했다. 상인이 관청에 은을 제출하면 은의 가치만큼의 액수가 적힌 증명서를 발급받을 수 있었고, 다른 지역으로 이동해 이 증명서를 현지 관청에 제출하면 액면에 적힌 은을 받을 수 있었다. 훗날 이탈리아에서 등장한 환어음의 경우는 매개체가 사설 은행이었고, 중국에서는 관청이었다는 점이 다를 뿐이었다. 하지만 비전은 한 번 사용하면 폐기되었기 때문에 엄격한 의미의 지폐라고 보기는 어려웠다.

이후 북송 시대(960~1127년)에 접어들면서 '교자交子'라는 종이돈이 등장했다. 교자가 등장하기 전 북송 시대에는 상업이 발전하면서 철전이 사용되었는데, 철전은 무거워 들고 다니기 힘들었기 때문에 많은 금액을 거래하기에 불편했다. 이에 철전을 보관하는 '교자포'라는 금융업자가 등장했고, 교자포는 철전을 고객으로부터 받아 보관증을 발행했다. 고객은 그 보관증을 교자포로 가져가면 언제든지 철

---

17) 중국의 4대 발명은 지식의 기록을 가능하게 한 종이, 이러한 기록을 전파할 수 있도록 한 인쇄술, 불로장생의 약을 만들다가 발명된 화약, 동서 문명의 교류를 가능하게 한 나침반이다. 종이는 서기 105년에 '채륜'이라는 궁중 공방의 책임자가 뽕나무 껍질을 사용하여 처음 만들었지만, 실질적인 종이 제조 기술은 그로부터 몇 세기가 지난 후 시작되었다.

전을 받을 수 있었다. 일종의 철본위제였던 것이다. 이후 남송 시대 (1127~1279년)에는 교자와 유사한 '회자會子'라는 종이돈이 발행되었다.[18]

그리고 송나라를 점령한 몽골족도 종이화폐의 역사에 커다란 흔적을 남겼다. 1260년 칭기즈칸의 손자인 쿠빌라이 칸(1215~1294년)은 금과 은을 징발할 목적으로, 1273년 황제의 이름으로 '교초交鈔'라는 지폐를 발행하고 강제 통용력을 부여하였다. 금과 은을 교환의 매개체로 사용하는 것을 금지하고, 이를 어기는 자는 사형에 처할 뿐만 아니라 외국에서 돌아온 상인들이 소지하고 있는 모든 금, 은, 보석을 국가에 반납하고 대신 종이화폐로 받아가게 했다. 이러한 시스템을 직접 목격한 마르코 폴로Marco Polo는 『동방견문록』에서 대부분의 페이지를 중국 화폐제도를 기술하는 데 할애할 정도로 중국의 지폐 시스템을 극찬하기도 했다. 또한 14세기 모로코의 여행가 이븐 바투타 Ibn-Batuta도 이러한 중국의 지폐 시스템을 소개하면서 중국이 상인들에게 있어 가장 안전한 나라라고 언급하기도 했다.

한편 유럽에서는 종이화폐의 등장이 중국보다 다소 늦었다. 종이화폐가 등장하기 전 고대 지중해 지역의 사람들은 양의 가죽으로 만든 양피지를 사용했고, 그리스와 로마 시대에는 이집트에서 들여온 파피루스 종이를 사용했는데, 그것으로 종이화폐를 만들기에는 내구

---

18) 12세기경 중국 송나라에는 양쯔강 남쪽 지방에 돈을 맡아주고 빌려준 후 이자를 받는 등 오늘날 은행과 비슷한 역할을 하는 '전장錢莊'이라는 조직도 있었다. 당시 전장의 대표 옆에는 '장궤掌櫃'라 불리는 손금고가 놓여 있었다. 중국어 '장꾸이'로 불린 장궤는 이후 전장의 대표를 가리키는 말로 쓰이다가 구한말 우리나라에 들어오면서 중국인을 비하하는 '짱깨'로 변형되었다.

돈이란 무엇인가

성이 너무 낮았다. 그러다 종이지폐가 처음 등장한 것은 1661년 스웨덴의 스톡홀름 은행이 지폐를 발행하면서부터다.

　스웨덴은 스페인이나 이탈리아와 달리 식민지와 금광이 없었고, 돈으로 쓸 수 있는 금속은 구리밖에 없었다. 1600년대 스웨덴의 구리 광산에서 나오는 구리의 양은 유럽 구리 수요의 3분의 2를 담당할 정도였다. 하지만 유럽 중심국의 주화들과 대등한 가치를 갖기 위해 스웨덴은 구리 돈을 무겁게 만들 수밖에 없었다. 그 모양도 널빤지에 가까웠는데, 당시 구리 성분을 주원료로 한 접시화폐platmynt의 무게는 무려 4파운드(약 1.8킬로그램)에 달했다. 심지어 1644년에는 무게가 43파운드(약 20킬로그램)에 달하는 구리 돈도 발행되었다. 편리하자고 만든 돈이 보통 사람이 들기도 힘든 생활의 족쇄가 되어 버린 셈이었다. 그러니 구리 돈을 대신할 종이화폐가 도입된 것은 당연한 결과였다.

　미국에서는 1690년 초 메사추세츠 주정부가 군인들에게 월급을 지불하기 위해 종이화폐를 처음 발행하였다. 이후 종이화폐는 미국에서 성공적으로 정착하게 되는데, 이 때문에 경제학자 갤브레이스Galbraith는 "상업은행의 역사는 이탈리아인으로부터, 중앙은행의 역사는 영국인으로부터, 정부 지폐의 역사는 미국인으로부터 시작했다"고 말하기도 했다. 이때 종이화폐의 발행에 결정적인 역할을 한 벤자민 프랭클린Benjamin Franklin은 '종이화폐의 아버지'라는 명예를 얻었고, 현재 미국 달러화에서 가장 높은 액면인 100달러 지폐에 그의 초상이 새겨져 있다.

　그런데 종이화폐는 매장량에 따라 발행량이 제한되는 금속화폐와 달리 통치자가 마음만 먹으면 쉽게 발행할 수 있기 때문에 인플레이션이 자주 발생하는 폐해가 있다. 중국 원나라는 1294년 쿠빌라이 칸 사망 이후 종이화폐가 인플레이션을 유발하여 경제적 혼란을 가져왔으며, 스웨덴의 스톡홀름 은행도 자신이 보유하고 있는 귀금속보다 더 많은 종이돈을 찍어내는 바람에 결국 영업이 정지되고 말았다. 미국도 영국과의 독립전쟁 당시 '대륙'[19]이라 불리는 종이화폐의 과도한 발행으로 그 가치가 떨어지면서 '대륙만큼이나 가치가 없는not worth a Continental'이라는 관용어가 유행하기도 했다.

종이화폐의 등장은 본격적인 신용화폐의 시대를 낳았다. 사실 처음에는 금과 연계하여 금의 양만큼 종이화폐가 발행되었으나, 오늘날 신용화폐는 법에 의해 그 가치가 보장되기 때문에 돈의 형태가 종이든, 플라스틱이든, 또 다른 형태이든 아무런 상관이 없다. 그렇기에 쉽게 찢어지고 헤어지는 단점이 있는 종이화폐는 또 다른 형태의 화폐로 변모할 수밖에 없는 숙명을 지니고 있었다.

그러다 처음 종이화폐를 대체하기 시작한 것은 신용카드였다. 그러나 소비의 관점에서 볼 때 현금과 신용카드는 결제 기간에서만 차

---

19) 미국의 독립전쟁(1775~1783년) 중 전쟁 비용 조달을 위해 미 의회는 1779년까지 약 2억 4천만 달러치의 종이화폐를 발행하였다. 이때 미 의회에는 13개 주 가운데 12개 식민지 대표 56명이 참석했는데, 이 의회를 주 의회와 구별하기 위해 편의상 '대륙Continental 의회'라 불렀다. 이 때문에 대륙의회가 발행한 화폐는 '대륙'으로 불렀다. 그러나 전쟁을 치르는 동안 물가가 가파르게 상승하면서 1781년부터 대륙은 그 가치가 처음 발행 시의 1,000분의 1 수준으로 급락하고 만다.

돈이란 무엇인가

이가 있을 뿐, 크게 다르지 않다. 보통 한 달 정도인 신용카드 결제 기간이 아주 짧다면, 이는 심리적으로 현금과 다르지 않게 된다. 즉, 오전에 신용카드를 사용하고 오후에 사용액이 통장에서 빠져 나간다면 현금과 큰 차이가 없는 것이다. 반대로 신용카드 결제 기간을 한 달 이상으로 늘이게 되면 그것은 마이너스 통장이 된다. 즉, 소비의 관점에서 볼 때 마이너스 통장은 한도액을 초과하는 시점까지 돈을 쓸 수 있는 신용카드의 다른 이름일 뿐이다.

그런데 신용카드의 개념은 현실에서보다 소설에서 먼저 소개되었다. 바로 1888년 미국의 작가 에드워드 벨러미Edward Bellamy가 발표한 『뒤를 돌아보면서: 2000~1887』이란 소설에서다. 이 소설은 미국 보스턴 상류계급 출신의 줄리안 웨스트가 노동자들의 파업으로 자신이 결혼해서 살 집의 완공이 계속 지연되자, 이로 인한 스트레스성 불면증을 해결하기 위해 1887년 최면술사의 도움을 받아 지하 비밀침실에서 잠이 들고 113년 후인 2000년에 깨어난다는 이야기다. 그런데 그가 깨어난 2000년의 미국은 19세기 말의 사회적 모순들이 모두 해결된 사회주의 유토피아 국가로 변해 있었다. 모든 생산 수단은 국유화되어 있었고, 국민들은 국가가 제공하는 주택에서 살며 완벽한 서비스를 제공받고 있었다. 그러다 보니 이 사회에서는 화폐나 금융 기관이 존재하지 않았다. 사람들은 단지 1년간 개인 수입에 해당하는 금액이 입금되어 있는 국가에서 발행한 선불 카드 형식의 신용카드를 사용하여 물건을 구매할 뿐이었다. 다만 신용카드의 사용 방식은 조금 달랐다. 점원이 정사각형 칸에 해당 물건 값에 해당하는 금액만큼 구멍을 뚫는 식이었다.

그러나 현실에서의 신용카드는 이 소설이 발표된 해보다 26년 뒤인 1914년에 처음 등장했다. 미국의 석유회사 제너럴 페트롤륨이 단골에게 외상 판매를 위한 카드를 발행한 것이 최초다. 또한 1935년부터 1950년까지 뉴욕에서는 백화점, 주유소, 대형 상점이 단골 고객에게 발급한 '차가 플레이트Charga-Plate'라는 신용카드와 유사한 장부 기재 시스템도 있었다. 군인의 인식표처럼 생긴 작은 직사각형 금속인 차가 플레이트는 장부 명의자의 이름, 주소가 음각으로 새겨져 있었고, 이를 외상 명세서에 간편하게 찍을 수 있었다. 그리고 1947년 뉴욕 브루클린의 은행원이었던 존 비긴스John Biggins가 발행한 'Charge-It'은 은행이 발행한 최초의 신용카드로 알려져 있다. 다만 이 카드는 은행 주변의 두 블록 정도 내에서만 사용할 수 있었다.

한편 오늘날과 같은 범용 신용카드는 1950년 미국의 사업가 프랭크 맥나마라Frank Mcnamara로부터 유래되었다고 알려져 있다. 어느 날 지갑을 사무실에 두고 맨해튼의 유명 음식점에 갔다가 곤욕을 치른 것이 계기가 되어, 맥나마라는 그 음식점을 다시 방문하여 '다이너스클럽'이란 카드판을 제안하였다. 이를 식당 측이 받아들이면서 저녁 먹는 사람들을 위한 신용카드, 즉 '다이너스클럽 카드Diners Club Card'가 만들어진 것이다. 당시 다이너스클럽 카드는 신용 대출 계좌와 연계되어 있지 않았고 회원이 당월 청구액의 결제를 다음 달로 넘기는 것을 허용하지 않았기 때문에 단순한 외상 카드에 불과했지만, 이후 다이너스클럽은 레스토랑뿐 아니라 여행, 오락 등의 분야로 사업 범위를 확장하면서 범용 신용카드로 발전하였다. 그러나 이 이야기는 맥나마라의 아이디어를 극적으로 만들기 위해 꾸며낸 이야기라는 주장도 있다.

•• 현금 없는 사회와 가상화폐 ••

한국은행은 2년마다 현금, 신용카드 등과 같은 지급수단 이용 행태를 조사하고 있다. 그런데 2021년 조사 결과를 보면 사람들은 현금보다 신용카드를 훨씬 더 많이 이용한 것으로 나타난다. 사용 건수 기준으로는 신용카드 이용 비중이 43.4퍼센트로 현금(21.6퍼센트)보다 2배 정도 많았고, 사용 금액 기준으로는 49.5퍼센트로 현금(14.6퍼센트)에 비해 3배 이상 많았다. 현금의 경우 사용 건수 비중이 2017년 36.1퍼센트에서 2019년 26.4퍼센트로 줄어든 데 이어 2021년에는 21.6퍼센트로 그 비중이 더욱 축소되었다. 이러한 통계는 현대 사회가 점점 현금 없는 사회로 변모해가고 있다는 사실을 말해준다. 통상 현금 없는 사회는 동전이나 지폐를 사용하지 않고 신용카드와 같은 비현금 지급수단을 90퍼센트 이상 사용하는 사회를 말한다.

현재 현금 없는 사회에서 가장 앞서 있는 나라는 아이러니하게도 유럽 최초로 종이화폐를 발행했던 스웨덴으로, 2020년 기준으로 현금결제 비중이 9퍼센트밖에 되지 않는다. 그런가 하면 덴마크는 2017년부터 화폐의 제작을 중단했고 판매인에게 현금결제를 거부할 수 있는 권한을 부여했다. 유로존은 2019년부터 고액권인 500유로화의 발행을 전면 중단했으며, 프랑스, 포르투갈, 그리스, 스페인도 고액권의 현금 사용을 금지하고 있다. 더구나 코로나19와 함께 디지털 경제가 급격히 확대되고 있어 앞으로 현금 사용은 더욱 축소될 것으로 보인다. 우리나라의 경우에도 현금을 받지 않는 매장이 늘어나고 있다. 게다가 들고 다니는 휴대폰에 신용카드를 저장하거나 계좌와 연계하여 간편하게 결제를 할 수 있다 보니 현금 사용의 필요성은 점점 더 줄어들고 있다.

그런데 돌이켜보면 현금의 퇴장은 신용카드의 등장과 함께 이미 시작되었는지도 모른다. 그도 그럴 것이 1963년 다이너스클럽의 부사장이었던 매티 시몬스Matty Simmons는 한 지역 신문에 '현금 추도문Cash Died Today'을 게재하기도 했었다. 그는 신용카드의 등장으로 인해 수천 년 전에 태어난 물물 교환의 아들이자 거래의 양자인 현금이 죽었다고 선언했다. 그러면서 쉽게 더러워지고, 찢어지며, 잃어버려도 찾을 방법이 없는 현금의 치명적인 결함을 열거했다.

하지만 이러한 현금의 결함에도 불구하고 현금 없는 사회로의 이행이 무조건 좋은 것만은 아니다. 그로 인한 폐해도 존재하기 때문이다. 우선 현금을 사용하지 않다 보니 상대적으로 컴퓨터와 관련된 사기 사건이 늘어나고, 모든 금융거래가 기록으로 남기 때문에 우리가 돈을 어디에 사용하는지에 관한 정보를 감시당할 가능성도 높아졌다. 그래서 미국의 경제 전문지 「포브스」는 현금 없는 사회가 될 경우 '모든 돈을 국가의 통제 아래에 있는 계좌에 넣어놓는 것이나 다름없다'며 빅브라더의 출현을 경고하기도 했다. 또한 현금 접근성이 떨어지면서 현금 사용에 익숙한 고령층 등 일부 계층의 금융소외와 소비제약 문제가 심화될 수도 있다.

그런가 하면 최근에는 디지털화폐에 대한 논의도 활발해지고 있다. 디지털화폐는 디지털 또는 전자적 형태로 표시된 화폐로서, 네이버페이와 같은 '전자화폐', 비트코인과 같은 '가상화폐', 통화, 상품 등 기초자산과 연계하여 안전성을 높인 '스테이블 코인stable coin', 각국 중앙은행이 검토 중인 '중앙은행 디지털화폐CBDC'를 포괄하는 폭넓은 개념이다. 그런데 디지털화폐와 관련하여 가장 논란이 되는 것은 흔히 '가상화폐'라고 불리는 비트코인을 과연 화폐로 볼 수 있는가 하는 점이다.

사실 비트코인은 지폐나 동전같이 눈에 보이는 형태로 존재하지 않고 프로그램 코드로만 존재한다. 하지만 비트코인이 처음 소개될 때 그 실체와 상관없이 '화폐'라는 이름이 붙으면서 마치 지급이나 결제 기능을 할 수 있는 화폐처럼 인식되었다. 용어가 우리의 사고를 지배해버린 셈이다. 그러다 2010년 비트코인이 최초로 실물거래에 사용되는 일이 발생했다. 5월 18일 미국 플로리다에 사는 한 사람이 피자 2판을 보내주면 1만 비트코인을 주겠다는 제안을 인터넷에 올렸는데, 4일 뒤인 5월 22일에 그 거래가 성사되어 버린 것이다. 당시 비트코인을 받아주는 피자 가게가 없었기 때문에 피자를 구매한 사람은 피자 가게에 전화를 걸어 신용카드로 결제하고 약속대로 비트코인을 받았다. 이때부터 사람들은 화폐로서 비트코인의 가치가 입증된 것을 기념하기 위해 매년 5월 22일을 '비트코인 피자데이'로 부르고 있다.

또한 2013년 「포브스」의 한 기자는 비트코인만으로 일주일을 살아보는 실험을 공개적으로 진행하기도 했다. 그는 5비트코인을 가지고 주로 온라인 음식 배달 업체를 통해 음식을 주문했는데, 이 실험이 세간의 관심을 끌면서 이후 비트코인을 받는 가맹점이 폭발적으로 늘어났다.

　그렇게 비트코인이 화폐라는 인식이 점차 확산되자 2014년 로라 새거스Laura Saggers라는 가수는 〈1만 비트코인10,000 Bitcoins〉라는 노래에서 "내게 만일 10,000 비트코인이 있다면 아주 멋진 자동차를 사서 남자 친구와 함께 드라이브도 하고, 멋진 해변으로 여행도 가고, 개인용 비행기를 사서 카탈리나섬이나 하와이로 여행도 갈 것"이라 노래하기도 했다. 어디 그뿐인가? 2021년 엘살바도르와 2022년 중앙아프리카공화국은 비트코인을 법정 화폐로 공식 인정하기까지 했다.

　그렇다면 비트코인을 화폐로 볼 수 있는 것이 아닐까? 하지만 정답은 '그렇지 않다'이다. 가장 큰 이유는 마치 롤러코스터를 타듯 비트코인의 가격 변동이 너무나 극심하기 때문이다. 당장 몇 시간 후의 가격이 어떻게 될지 예측할 수 없기 때문에 비트코인은 화폐의 기본적인 기능인 가치저장과 가치 척도의 수단으로 활용되기 어렵다. 만일 비트코인으로 실물자산의 가치를 측정하고 저장하다가는 자칫 비트코인 가격의 폭락과 함께 실물자산도 쓰레기로 전락해버릴 수 있다.

　물론 디지털화폐의 경우 교환의 매개체, 가치저장, 가치 척도라는 화폐의 기능을 분리해 볼 수 있다는 견해도 있다. 과거 금과 은이 함께 사용되던 시대에 금은 주로 가치저장 수단으로 사용되었고, 은은 매개수단으로 사용된 사실은 이러한 화폐 기능의 분리를 보여주는 단적인 예라고 할 수 있다. 이 견해에 따르면 비트코인의 경우 가격 변동이 너무 커 안정적인 계산단위나 가치저장 수단으로 기능하지 못하더라도 단지 교환의 매개체로서 일부 기능만 수행하면 화폐로 볼 수 있게 된다.

그러나 단순히 교환의 매개체로서의 기능만 하는 화폐라고 해도 모든 사람들이 사용할 수 있는 보편성과 범용성을 가져야 하는데, 비트코인은 그렇지 못하다. 비트코인의 총 발행량이 2천1백만 개로 한정되어 있는 데다 전체 비트코인 보유자 가운데 상위 0.5퍼센트가 전체 비트코인의 95퍼센트 이상을 소유하고 있기 때문이다. 이러한 편향된 소유 구조에서 비트코인을 지급수단으로 사용하는 것은 오히려 불평등만 가중시킬 뿐이다. 또한 현행 법체계 하에서 화폐로 기능하기 위해서는 법률상 발행근거가 있어야 하고 강제 통용력도 있어야 하는데, 비트코인은 발행근거도 없고 강제 통용력도 갖추고 있지 않다. 사실 중앙은행이 발행한 법정 화폐가 권위를 가지는 것은 정부라는 강력한 기관의 보증이 있기 때문이다. 그러나 비트코인은 오로지 블록체인에 참여하는 수많은 개인에 의해 보증될 뿐, 엘살바도르와 중앙아프리카공화국을 제외한 어떤 정부나 중앙은행도 비트코인을 법정 화폐로 받아들여야 한다고 규정하고 있지 않다. 그래서 「이코노미스트」는 '가상화폐 체제인 비트코인은 대부분의 화폐보다 훨씬 더 큰 집단적 환각을 필요로 한다'고 지적하기도 했다.

　그렇다면 화폐가 아닌 비트코인을 무엇으로 보아야 하는가? 현재로서는 매매의 대상이 된다는 점에서 디지털 형태를 띤 일종의 '투자 자산'으로 보는 것이 타당하다. 그래서 국제 사회에서도 암호화폐나 가상화폐란 용어 대신 '암호자산', '가상자산'과 같은 용어를 공식적으로 사용하는 경우가 많다.

　2019년 9월 국제회계기준위원회IASB 산하 국제회계기준IFRS 해석위원회에서도 비트코인에 대한 회계 기준을 제정하며, 이를 '재고자

산' 및 '무형자산'으로 분류하였다. 참고로 IASB의 국제회계기준은 미국, 일본, 중국을 제외하고 우리나라를 비롯한 전 세계 130여 개국이 사용하는 회계 기준이다. 해석위원회는 기업이 판매를 위해 비트코인을 보유하거나 중개기업으로서 매매하는 경우는 재고자산에, 그 외의 경우에는 무형자산에 해당한다고 해석했다. 게다가 미국에서는 비트코인을 기초자산으로 한 선물 ETF(상장지수펀드)가 상장되었고, 캐나다와 일부 유럽 국가에서는 현물 ETF도 거래되고 있다. 일종의 투자상품으로 자리를 잡아가고 있는 것이다.

한편 비트코인은 화폐로 대접받기 힘들지만, 비트코인의 거래 기반인 블록체인block chain 기술은 크게 주목받고 있다. 블록체인은 서로 다른 위치에 있는 컴퓨터의 원장에 네트워크를 통해 동기화된 방식으로 거래를 기록하고 검증하며, 업데이트하는 분산원장의 대표적인 형태이다. 분산원장은 중앙 집중화된 하나의 원장에 모든 정보를 보관하는 단일원장과 대비되는 개념인데, 그 작동 방식이 마치 머리나 두뇌가 없지만 다리 하나를 잘라내도 새로운 다리가 자라나는 불가사리와 비슷하다.

1991년 미국 벨코어 연구소에서 처음 개발된 블록체인은 거래가 발생할 때마다 거래 정보가 담기는 블록block이 만들어지고, 거래내역을 모든 참여자가 승인하면 각 참여자의 기기에 거래내역이 분산되어

저장되면서 블록이 사슬chain처럼 이어진다. 블록체인은 거래 정보를 중앙 서버에 모으지 않고 모든 참여자가 실시간으로 기록하고 보관하기 때문에 사실상 해킹이 불가능하다. 이러한 장점 때문에 블록체인은 금융, 물류, 의료 등 다양한 분야에서 사용이 확대되고 있다. 한 예로, 코로나19에 대한 예방 접종 내역을 확인할 수 있는 질병관리청의 'Coov'라는 앱도 블록체인 기반으로 만들어진 것이다. 이처럼 블록체인의 활용이 확대되다 보니 미래학자 돈 탭스콧Don Tapscott은 "19세기에 자동차가, 20세기에 인터넷이 있다면, 21세기에는 블록체인이 있다"고 평가하기도 했다.

그런데 오늘날 블록체인의 활용에 크게 기여하고 있는 것은 '이더리움ethereum'이란 가상자산이다. 이더리움은 2015년 러시아의 개발자인 비탈릭 부테린Vitalik Buterin에 의해 개발되었는데, 이더리움이 비트코인과 다른 것은 블록 저장 방식에 있다. 보통 비트코인은 블록에 거래내역만 저장할 수 있기 때문에 비트코인을 다른 용도로 사용하기 위해서는 프로그램을 바꿔야만 한다. 그러나 이더리움은 블록에 거래내역은 물론 프로그램도 저장할 수 있다. 이 때문에 이더리움을 이용한 블록체인은 일정한 조건이 맞을 경우 자동으로 계약이 이루어지도록 하는 프로그램도 저장할 수 있는데, 이를 보통 '스마트 계약smart contract'이라 부른다. 스마트 계약은 블록체인에 상세한 거래 조건을 부여함으로써 부동산 매매, 보험금 청구 등과 같은 다양한 거래를 중개자 없이 매우 빠르고 간편하게 수행할 수 있다.

이러한 스마트 계약을 이용해 이더리움은 다양한 '디앱Dapp'을 제공하고 있다. 디앱은 'Decentralized Application'의 약자로 블록체인 플랫폼을 통해 실행할 수 있는 애플리케이션을 말한다. 우리가 스마트폰에서 안드로이드 OS를 통해 다양한 앱을 이용하는 것처럼 디앱을 통해서도 다양한 서비스를 이용할 수 있다. 그래서 이더리움을 '블록체인 안드로이드'라 부르기도 한다.

또한 2021년 3월 비플Beeple이란 화가가 그린 〈Everydays : The First 5000 Days〉란 작품이 6,930만 달러(약 830억 원)에 팔리면서 주목받기 시작한 NFT, 즉 '대체불가능토큰Non-Fungible Token'도 스마트 계약을 이용해 만들어진 것 중 하나다. 비탈릭 부테린은 이더리움의 스마트 계약 기능을 이용해 누구나 손쉽게 코인을 만들 수 있도록 'ERC-20'과 'ERC-721'이라는 표준적인 샘플 코드 2개를 제공했다. 이 중 ERC-20을 따라 만들어진 토큰이 '대체가능토큰FT'이고, ERC-721을 따라 만들어진 토큰이 'NFT'이다. FT는 100원짜리 동전처럼 가치가 똑같은 토큰을 여러 개 발행할 수 있는 토큰을 말하고, 반대로 NFT는 절대 복사할 수 없는 고유의 특성을 지닌 유일무이한 토큰을 의미한다. 현재 NFT는 미술 작품, 음악 등의 예술작품, 게임, 동영상, 메타버스 내 부동산 등과 같은 디지털 자산의 원본 가치를 보존하는 데 사용되고 있다.

이외에도 블록체인을 이용한 분산금융Defi, 사물인터넷과 연결한 서비스 등 그 생태계가 확장되면서 블록체인은 다양한 형태로 진화하고 있다. 그 과정에서 암호자산의 활용성도 높아질 수 있을 것이다. 다시 말해, 암호자산이 비록 화폐로서의 가치와 유용성을 인정받지 못해도 블록체인 플랫폼과 결합되면서 전통적인 화폐체계와 금융에 영향을 주고 있는 것이다.

돈에 정체성을 더하는 요소

　이름을 뜻하는 한자 '名'에는 저녁 '석夕' 자에 입 '구口' 자가 붙어 있다. 밝은 낮에는 손짓을 사용해 누군가를 부를 수 있지만, 어두운 저녁에는 입으로 그 이름을 부를 수밖에 없기 때문이다. 따라서 이름을 부른다는 것은 그 존재를 알고 있다는 뜻이기도 하다. 심지어 김춘수 시인은 〈꽃〉이라는 시에서 "내가 그의 이름을 불러주기 전에는 그는 다만 하나의 몸짓에 지나지 않았다"고 노래하고 있다. 이는 이름이 어떤 대상의 정체성이 된다는 점을 말해주기도 한다. 심지어 루이스 캐럴Lewis Carrol의 『거울 나라의 앨리스』에 등장하는 '험프티 덤프티 Humpty-Dumpty'는 이름에 따라 생긴 모양이 달라질 수 있다고 말하기까지 한다. 따라서 우리는 이름으로 인해 어떤 존재를 인식하게 되고, 또 나와 유의미한 관계도 맺게 된다. 그렇다면 돈도 그 이름으로 인해 우리와 더 긴밀한 관계를 맺게 되는 것은 아닐까?

•• 돈에도 이름이 있다 ••

사물에 이름이 있는 것처럼 돈에도 다양한 이름이 있다. 우선 '돈'이라는 명칭의 유래에 대해서는 여러 가지 설이 있다. 고려 말까지 화폐를 의미했던 '도刀'에서 유래되었다는 설, 화폐 순환 사상을 나타내는 '돈은 돌고 돈다'는 말에서 나왔다는 설, 엽전 한 닢을 한 '돈'으로 불렀다는 데서 나왔다는 설, 중량 단위인 '돈쭝錢重'에서 유래했다는 설 등 여러 가지다. 그런가 하면 돈을 뜻하는 영단어 'money'는 로마의 신전 '모네타moneta'에서 유래했다.

우리에게 익숙한 화폐 명칭인 '달러, 파운드, 엔, 유로, 원'과 같은 이름들도 다양한 유래를 가진다. 우선 영국의 '파운드pound', 독일의 '마르크Mark', 멕시코의 '페소Peso'와 같은 이름은 무게를 재는 중량 단위에서 유래했다. 우리나라를 비롯한 동북아 지역에서 돈의 단위로 쓰였던 '문文, 냥兩, 전錢, 푼分'도 진시황이 천하를 통일한 뒤 선포한 무게 단위였다.

그리고 특정 인물의 이름을 따르기도 하는데, 대표적인 것이 화폐 주조권자인 국왕의 이름을 딴 화폐들이다. 알렉산더 대왕이 만든 '알렉산디네르alexandiner', 프랑스 루이 13세가 발행한 '루이도르Louis d'or' 등이 대표적이다. 오늘날 엘살바도르와 코스타리카의 화폐인 '콜론colon'도 아메리카 대륙을 발견한 콜럼버스의 이름에서 차용한 것이다.

또한 특정한 장소로부터 유래된 경우도 있는데, 대표적인 것이 '달러dollar'다. 달러는 '탈러taler'라는 단어에서 유래했는데, 이 단어는 오늘날 체코 보헤미아 지방의 요아힘스탈 계곡에서 생산된 '요아힘스탈러joachimsthaler'라는 은화에서 파생되었다. 이 은화가 전 세계 각지에서 유통[20]되면서 다양한 이름으로 불리다가 1785년 미 의회에서 '달러'라는 이름으로 공식 공표된 것이다. 또한 17~19세기 중 영국에서 사용되었던 '기니guinea'는 서아프리카에서 산출된 금으로 만들어졌기에 붙은 이름인데, 그 이전 15세기 유럽인들은 금이 나는 지역을 '기니guinee'라고 불렀다.

한편 동전에 새겨진 문양에 따라 이름이 붙여지기도 하는데, 라틴어로 왕관을 뜻하는 코로나corona가 새겨져 있는 덴마크의 '크로네Krone'가 대표적이다. 이 밖에도 과거 독일에서 사용된 '크로이저kreuzer'는 십자가kreuz 문양이 각인되어 있었으며, 1792년 제정된 미국의 화폐주조법은 독수리가 새겨진 10달러 주화를 '이글eagle'이라 칭했다. 그리고 프랑스 화폐의 명칭이었던 '프랑Franc'은 14세기에 발행된 주화에 찍혀 있는 인장 '신의 은총을 받아 프랑스의 왕이 된 장Johannes Dei Gratia Francorum Rex'에서 비롯되었다. '프랑스의 왕 Francorum Rex'이라는 말을 줄여 '프랑'이라 부른 것이다.[21]

마지막으로 그 생김새에 따라 이름이 붙여지기도 한다. 말레이시아의 화폐 명칭인 '링깃Ringgit'은 '톱니가 새겨진'이라는 의미로 과거 주화의 위변조 방지를 위해 주화 가장자리에 톱니를 새긴 데서 유래

---

20) 1519년 처음 주조된 이후 1900년까지 약 1만 개의 탈러가 발행되었다

21) 이 주화는 백년전쟁 초기에 치러진 푸아티에 전투(1356년)에서 영국에 생포된 프랑스의 군주 장 2세 부자의 몸값을 지불하기 위해 발행되었다. 이 주화는 장 2세가 말을 타고 있었기 때문에 '말을 탄 프랑franc à cheval'으로도 불렸다. 그러나 말을 탄 늠름한 왕자의 모습은 망신스러운 현실을 미화하기 위한 것에 지나지 않았다.

하였다. 그리고 조선시대의 '엽전葉錢'도 동전을 제작하는 주조 형틀의 모습이 나뭇가지에 달린 잎사귀와 비슷하여 지어진 이름이다. 또한 우리나라의 화폐 명칭인 '원'은 둥근 동전에 착안하여 지어진 걸로 알고 있다. '원'(한글) 이전에 쓰였던 '환圜'이나 '원圓' 모두 둥글다는 의미를 갖고 있다.

한편 돈은 이러한 객관적인 이름 외에도 사람들의 입장과 처지에 따라 다양한 이름으로 불린다. 바로 '용돈, 목돈, 푼돈, 잔돈, 쌈짓돈, 품삯, 눈먼 돈'과 같은 이름들이다. 그런데 이러한 이름들은 그 이름에 따라 느껴지는 것이 서로 다르다. '용돈'은 그냥 받은 돈이라 그런지 가볍다는 느낌이지만, '품삯'은 노동의 대가인지라 다소 무겁다는 느낌이 든다. 또한 많은 돈을 의미하는 '목돈'은 풍성한 느낌이고, 작은 금액을 뜻하는 '푼돈'이나 물건 값에서 아주 작은 단위를 일컫는 '끝돈'은 빈약한 느낌이다. 또한 그 쓰임에 따라 돈은 기부금, 수수료, 세금, 몸값, 대출금, 월급, 벌금, 연금, 차비 등 다양한 이름으로 사용되기도 한다. 영어의 패스트머니, 슬로머니, 핫머니, 소프트머니, 하드머니, 블랙머니, 화이트머니, 다크머니, 이지머니, 스마트머니와 같은 이름들도 마찬가지다.

•• 이름에 따라 달라지는 사람의 인식 ••

그런데 재미있는 것은 돈에 붙여진 이름에 따라 사람들의 인식이 달라진다는 점이다. 아마도 이름이 사람의 인식에 영향을 미친 대표적인 사례는 '광우병'일 것이다. '광우병'이란 이름 때문에 사람들은 소가 미쳐서 생기는 병으로 생각하지만, 사실 이 병은 소가 미쳐서 생기는 것이 아니라 소의 뇌에 해면처럼 구멍이 송송 뚫리기 때문에 발생한다. 그래서 세계보건기구는 그 증상대로 '소해면상뇌병증Bovine Spongiform Encephalopathy, 줄임말로 'BSE'라는 공식 명칭을 부여했다. 그러나 2008년 이 병이 사회적 문제가 되었을 때 'BSE'라고 보도하는 다른 나라와 달리 우리나라의 언론은 계속 '광우병'으로 보도했다. 이 때문에 우리나라에서는 초등학생들까지 거리로 뛰쳐나가는 패닉 현상이 벌어지고 말았다. 세계보건기구가 정한 'BSE'라는 이름만 사용했어도 혼란과 공포심은 훨씬 덜했을 것이다.

광우병 사례와 마찬가지로 돈도 그 이름에 심리적 꼬리표가 따라다닌다. 즉, 돈의 이름에 따라 사람들의 인식이 바뀌면서 지출이나 저축과 같은 경제행태가 변하는 것이다. 예를 들어, 복권에 당첨되어 받은 100만 원과 땀 흘려 번 100만 원의 객관적 가치는 동일하지만, 복권에 당첨된 100만 원의 주관적 가치는 땀 흘려 번 100만 원보다 낮을 수밖에 없다. 바로 복권 당첨금에 '공돈'이라는 이름이 붙기 때문이다. 이 외에도 아주 오래전에 친구에게 빌려준 후 잊고 지내다 돌려받은 돈이나, 옷장이나 서랍을 정리하다가 우연히 발견한 돈, 길에서 주운 돈, 연말 정산 등으로 돌려받은 돈에 대해 사람들은 뜻밖에 얻은 '공돈'이라는 이름을 붙인다. 그런데 문제는 사람들이 이러한 돈을 쉽게 써버리는 경향이 높다는 데 있다. 즉, 공돈에 대해 '어차피 처음부터 없었던 돈인데'하면서 쉽게 써버리는 것이다. 또한 어떤 돈에 '공돈'이라는 이름이 붙으면 내가 애써 번 돈보다 더 모험적으로 사용하게 된다. 이 때문에 카드 게임이나 고스톱에서 딴 돈을 어차피 처음부터 없었던 돈, 즉 공돈의 범주에 넣고 그 돈으로 무모한 베팅을 서슴지 않는 것이다. 이는 우리의 뇌가 '공돈'이라는 이름 때문에 돈의 실제 가치를 낮게 평가하고 있다는 뜻이기도 하다.

또한 공돈이라고 해도 그것을 '푼돈'으로 인식하느냐 '목돈'으로 인식하느냐에 따라 지출이 달라지기도 한다. 예를 들어, 100만 원 복권에 당첨되어 100만 원을 한꺼번에 받는 경우와 5만 원을 20개월 동안 나누어서 받는 경우를 생각해보면, 양자의 총액은 같아도 목돈 100만 원을 한꺼번에 받을 때 그 돈을 저축할 확률이 더 높아진다. 반면 5만 원을 나누어 받게 되면 이를 푼돈으로 여겨 지갑에 넣어 두었다가 곧바로 생활비로 지출될 가능성이 높다. 이는 우리 머릿속에서 '목돈은 아끼고 푼돈은 지출한다'라는 인식이 작동하고 있기 때문이다. 그래서 같은 1만 원이라도 5만 원이 든 지갑보다 100만 원이 든 지갑에서 꺼낼 때 더욱 신중하게 된다.

이러한 사실은 실증 연구에서도 입증되었다. 이스라엘 경제학자 마이클 랜즈버거Michael Landsberger 교수는 제2차 세계대전 후 이스라엘 국민이 독일로부터 받은 배상금을 어떻게 소비했는지를 조사한 적이 있다. 그 결과 상대적으로 고액의 배상금을 받은 사람들은 배상금의 30퍼센트를 지출한 반면, 배상금을 적게 받은 사람들은 받은 배상금에 자신의 돈까지 더해 수령액의 200퍼센트까지 지출한 것으로 나타났다.

이를 보면 돈은 뭉치면 살고(모아지고) 흩어지면 죽는(소비되는) 속성을 지니고 있는 듯하다. 즉, 소비의 측면에서 볼 때 목돈은 오래 가고 푼돈은 오래 가지 못하는 것이다. 따라서 정부가 국민에게 보조금을 주어 소비를 활성화할 경우 소액으로 나누어 지급하는 편이 훨씬 효과적일 수 있다.

한편 돈의 이름은 심적 회계mental accounting와도 관련이 깊다. 심적 회계란 사람들이 출처나 용도에 따라 돈을 다르게 사용하는 경향을 말한다. 예를 들어, 여행을 가는 기차 안에서 파는 오렌지 주스는 동네 슈퍼마켓에서 파는 오렌지 주스보다 비싸지만, 사람들은 기쁜 마음으로 오렌지 주스를 사 먹는다. 이는 기차 안에서 오렌지 주스를 사는 돈이 '생필품'이라는 심리적 지갑이 아니라 '여행 경비'라는 지갑에서 나오는 돈이기 때문이다. 여행 경비는 가격이 비싸더라도 기분 좋게 지출할 수 있는 돈이다.

•• 돈이 내뿜는 향기와 기억 ••

이처럼 돈의 이름은 단순한 객관적 구별에 그치지 않고 사람의 심리와 상호작용하면서 우리의 행동에 영향을 미친다. 즉, 돈에 붙여진 이름에 따라 우리의 생각과 경제적 행태가 달라지는 것이다. 그런데 돈의 이름 외에도 돈을 바라보는 '시각'이나 돈을 만지는 '촉각'을 통해서도 우리의 의식은 영향을 받는다. 일례로, 많은 돈을 눈으로 보거나 만지게 되면 자연스럽게 욕심이 생기기도 하고, 그러한 돈을 가진 사람들이 부러워지기도 한다.

그리고 돈과 결부된 감각 중에서 빼놓을 수 없는 것이 바로 '후각'

이다. 이는 냄새가 사람의 감정을 자극하는 주요 요소 중 하나이기 때문이다. 실제로 후각은 오감 중 유일하게 기본적인 감정, 욕구를 주관하는 대뇌의 변연계와 직접 연결되어 있다. 음악인 장사익이 부른 〈찔레꽃〉이라는 노래에 등장하는 '찔레꽃 향기는 너무 슬퍼요'라는 가사만 보더라도 향기가 감정과 연결되어 있음을 쉽게 알 수 있다.

그런데 냄새의 가장 큰 특징 중 하나는 기억의 연상 작용에 관여한다는 점이다. 된장국 냄새에 할머니의 모습이 연상되거나, 아카시아 꽃향기에 학창 시절의 추억이 떠올려지는 것이 좋은 예다. 이처럼 특정한 냄새에 독특한 기억이 연결되는 것은 그때마다 냄새와 관련된 어떤 경험이 존재하기 때문이다. 즉, 냄새가 우리를 과거로 이끄는 타임머신이 되는 것이다. 이를 『잃어버린 시간을 찾아서』의 작가 마르셀 프루스트Marcel Proust의 이름을 따서 '프루스트 효과'라고도 부른다. 이 소설에 주인공 마르셀이 홍차에 적신 과자 마들렌 냄새를 맡고 어린 시절을 회상하는 장면이 나오기 때문이다.

마찬가지로 돈도 기억의 매체가 될 수 있다. 우선 어떤 거래내역이 장부에 기록될 때 돈이 사용된다는 점에서 그렇다고 볼 수 있다. 비록 인간의 기억과는 다르지만, 기록이 기억의 토대가 된다는 점에서 또 다른 기억이 되기 때문이다. 어떤 정보나 기록을 특별히 지우려고 노력하지 않는 한, 대부분의 정보나 기록은 장부에 그대로 보존된다. 인간의 기억이 생물학적 기억이라면, 기록은 매체적 기억인 셈이다.

또한 돈은 다양한 경험과 연결된다는 측면에서 기억의 맥락이 되기도 한다. 그래서 미국의 경제학자 밀턴 프리드먼Milton Friedman은 "화폐는 언제 어디서나 기억을 돕는 특이한 물건"이라고 했다. 심지어 2009년부터 미국 미니애폴리스 연방준비은행 총재를 역임했던 나라야나 코처라코타Narayana Kocherlakota는 1996년 〈돈은 기억이다 Money is memory〉라는 논문을 발표하기도 했다. 그는 이 논문에서 돈의 존재 이유가 과거를 기록하기 위한 것이며, 돈과 기억이 다양한 경제 환경에서 동일한 행동을 유도하기 때문에 돈이 기억의 대체재가 될 수 있다고 했다. 사실 돈을 뜻하는 영단어 'money'의 유래가 된 '모네타Moneta'란 단어도 그리스 신화에 나오는 기억의 여신 '므네 시네Mnemosyne'를 로마식으로 표기한 것이다.

그리고 돈은 냄새로도 기억을 소환한다. 이른바 프루스트 효과를 유발하는 것이다. 실제로 우리가 사용하는 돈에는 독특한 냄새가 배어 있다. 그 냄새를 좋아하는 사람들도 있지만, 싫어하는 사람들도 있다. 냄새의 원인은 각종 화학 약품이다. 사람들이 흔히 잘못 알고 있는 사실 중 하나가 지폐가 종이로 만들어진다는 착각이다. 그러나 실상은 쉽게 해어지지 않도록 질긴 면섬유를 사용한다. 여기에 특수 잉크로 여러 번 인쇄하고 위폐와 해충 방지를 위해 각종 화학 약품이 더해지다 보니 갓 인쇄된 신권에서는 특유의 냄새가 난다. 1983년에 발행된 일부 지폐의 경우에는 찢김 방지를 위해 동물 뼈, 가죽 등을 재료로 만든 아교를 사용했는데, 그 때문에 지독한 냄새가 나면서 일명 '똥 돈'으로 불리기도 했다.

더구나 지폐가 발행되어 여러 사람의 손을 거치다 보면 그 냄새가 더 고약해질 때도 있다. 침을 뱉어 돈을 세는 사람, 생선을 만진 손으로 꼬깃꼬깃한 돈을 거슬러 주는 상황을 생각해보라. 하지만 이렇게 삶의 현장에서 배어든 돈 냄새는 당시의 기억을 떠올리게 만든다. 가령 돈에서 나는 냄새를 맡으며 "내가 그때 이 돈을 벌려고 그 고생을 했었지"와 같은 말을 하는 경우다.

•• 향기와 냄새가 돈이 되다 ••

그러나 그렇게 고생스러운 기억을 떠올리면서도 대개 사람들은 돈 냄새를 좋아한다. 심지어 돈 냄새가 성공의 상징으로 인식되면서 2011년 미국에서는 폐廢 달러를 갈아 넣어 만든 향수가 개발되기도 했다. 향수의 이름도 '머니'였다. 이 향수를 만든 제작자는 "돈에는 독특한 향기가 있다"며 "이 향수를 뿌린 사람들이 더 자신감을 갖게 될 것이라고 생각한다"고 말하기도 했다. 그러나 돈 향수를 만든 목적은 결국 돈을 벌기 위해서였다. 돈을 이용해 향수를 만들고, 그 향수를 이용해 돈을 벌어들인 것이다. 마찬가지로 보통 최고의 향으로 용연향, 침향, 사향을 꼽는 것도 그 향기에 근본적인 이유가 있지만, 그것이 돈이 되기 때문이기도 하다.

영어로 '엠버그리스ambergris'라고 불리는 '용연향龍涎香'은 향유고래가 오징어를 먹고 창자 속에 만들어진 퇴적물을 배설한 것으로, 알코올에 녹이면 향수의 원료가 된다. 그런데 용연향의 가격이 어마어마하다보니 '바다의 로또'라 불리기도 한다. 또한 침향나무에서 추출되는 '침향沈香'도 향수의 연료로 쓰인다. 침향은 침향나무가 개미와 같은 곤충에게 공격을 받아 상처가 났을 때, 이를 치료하기 위해 스스로 배출하는 액이 오랜 시간 굳으면서 만들어진다. 침향나무는 주로

베트남, 인도네시아에 서식하는데, 프랑스가 베트남을 식민지로 지배할 때 침향으로 '샤넬 N°5'라는 향수를 만들기도 했었다. 침향의 가격도 상상을 초월할 정도로 비싸다.

그런가 하면 사향노루의 배꼽에서 채취되는 '사향麝香'은 일종의 페로몬으로 커피 향과 관련이 있다. 대표적인 것이 루왁 커피다. 루왁 커피를 만드는 사향고양이도 사향노루처럼 발정기에 페로몬을 발사하는데, 바로 이 페로몬이 배설물에 묻어 콩에 스밀 때 루왁 커피 특유의 맛을 내는 것이다. 루왁 커피도 가장 비싼 커피 가운데 하나로 알려져 있다. 그런데 역설적이게도 루왁 커피는 가장 역겨운 냄새로 여겨지는 똥과도 관련이 있다. 그렇다면 기분 좋은 향기뿐 아니라 역겨운 똥도 돈을 버는 데 이용되는 셈이다. '돈은 냄새가 나지 않는다'는 서양의 격언[22]이 시사하는 것처럼 사람들은 돈이 될 경우 그 어떤 냄새에도 아랑곳하지 않는 모습을 보인다. 실제로 루왁 커피 외에도 코끼리의 배설물을 거친 태국의 '블랙 아이보리Black Ivory', 족제비의 배설물을 거친 베트남의 '위즐weasel 커피' 등 무수히 많은 똥 커피들이 돈을 벌어다준다. 뿐만 아니라 오세아니아 동쪽에 위치한 섬나라 나우루는 '인광석'이라는 새 똥을 팔아 1980년대 한 때 초 부유국으로 성장했었고, 페루는 19세기에 오랫동안 새와 박쥐 등의 배설물이 쌓여 만들어진 '구아노'라는 비료 원료를 팔아 남미 최고의 부국으

---

22) 이 격언은 로마의 콜로세움을 건설했던 베스파시아누스Vespasianus 황제가 암모니아로 양털을 세탁하고 표백하는 양모업자들에게 부과한 '오줌세'에서 비롯되었다. 당시 오줌에도 세금을 물리느냐는 항의에 황제는 "돈에서 냄새가 나느냐?"고 따졌다고 한다. 심지어 오늘날 이탈리아에서는 황제의 이름을 딴 'vespasiano'라는 단어가 공중화장실을 가리키는 말이 되기도 했다.

로 성장하기도 했었다. 그런가 하면 2022년 울산광역시는 태화강에서 까마귀 똥을 맞을 경우 5만 원을 주는 '운수대똥' 이벤트를 개최하기도 했다. 이러한 사례를 보면 '똥 꿈을 꾸면 돈이 생기고 재수가 있다'는 말이 더욱 가슴에 와 닿는다.

그러다보니 똥이 돈에 대한 교훈을 주는 데 활용되기도 한다. 경주 최 부잣집의 마지막 만석꾼이었던 최준은 "재물은 분뇨와 같아서 한곳에 모아두면 악취가 나지만, 골고루 흩뿌리면 거름이 되는 법"이라 말했고, 공자 또한 "똥이 똥통에 너무 많으면 똥이 넘쳐 뒷간을 더럽히고, 너무 없으면 눌 때마다 똥 떨어지는 소리가 시끄럽기 때문에 똥이 똥통에 적당히 차 있어야 조용히 사색하며 일을 볼 수 있다. 이와 같이 돈도 너무 많으면 집안에 근심이 넘쳐 모든 정이 더러워지고, 너무 없으면 무슨 일을 하려 해도 언제나 시끄러워 가족 화합이 안 되기 때문에 돈도 뒷간의 똥처럼 적당히 있어야 언제나 화목하고 행복하게 살 수 있다"고 했다.

결국 그 양이 넘칠 때 지독한 냄새가 풍긴다는 점에서 돈과 똥은 또 다른 공통점을 가지는 셈이다. 마치 농도 차이로 인해 좋은 향을 내거나 악취를 내는 향수의 원리와도 유사하다. 향수 중에 싱그러운 향을 내는 장미 향의 비밀은 '인돌indole'과 '스카톨skatole'이라는 성분 때문인데, 사람들이 싫어하는 방귀 냄새의 주성분 역시 인돌과 스카톨이다. 둘의 차이점은 농도다. 인돌과 스카톨의 농도가 높으면 악취가 나고, 낮으면 꽃향기를 풍긴다. 그런데 냄새로 인한 불쾌감은 냄새 그 자체보다 낯섦이 더 크다고 한다. 어떤 냄새를 맡고 불쾌하게 생각하는 것은 그것이 한 번도 겪어보지 못한 낯섦 때문이라는 것이다. 그래서 사람들은 가족이나 친구들의 체취는 좋아하지만, 익숙하지 않은 사람들의 체취는 싫어한다. 그렇다면 돈 냄새에서 불쾌감이 아닌 유쾌한 감정을 느끼기 위해서라도 돈에 더 익숙해질 필요가 있어 보인다.

셰익스피어William Shakespeare는 『로미오와 줄리엣』에서 "이름이란 무엇일까? 우리가 장미라고 부르는 것은 그 어떤 이름으로라도 여전히 향기로운 것을"이라고 말했다. 여기에 장미 대신 돈을 대입해보면 돈이 그 어떤 이름으로 불리더라도 여전히 돈의 향기를 느낄 수 있다는 말이 된다. 그렇기에 돈의 향기는 돈의 이름만큼이나 돈에 대한 감각을 기르는 데 필수적인 요소라 할 수 있다. 이는 냄새와 정보가 그만큼 가깝기 때문이기도 하다. 수상쩍은 낌새를 느꼈을 때 우리는 '냄새가 난다'고 표현하며, 누군가 감추려고 하는 일을 알아차렸을 때에도 '냄새 맡았다'고 말하지 않는가. 그렇다면 돈의 향기가 새로운 정보로 이어지고, 또 그 정보가 돈으로 연결되는 셈이다. 이제부터라도 왠지 돈 냄새를 맡고 다녀야 할 것만 같다. 훗날 그 돈 냄새가 좋은 기억으로 남을지도 모를 일이기에.

| 두 번째 질문 |

경제를 움직이는
돈의 속성은 무엇인가?

가치를 매기는 돈

　사람의 손가락은 10개다. 그래서 십진법에 익숙하다. 하지만 베르나르 베르베르Bernard Werber의 소설 『개미』를 보면 개미들은 6개의 다리에 2개씩의 발톱이 달려있기 때문에 12진법을 사용한다. 만약 사람의 손가락이 개미처럼 12개였다면 어쩌면 인류도 12진법을 사용했을지 모른다. 하지만 12진법에 비해 십진법이 훨씬 쉽다. 그래서 화폐에도 쉬운 십진법 체계를 적용하는 것이 일반적이다. 즉, 1천 원 10개가 모여 1만 원이 되고, 1만 원 10개가 모여 10만 원이 되는 체계를 사용해야 계산도 빠르게 할 수 있는 것이다. 1971년 영국에서 십진법 액면 체계를 받아들이면서 제작한 25분짜리 공익 광고의 제목만 보더라도 '할머니도 이해한다Granny gets the point'였다. 이는 십진법이 얼마나 쉬운지를 보여주는 방증이기도 하다. 만일 십진법 체계가 없었다면 가치 척도로서의 돈의 기능은 빛을 잃었을 수도 있다.

•• 화폐의 표준이 된 십진법 체계 ••

과거 미얀마는 1994년까지 15, 35, 45, 75, 90 단위의 크야트Kyat
라는 독특한 액면 체계를 사용했었고[23], 1971년 이전 영국도 파운드
(1파운드는 20실링), 실링(1실링은 12펜스), 파싱(1파싱은 0.25페니), 크
라운(1크라운은 5실링), 플로린(1플로린은 2실링)과 같은 복잡한 화폐
체계를 사용했었다. 이 때문에 십진법 체계에 익숙해 있던 독일의 스
파이들은 제2차 세계대전 당시 영국에 침투했다가 복잡한 화폐체계
때문에 쉽게 검거되곤 했다. 상점에서 물건을 산 후 잔돈 계산에 서툰
모습을 보이자 스파이로 의심을 받았던 것이다. 1960~70년대 우리
나라에서 '담뱃값 모르면 간첩'으로 불리던 것과 유사한 일이 벌어진
셈이다. 그렇기에 이러한 화폐 체계가 지금도 지속되었다면 그로 인
한 혼란은 상당했을 것이다. 하지만 다행히도 오늘날 대부분의 국가
에서는 알기 쉬운 십진법 액면 체계를 사용하고 있다.

십진법 액면 체계는 1782년 달러를 100단위로 분할하거나 일정한
단위로 나누는 것을 제안한 미 재무부 직원의 제안에서 비롯되었다.
그 제안을 토마스 제퍼슨Thomas Jefferson이 받아들이면서 10단위 화
폐 액면 체계가 시작된 것이다. 당시 제퍼슨은 100번째의 가장 작은
단위를 '100'이라는 의미를 지닌 라틴어를 차용하여 '센트cent'라 했
고, 10번째 단위는 '10번째'라는 의미의 '다임dime'을 사용했다.

---

23) 미얀마의 군부 정권은 점술이나 미신을 맹목적으로 믿으면서 점의 결과에 따라 정책을 결정
하는 경우가 많았는데, 화폐의 액면 체계가 독특했던 것도 이러한 미신의 영향이 컸다. 예를
들어, 군부 독재를 이끌던 지도자의 75번째 생일을 기념해 75크야트를 발행하는가 하면, 숫
자 9가 행운을 가져다준다는 믿음 때문에 45크야트와 90크야트를 발행하는 식이었다.

돈이란 무엇인가

이후 십진법 화폐 체계는 다른 나라로 전해졌는데, 그 과정에서 프랑스는 다소 엉뚱한 실험을 시도하기도 했다. 프랑스 대혁명 직후 십진법 화폐 액면 체계를 받아들이면서 중량과 측정 부분에서도 십진법을 도입하고자 했던 것이다. 그래서 90도였던 직각을 100도로 바꾸고, 원의 각을 360도에서 400도로 변환시켰다. 또한 시간도 1분을 100초로, 1시간을 100분으로 만들어버렸다. 또한 하루는 10시간으로 나누고, 일주일은 10일로, 한 달은 30일로 정하는 프랑스 공화력을 도입하였다. 하지만 한 주가 10일이 되면서 공휴일이 줄어들었고, 외국과의 교역에서도 착오가 생기는 등 일상생활의 불편은 이만저만한 것이 아니었다. 결국 프랑스 정부는 1795년 이 제도를 폐지할 수밖에 없었다.

하지만 십진법 시간과 달력의 실패에도 불구하고 화폐와 중량, 측정 부문에서 십진법 체계는 그 실용성을 인정받으며, 나폴레옹 Napoléon이 스페인과 러시아를 상대로 벌인 전쟁을 통해 전 유럽으로 전파되었다. 그 영향으로 과학자들은 파리를 통과하는 자오선을 1천만분의 1로 나누어 1미터를 만들었으며, 미터를 1,000으로 묶어 킬로미터로, 100으로 나누어 센티미터로, 1,000으로 나누어 밀리미터로 만들었다. 또한 습도와 건조를 표시하기 위해 각 변의 길이가 10분의 1미터인 입방체만큼의 물을 통해 '리터'라는 단위를 만들어내기도 했다. 결국 오늘날 쓰이고 있는 미터, 킬로미터, 리터 등 많은 단위는 프랑스의 엉뚱한 시도로부터 비롯된 것이라 할 수 있다.

서양에서 이러한 표준화가 진행되고 있을 무렵, 우리나라에서는
화폐는커녕 일상에서 쓰이는 작은 도구조차 표준화가 이루어지지 않
고 있었다. 조선 후기 대표적인 실학자인 박제가가 쓴『북학의』는 그
실상을 적나라하게 보여준다.[24]

　일본은 구리 기와를 쓰는 가옥과 나무 기와를 쓰는 가옥의
차이는 있다. 그러나 한 칸의 넓이와 창문의 치수에 있어서는,
위로는 임금, 관백으로부터 아래로는 가난한 백성의 집에 이르
기까지 차이가 없다. 가령 문짝 하나가 없으면 시장에 가서 사오
는데, 집을 그대로 옮긴 것처럼 꼭 맞는다. 칸막이 문과 탁자 같
은 것도 부절처럼 꼭 맞는다.

　우리나라는 종이를 뜨는 발에 일정한 치수가 없다. 그래서 책
을 절단할 때 반을 자르면 너무 커서 나머지는 모두 끊어 버려야

---

24)　『북학의』는 1778년 박제가가 당시 청나라 사신으로 가는 채제공을 수행해 청나라의 수도 연
　　경(현 베이징)을 시찰하고 돌아와 정조에게 바친 글이다. '북학'이란 말은『맹자』에서 인용한
　　것으로, 중국 춘추전국시대 남쪽에 위치한 초나라 사람 진량이 주공과 공자를 흠모해 북으
　　로 유학을 간 것을 의미하는 뜻으로 처음 사용되었다. 이는 문명 수준이 낮았던 남쪽 사람이
　　북쪽의 선진 문명을 배운다는 의미. 1778년 박제가는 당시 청을 '오랑캐의 나라'라고 하며
　　야만시하는 태도에서 벗어나 청의 선진문화를 적극 수용해 조선을 바꿔야 한다는 뜻에서 자
　　신의 저서 제목을 '북학의北學議'로 지었다. 이후 북학은 청나라에 남아 있는 중화의 선진문
　　물을 배운다는 의미로 널리 사용되었다. 박제가를 비롯해 박지원, 홍대용 등의 사상을 실학
　　파 중에서도 '북학파'라 부른다.

하고, 삼등분해서 자르면 너무 짧아서 글자 밑이 없어진다. 또 전국 8도마다 종이 길이가 전부 다르다. 이 때문에 얼마나 많은 종이를 허비하는지 알 수가 없다.

이처럼 당시 조선은 제대로 규격에 맞는 것이 없었다. '왜倭'라고 깔보던 일본조차도 가옥에 쓰이는 재료들이 규격화되어 있는데, 조선은 그렇지 못했다. 그러다 보니 임금의 명을 받아 지방을 관찰하는 암행어사도 '유척'을 가장 중요하게 여겼다. 보통 임금은 암행어사를 임명하면서 봉서封書, 마패馬牌, 사목事目, 유척鍮尺을 주었는데, '봉서'는 암행어사에 임명되었음을 알리는 문서였고, '마패'는 말과 군사를 동원할 수 있는 암행어사의 증표였으며, '사목'은 어사가 수행해야 할 임무를 기록한 소책자였다. 그리고 '유척'은 지방 수령들이 멋대로 도량형을 속여 쌀, 옷감 등으로 징수하는 세금을 착복하는지를 검사하는 놋쇠 자였다. 암행어사는 보통 2개의 유척을 지급받았는데, 다른 하나의 유척은 죄인을 매질하는 '태笞'나 '장杖'과 같은 형구의 크기가 법에 맞게 제작되었는지를 확인하기 위한 것이었다.

사실 동서고금을 막론하고 표준화는 국부 증가의 주요 수단이 되어 왔다. 표준화로 인해 상거래의 공정성이 확보되고 조세 징수의 편의성도 높일 수 있었기 때문이다. 진시황이 중국을 통일한 후 가장 먼저 시행한 일 중 하나가 도량형의 통일이었다는 것은 잘 알려진 사실이다. 이는 여러 물건의 규격을 표준화하는 데 기여했는데, 진시황의 무덤을 지키는 병마용에서 발견된 병사들이 들고 있는 석궁만 보더라도 발사 뭉치가 표준화되어 있어 고장이 나면 부품을 갈아 끼우는 방식으로 즉각 수리가 가능할 정도였다. 그런가 하면 진나라는 통일 이전인 전국시대에 이미 여러 형태와 가치가 제각각인 화폐를 통일하여 반량전半兩錢을 만들기도 했었다.[25] 이러한 화폐의 통일에 힘입어 유통이 촉진되고 도시가 발전하였으며, 세금 징수나 군비 조달도 훨씬 수월해진 것이 통일의 초석이 된 것이다.

비록 반량전처럼 그 무게를 표준화시킨 것은 아니지만, 오늘날 대부분의 국가에서는 십진법이 화폐 액면 체계의 표준으로 자리 잡았다. 이 때문에 해외여행을 할 때 환전이나 계산만큼은 쉽게 할 수 있다. 그런데 이미 익숙한 화폐의 이름이나 액면을 바꾸면 어떤 일이 발생할까?

•• 리디노미네이션의 장단 ••

아마 베트남 여행을 다녀온 경험이 있는 분이라면 돈의 계산단위 때문에 불편했던 기억이 있었을지 모른다. 베트남에서 거래되는 상품과 서비스의 계산단위가 너무 높기 때문이다. 예를 들어, 베트남 다낭에서 유명한 '콩카페'의 시그니처 메뉴 가격은 4만 5,000동에서 6만동 정도다. 가격이 너무 높아 순간 당황하거나 불쾌감을 느낄 수도 있

---

25) 반량전은 '하늘은 둥글고 땅은 네모나다'는 우주관을 담아 둥근 외형에 사각형의 구멍을 가진 모양을 하고 있었다. 고대 중국 문화권에서는 "우주는 둥글고 인간 세상은 네모나다"라는 '천원지방天圓地方'이라는 우주관이 사회를 지배했다. 이런 믿음 하에서 하늘에 제사를 올리는 제단인 원구단을 세울 때 천장은 둥글게, 바닥은 네모나게 만들었다. 엽전의 모양도 서양의 주화와 달리 바깥이 둥글고 가운데에는 네모난 구멍이 뚫리도록 만들었다.

다. 뇌 과학자들의 연구에 따르면 어떤 숫자를 가격으로 인식할 때 우리의 뇌에서는 고통이 유발되고, 숫자가 클수록 더 극심한 고통이 유발된다고 한다. 즉, 60,000으로 표시된 가격은 6으로 표시된 가격보다 훨씬 큰 고통을 유발하는 것이다.

그런데 베트남에 못지않게 우리나라의 화폐단위도 매우 큰 편이다. 하지만 세계 40위권 정도인 베트남에 비해 우리나라의 국내총생산GDP은 훨씬 높다. 우리나라의 GDP는 세계 10위 정도로 미국의 1/12 수준이다. 하지만 원화의 액면 가치는 달러에 비해 1,200배 정도 낮다. OECD 국가 중 미국 달러와 비교할 때 환율이 네 자리인 국가는 우리나라가 유일하다. 미국 1달러 대비 일본 엔화는 120엔 내외, 영국 파운드화는 0.8파운드 내외, 유로화는 0.9유로 내외, 캐나다 달러는 1.3달러 내외다. 그러나 캐나다의 GDP는 우리나라보다 적다. 1인당 GDP가 우리나라와 비슷한 쿠웨이트의 디나르화는 오히려 달러 가치보다 높아 1디나르당 3.3달러에 이른다. 우리나라 국민이 쿠웨이트에 여행을 가면 약 3,800원 정도를 가져야 1디나르와 교환할 수 있는 것이다.

이 때문에 우리나라 경제 규모와 대외 위상에 맞춰 '리디노미네이션redenomination'을 해야 한다는 주장이 제기되기도 한다. '리디노미네이션'이란 화폐 가치를 그대로 두고 화폐의 이름이나 단위를 바꾸는 것을 말한다. 예를 들어, 1,000원을 1원으로 바꾸거나, 아예 화폐의 이름을 바꿔서 1,000원을 1환으로 변경하는 식이다. 우리나라도 과거 리디노미네이션을 단행한 적이 있다.

잠깐 그 역사를 살펴보면 6·25 전쟁 이후 피난을 떠나면서 미처

수송하지 못한 조선은행권 40억 원을 북한군이 낙동강 근처에 살포했다. 이 때문에 화폐 질서가 혼란에 빠지자 이승만 대통령은 1950년 8월 28일 대통령 긴급명령을 통해 조선은행권을 급히 회수하고 한국은행권을 발행하도록 지시했다. 당시 발행된 한국은행권에는 '원圓'이라는 글자가 새겨졌다. 그 후 전쟁으로 인플레이션이 심각해지자 1953년 2월 15일 대통령 긴급명령을 통해 100대 1의 화폐 개혁을 단행하였다. 이때 '환圜'이라는 단위가 도입되었다. 하지만 이 단위는 10년을 넘기지 못했다. 1962년 5·16 군사정변 이후 국가재건최고회의가 긴급통화조치법을 통해 10대 1의 화폐개혁을 추진하면서 '원(한글)'이라는 단위를 다시 도입했기 때문이다. 요약해 보면 우리나라 화폐 명칭은 1950년 이후 '원圓 → 환圜 → 원(한글)'의 과정을 거쳐 왔다.

그렇다면 이러한 리디노미네이션이 계속 언급되는 이유는 무엇이고, 그것이 우리 경제에 어떤 영향을 미치게 될까? 우선 리디노미네이션이 언급되는 가장 큰 이유는 화폐의 액면이 너무 높아 거래의 비효율이 크기 때문이다. 예를 들어, 미국의 1달러를 1,173원으로 계산하게 되면 장사하는 분들은 우수리 즉, 물건 값을 제하고 거슬러 받는 잔돈 계산이 불편해진다. 공공요금을 납부하거나 송금할 때도 끝 자릿수가 틀릴까 봐 신경을 쓸 수밖에 없다. 또한 회계 작성 등과 같은

돈이란 무엇인가

업무를 처리할 때도 숫자를 입력하는 과정에서 실수를 범할 가능성이 높다. 예를 들어, 2020년 국민대차대조표상 우리나라의 순자산 규모는 1경 7,722조 2,387억 원(17,722,238,700,000,000원)인데, 1경이란 단위는 0만 16개에 이르기 때문에 그 금액을 파악하기 쉽지 않다.

그리고 화폐개혁을 단행하게 되면 원화의 대외신인도가 높아져 우리나라의 국격 신장에 도움이 될 수 있다. 앞에서 살펴본 것처럼 미국 1달러 대비 원화 환율이 네 자리나 되다 보니 대한민국이 저평가를 받는다는 주장이 나오기 때문이다. 실제로 미 달러화 대비 환율이 네 자리 수 이상인 나라는 몽골, 베트남, 인도네시아, 라오스, 탄자니아 정도다. 이 때문에 외국 관광객들이 환전을 하면서 알게 모르게 한국을 저평가하는 경향도 있다고 한다. 따라서 화폐개혁을 단행하면 한국의 위상이 높아지고 국제 금융거래의 효율성도 좋아져 우리나라에 대한 투자 심리가 제고될 수 있다. 이는 고용 창출로 이어져 경기에도 도움이 될 수 있기 때문에 화폐의 명칭 변경에 따른 비용을 상쇄할 수 있다. 즉, 시간이 흐를수록 업무 효율화, 시간과 비용 절약 등과 같은 경제적 효과가 나타나면서 관련 산업의 매출과 고용이 증가하고 경제 활동이 활성화되는 것이다.

또한 리디노미네이션은 지하자금의 양성화에도 도움이 될 수 있다. 리디노미네이션을 하게 되면 은행에 가서 기존 화폐를 새로운 화폐로 바꿔야 하기 때문에 지하자금이 음지에서 양지로 나올 수밖에 없다. 이를 통해 세원을 확보하게 되면 세수가 증가해 정부 재정에도 도움이 된다. 2016년 인도 정부가 단행한 리디노미네이션은 지하자금을 양성화하기 위해 실시된 대표적인 사례다.

하지만 리디노미네이션에 대한 반대 의견도 상당하다. 우선 리디노미네이션이 지나치게 많은 사회적 비용을 유발한다는 점이다. 화폐의 단위를 바꾸든 그 자릿수를 조정하든, 금융업은 물론 산업 전반에 걸쳐 사회적 비용이 발생하게 된다. 현금자동입출금기ATM는 물론이고 각종 금융거래 관련 시스템 변경에 막대한 자금이 투입될 것이며, 새로운 화폐 제조, 기업의 회계전표 수정, 자영업자들의 메뉴판 재인쇄 등 이루 말할 수 없는 비용이 발생할 것이다. 게다가 새로운 화폐 시스템에 적응해가는 과정에서 발생할 수 있는 보이지 않는 비용도 상당할 것인데, 그것은 정확히 파악할 수조차 없다.

또한 대외 위상은 화폐의 숫자로 결정되는 것이 아니라 해당국 경제의 펀더멘털[26]에 좌우되기 때문에 리디노미네이션의 경기부양 효과가 생각보다 작을 수도 있다. 그리고 경기부양 효과가 나타난다고 하더라도 일종의 착시 효과에 기인한 것일 수 있다. 예를 들어 1,000 대 1로 계산단위가 변경되어 4,900원인 상품의 가격이 4.9원으로 바뀌게 되면 소비자가 상품의 가격이 내려갔다고 착각해 소비를 늘릴 수 있기 때문이다. 또한 리디노미네이션을 이용한 가격 표기 방식으로 발생하는 소비증가 효과가 시간이 갈수록 줄어든다는 연구 결과도 있다.

그런가 하면 지하경제 양성화를 위한 리디노미네이션에 반발이 있을 수 있고, 그로 인한 부작용도 만만치 않을 것이다. 이는 화폐개혁

---

26) 펀더멘털Fundamental이란 '기본적인, 근본적인'이란 뜻으로, 경제에서는 '기초 경제여건'을 말한다. 이는 한 나라의 경제가 얼마나 건강한지를 나타내는 것으로 주로 경제성장률, 외환보유액, 경상수지 등과 같은 거시경제 지표를 통해 알 수 있다.

을 통해 검은돈을 양성화시킨다는 발상 자체가 과거의 사고방식이며, 최근 지하자금은 대부분 합법화되어 있어 어설픈 화폐개혁이 오히려 역효과를 가져올 수 있다는 주장과 맞닿아 있다. 실제로 2016년 인도 정부는 지하경제 청산을 위한 화폐개혁을 단행하면서 신권과 교환할 수 있는 1인당 한도를 하루에 4,000루피(약 6만 4,000원)로 제한하는 바람에 현금 부족 사태를 초래하기도 했다. 2009년 북한도 암시장 척결 등을 위해 구권 100원을 신권 1원으로 교환하는 화폐개혁을 단행하면서 세대당 교환 가능 액수를 10만 원으로 한정했다. 게다가 교환 시간을 24시간밖에 주지 않는 바람에 상당수의 북한 주민들은 하루아침에 전 재산을 날려야만 했다. 이에 북한 주민들은 신권 대신 달러화를 보유하려 했고, 물가가 폭등하며 식량과 생필품이 부족해지는 부작용이 나타났다.

또한 리디노미네이션은 시장 불안을 유발할 수도 있다. 정부가 화폐개혁을 통해 경기악화를 막으려 한다는 신호를 주면서 경제정책 전반에 불신을 불러일으킬 수 있기 때문이다. 게다가 전자결제가 발달하고 현금 없는 사회로 이행해가는 상황에서 리디노미네이션의 의미가 그렇게 크지 않을 수도 있다.

그러나 무엇보다 리디노미네이션에 반대하는 가장 큰 이유는 인플레이션에 대한 우려다. 이는 사람들의 소비심리를 생각해보면 쉽게 이해할 수 있다. 리디노미네이션이 이루어져 계산 단위가 변경되면 공급자와 소비자 모두 상품의 가격이 저렴하다는 심리가 작용하면서 재화의 가격상승을 부추길 수 있다.

먼저 재화와 서비스의 공급자는 '반올림과 올림'을 이용하여 자연스럽게 가격을 올릴 수 있다. 예를 들어, 920원은 0.92환이 아니라 1환이 되고, 9,500원 하는 비빔밥의 가격은 바로 10환으로 매겨지는 식이다. 9억 7,000만 원의 아파트 가격은 이론상 97만 환이 돼야 하지만, 현실에선 100만 환으로 책정되기 쉽다.

수요자도 '화폐 환상money illusion'이라는 현상을 겪게 된다. 예를 들어, 1,000원짜리 과자가 1환에 팔릴 경우 이전에 2,000원짜리 과자는 사지 않다가도 2환짜리 과자는 2봉지를 사게 되는 경우다. 실제로 이를 증명한 실험도 있다. 유로화가 도입된 직후인 2002년 스웨덴 시민들에게 스웨덴 크로나화와 유로화로 적힌 물품의 가격 목록을 보여준 후, 각각의 가격이 저렴한지 비싼지를 평가해달라고 요청했다. 그러자 스웨덴 시민들은 유로화로 기재된 물품의 가격이 더 싸다고 응답했다. 이는 크로나화로 표시된 가격보다 유로화로 표시된 가격의 숫자가 더 작았기 때문이었다. 즉, 참여자들은 2유로로 표시된 상품이 3크로나로 표시된 상품보다 더 싸다고 느낀 것이다. 이처럼 우리는 지폐 위에 쓰인 숫자의 크기 때문에 실제 가치를 왜곡하여 인식하게 된다. 그리고 많은 유로존 국민들이 유로화로 표기된 두 상품의 가격 차이가 크지 않을 때 이를 비교하는 것이 어렵다고 토로했다. 이처럼 화폐 계산단위의 변화는 사람들의 마음을 교란시킨다.

따라서 리디노미네이션은 매우 신중하게 추진되어야 할 뿐만 아니라 광범위한 국민적 공감대가 뒷받침되어야 한다. 우리나라의 경우 2019년 한 여론조사 기관이 리디노미네이션에 대한 찬반을 조사한 적이 있는데, 이때 1,000원을 1원으로 바꾸는 방안에 국민 절반 이상이 반대했다. '물가인상 등 부작용이 있을 수 있으므로 바꾸지 말아야 한다'고 대답한 비율이 52.6퍼센트였다. 반면 경제 규모에 걸맞게 화폐의 계산단위를 바꿔야 한다는 데 찬성한 응답은 32.0퍼센트에 불과했다.

2021년 전 세계적으로 넷플릭스의 〈오징어 게임〉이 히트를 치면서 수많은 패러디가 만들어졌다. 그런데 미국에서 만들어진 한 오징어 게임 패러디에는 40억 원이 고작 47.89달러로 검색되는 장면이 등장했다. 〈오징어 게임〉의 우승상금인 456억 원(45,600,000,000원)만 봐도 '0'이 8개나 붙을 정도니 외국인 입장에서는 헷갈릴 수도 있겠지만, 이 패러디를 보고 한국의 네티즌들은 '우리나라를 개발도상국으로 취급하는 차별'이라 반발하기도 했다. 이러한 논란을 보면 리디노미네이션이 필요하다는 생각이 들기도 한다. 하지만 그 필요성과 효과, 부작용은 면밀히 들여다봐야 한다. 화폐에서 '0'을 몇 개 빼려다 경제가 공^空칠 가능성도 있기 때문이다.

가치와 가격

미국의 모든 은행권과 주화에는 'In God We Trust(우리는 하나님을 믿는다)'라는 모토[27]가 새겨져 있다. 이는 하나님을 믿듯 이 화폐도 믿을 수 있다는 신뢰의 경구다. 그런데 사람들이 화폐를 신뢰하는 것은 화폐의 가치가 안정적이기 때문이다. 하지만 우리는 돈 자체에 어떤 가치가 있다고 생각한다. 우리가 그렇게 생각하는 이유는 화폐 발행자가 언제든지 화폐에 표시된 금액의 가치를 보장해준다는 약속이 담겨 있기 때문이다. 이것이 법정 화폐의 기본적인 성격이다. 하지만 유의해야 할 것은 정부가 돈의 가치를 보증하지 못한다는 점이다. 정

---

27) 이 문구는 미국 남북전쟁 이후 한 목사가 'Almighty God'라는 문구를 동전 주조 시 넣어달라는 청원을 넣은 이후 검토되어 1864년 2센트 동전에 처음 새겨졌다. 그 후 1907년 시어도어 루스벨트 대통령은 세속적인 돈에 신성한 문구를 새기는 것이 불경하다는 이유로 이 문구를 삭제하였다. 그러나 1950년대 미 연방의회가 동 문구를 국가 표어로 선정하는 법을 통과시키자 독실한 기독교 신자였던 아이젠하워 대통령은 1956년 이 문구를 모든 지폐와 주화에 다시 넣게 했다.

돈이란 무엇인가

부가 보증하는 것은 오직 지불 수단의 지위일 뿐이다. 그 대신 정부는 돈의 가치를 관리해 나간다. 중앙은행이 개입하여 이자율과 화폐량을 조절함으로써 적절한 가치를 유지하는 식이다. 그렇게 돈의 가치가 안정될 때 가격 책정도 가능해진다.

•• 가치와 가격의 차이 ••

가치란 어떤 물건이 지니고 있는 쓸모 혹은 유용성을 말한다. 여기서 '쓸모'란 경제학에서 자주 쓰이는 '효용'과 같은 뜻이다. 그런데 효용은 개인마다 다르기 때문에 효용의 정도, 즉 효용 값을 객관적인 수치로 나타내기는 힘들다. 따라서 가치는 관찰이나 측정이 가능한 객관적인 대상이 아니라 사람마다 다르게 느낄 수밖에 없는 주관적인 대상이 된다. 그래서 카를 멩거도 재화의 가치는 재화의 내재적 성질이 아니라 인간의 욕망에 의해 결정된다고 했다. 즉, 모든 물건에는 어떤 가치도 없고, 가치를 부여하는 것은 그것을 활용하는 사람들의 생각이라는 것이다.

이처럼 가치가 갖는 주관성 때문에 가끔 현실에서는 이해 못할 상황이 벌어지기도 한다. 예를 들어, 경기 중에 늘 껌을 씹기로 유명했던 영국 축구클럽 맨체스터 유나이티드의 알렉스 퍼거슨Alex Ferguson 감독이 마지막 경기에서 씹었던 껌이 60만 달러(약 7억 원)에 낙찰되는 일과 같은 경우다. 껌 값이 껌값이 아닌 이러한 사례를 보면, 단순히 가치가 재화의 내재적 성질이 아니라 인간의 욕망에 따라 결정되는 주관적이고 상대적인 것이라는 점을 잘 알 수 있다. 비트코인에 대한 가치 논란도 마찬가지다. 혹자는 아무런 내재가치도 없는 비트코인이 왜 그렇게 비싼지 모르겠다고 하지만, 그것은 전적으로 주관적이고 상대적인 가치 때문일 수 있다.

그러나 가치가 아무리 주관적이라고 해도 그 가치는 '가격'이라는 형태로 객관화된다. 즉, 어떤 물건이나 서비스의 가치를 가격으로 표시할 수 있는 것이다. 그러므로 가격은 어떤 물건이나 서비스가 지니고 있는 가치를 돈의 양으로 나타낸 개념이다. 그래서 우리는 가격이 높은지, 낮은지를 보고 재화와 서비스의 가치를 판단한다. 즉, 돈을 많이 지불해야 한다면 그 재화나 서비스가 더 소중하다고 생각하는 것이다.

그런데 시장경제에서 가격을 결정하는 요인은 수요와 공급이다. 수요는 재화나 서비스에 대한 효용에 의해 결정되고, 공급은 투입된 노동과 같은 생산요소의 투입량이나 희소성에 영향을 받는다. 주식시장의 경우에는 주가가 내재가치가 아닌 유동성과 같은 외부요인에 의해 결정되기도 한다.

그러나 수요와 공급 이론이 발전하지 않았던 과거에는 가치와 가격에 대한 논의가 철학의 영역에서 다뤄지기도 했다. 한 예로, 스콜라 철학자이자 신학자인 토마스 아퀴나스Thomas Aquinas는 만물의 가치가 신의 섭리에 의해 결정되지만, 가격은 인간에 의해 결정된다고 보았다. 가치와 가격을 분리하여 생각한 것이다. 그래서 인간에 의해 결정된 재화의 가격이 신의 섭리에 의하여 결정된 재화의 가치보다 높게 설정되는 것을 죄악으로 간주했다. 이 때문에 돈을 빌려주었으면 빌려준 원금만 돌려받으면 되고, 이자를 받는 행위는 부당한 행위라고 믿었다.[28] 이는 이자가 인간에 의해 결정되는 것으로 보았기 때문이다. 이러한 철학은 유대인들의 고리대금업을 죄악시하는 요인이 되기도 했다.

그러나 현대 자본주의 사회에서는 가치를 가격과 분리하여 설명하기가 매우 어렵다. 그것은 시장경제에서 가격이 두 재화의 교환에 의해 결정되기 때문이다. 이를 보통 '교환 가치'라 부르는데, 어떤 상품의 교환 가치는 그것이 다른 상품과 교환되는 비율이자 특정 재화 1단위를 획득하기 위해 포기할 용의가 있는 다른 재화의 크기이기도 하다. 반면 교환 가치와 상대되는 개념이 '사용 가치'인데, 이는 어떤 상품의 필요성이자 인간의 욕구를 만족시키는 힘을 말한다. 그래서 교환 가치는 객관적이고 사용 가치는 주관적이다.

우리가 잘 아는 나무꾼 이야기에 빗대어보면 산신령이 금도끼와 은도끼를 주어도 그것을 받지 않은 나무꾼은 교환 가치를 몰랐기 때문이라고 할 수 있다. 나무꾼에게는 오직 나무를 베는 데 필요한 쇠도끼만이 사용 가치가 있었기 때문이다. 만일 그가 금도끼, 은도끼로 쇠도끼를 수천 개 살 수 있다는 것을 알았더라면 아마도 나무꾼을 그만

---

28) 토마스 아퀴나스는 이자를 받을 수 있는 예외를 두기도 했는데, 돈을 빌려준 사람이 다른 기회를 놓치거나 손해의 위험이 발생할 수 있을 때에는 그에 합당한 이자를 받을 수 있다고 했다.

두고 장사꾼으로 나서지 않았을까 싶다.

한편 사용 가치와 교환 가치를 최초로 구별했던 애덤 스미스Adam Smith는 두 개념을 이용하여 '물과 다이아몬드의 역설'을 설명하기도 했다. 결혼 예물로 쓰이며 자신의 부귀를 자랑하는 수단인 다이아몬드는 매우 비싸다. 하지만 실상 공업용 다이아몬드를 제외한 모든 다이아몬드의 실용적 가치는 그리 크지 않다. 반면 우리의 생명을 유지하는 데 필수적인 물은 공짜이거나 매우 저렴한 편이다. 일상에서 꼭 필요한 물의 가치가 더 높은 것 같은데, 필요성이 상대적으로 더 낮은 다이아몬드보다 가격이 낮다. 이것이 물과 다이아몬드의 역설이다. 과거 아리스토텔레스Aristoteles도 "철이 금보다 더 유용한데, 왜 금이 철보다 더 가격이 높은가"라며 유사한 질문을 던지기도 했다.

이 역설은 교환 가치와 사용 가치 개념을 이용하면 쉽게 풀린다. 물이나 공기와 같이 없어서는 안 될 재화는 사용 가치가 높지만, 누구나 수고 없이도 얻을 수 있기에 다른 재화와 교환되지 않는다. 때문에 교환 가치, 즉 가격이 낮다. 반면 다이아몬드는 일상에서 반드시 필요한 재화가 아니기 때문에 사용 가치는 낮은 데 반해, 때때로 매우 많은 양의 다른 재화와 교환할 수 있어 교환 가치, 즉 가격이 높다.

그러나 이러한 설명에도 불구하고 교환 가치가 무엇에 의해 결정되는지는 오랫동안 설명되지 않았다. 그러다 19세기 말 한계효용학파가 등장하면서 그 의문이 풀렸다. 그들은 '물은 생필품이지만 무한히 많기 때문에 한계효용이 낮은 반면, 다이아몬드는 희소하기 때문에 한계효용이 높다'는 한계효용 개념을 통해 이를 정확히 설명했다. '한계효용marginal utility'이란 재화나 서비스를 한 단위 더 소비함으로써 얻을 수 있는 효용의 증가분을 말한다.

그러나 한계효용이론이 등장하기 이전 애덤 스미스, 리카도David Ricardo, 마르크스Karl Marx는 생산비용에 초점을 맞춘 가치 이론, 즉 어떤 재화의 가치가 생산에 투여된 노동시간에 따라 결정된다고 믿었다. 이를 보통 '노동가치설'이라고 하는데, 마르크스는 상품이 '노동의 생산물'이라는 속성만 가진다고 주장했다. 그러면서 사용 가치는 교환 가치로부터 비롯되기 때문에 사용 가치를 별도로 분석할 필요가 없다고 했다. 다시 말해, 상품의 본질적인 가치는 교환 가치이고, 이는 노동에서 온다는 것이 그의 결론이었다. 이러한 마르크스의 노동가치설은 이후 잉여가치설[29]로 발전하면서 공산주의 이론의 토대가 되기도 했다.

그런데 노동가치설은 스탠 데이비스Stan Davis와 크리스토퍼 메이어Christopher Meyer의 『미래의 부』라는 책에 소개된 피카소Pablo Picasso의 일화를 보면 일견 타당해보일 수도 있다. 한 여인이 파리의 어느 카페에 앉아 있던 피카소에게 값을 치른다는 조건 하에 자신을 그려달라고 부탁했다. 피카소는 단 몇 분 만에 이 여인의 모습을 스케치해주고는 50만 프랑(약 8천만 원)을 요구했다. "아니, 고작 몇 분밖에 안 쓰셨잖아요." 여인의 항의에 피카소는 "천만에요. 40년이 걸렸습니다"라고 응답했다. 저자는 피카소가 노동이 아니라 인적 자본을 기준으로 그림 값을 매긴 것이라고 했다. 비슷한 맥락에서 프랑스의 사

---

29) 잉여가치란 최초의 가치를 넘는 초과분을 말하는 것으로, 마르크스는 노동자가 임금 이상으로 생산한 가치(이윤, 배당, 지대 등)를 잉여가치로 보고, 이를 자본가가 착복한다고 주장했다. 마르크스는 잉여가치론을 자본주의 경제에 대한 분석 도구로 삼아 자본주의 착취적 본질 및 그 멸망의 필연성을 주장하였다.

상가 몽테스키외Montesquieu도 친구에게 "자네는 몇 시간에 그걸 읽겠지만, 나는 그 책을 쓰느라 머리가 하얗게 셌다네"라는 말을 하기도 했다.

그러나 노동가치론은 단순히 공급 측면에서 접근한 데다 재화의 사용 가치를 배제해야 한다는 논리 자체가 잘못되었기에 많은 비판을 받고 있다. 사실 교환은 개개인이 느끼는 주관적인 유용성, 즉 재화에 대한 사용 가치가 다르기 때문에 발생한다. 다시 말해, 어떤 재화를 필요로 하는 사람이 많아지면 그 재화의 가격은 올라갈 수밖에 없는 것이다. 그래서 교환 가치는 사용 가치의 종속변수라고 할 수 있다. 그러나 마르크스는 이를 거꾸로 보았다.

또한 물건을 아무리 구하려고 해도 그 물건이 충분치 않을 경우 가격은 높아지기 마련이다. 극단적인 경우 '세상에 단 하나뿐'이라는 말에 정신을 잃어버리는 사람들도 있다. 과거 세상에 단 한 권뿐인 책을 소장했다고 의기양양하던 유럽의 한 수집가가 뉴욕 서적상에 한 권이 또 있다는 것을 알고는, 곧장 뉴욕으로 날아가 엄청난 값을 주고 그 책을 구입한 후 불태운 일도 있었다. 그렇게 해서라도 자기가 '세상에 단 한 권뿐인 책'의 소장자가 되기를 원했던 것이다. 비록 고가이지만 한정된 수량의 제품만을 출시하여 소비자들로 하여금 그 물건을 더 갖고 싶도록 만드는 '헝거 마케팅hunger marketing'이나, 블록체인 기술을 기반으로 한 NFT가 고가에 거래되는 것도 모두 희소성에 그 이유가 있다.

따라서 교환 가치에 영향을 미치는 희소성도 개개인이 느끼는 주관적인 유용성, 즉 사용 가치에 따라 달라질 수밖에 없다. 결국 교환 가치는 사용 가치에 의해 결정되는 것이다. 만일 피카소에게 그림을 그려달라고 한 여인이 한계효용이론을 알았더라면 "나는 그 그림을 사지 않겠어요"라고 말하면 그뿐이다. 가격은 필요에 의해 결정되기 때문이다.

한편 아무리 가치가 가격으로 표시된다고 해도 그 가치가 항상 정확한 것은 아니다. 그리고 가격이 가치를 반영하기보다는 가격이 가치를 규정짓는 경우도 있다. 즉, 물건이 좋아서 비싼 게 아니라 비싸니까 좋은 물건이 되는 것이다. 대표적인 것이 명품이다. 물론 명품은 품질이 좋기 때문에 비싸기도 하지만, 대개 명품은 비쌀수록 더 많이 팔리는 속성이 있고 일부 부자들은 남들이 구매하기 힘든 사치품을 들고 다녀야 자신의 가치가 높아진다고 생각한다. 가격이 가치를 결정짓는다고 생각하기 때문이다.

•• 가격을 매길 수 없는 가치 ••

그러나 가격으로 그 가치를 매길 수 없는 성질의 것도 있다. 가장 극단적인 것 중 하나가 사람의 가치다. 과거 미국의 생화학자 해럴드 모로비츠Harold Morowitz는 제약 회사의 가격표를 기준으로 체중 65킬로그램인 사람을 1,200만 마르크로 산정한 적이 있으며, 서독의 잡지 「노이에 레뷔」는 인간의 신체에 들어 있는 나트륨, 칼륨, 인, 황, 칼슘과 같은 성분의 시장가치를 계산하여 사람의 가치를 88페니히로 매기기도 했다. 또한 제2차 세계대전 당시 나치의 한 연구소는 사람의 몸을 원소별로 분해하여 가격을 책정했었으며, 일본 육군이 제시한 병사의 값은 당시 엽서 한 장 값인 2전 5리에 불과했다. 이런 사례를 보면 과연 그런 화학 성분으로 사람을 만들 수 있냐고 되묻고 싶어지기도 한다.

비록 유물론적 사상에 기초한 가치 평가는 아니지만, 현대 자본주의 사회에서도 사람의 가치를 가격으로 환산하는 작업이 꾸준히 이루어지고 있다. 가장 대표적인 것이 보험업이다. 그런데 문제는 이러한 가치 평가로 인해 예기치 않은 부작용이 발생한다는 데 있다. 1973년 미국 고속도로 안전보험협회는 한 사람이 사망할 경우 그가 사회에서 창출할 수 있는 부가가치를 20만 달러로 책정했었다. 이로 인해 미국의 자동차 회사들은 보험 처리 비용보다 자동차 결함을 고치는 비용이 비싸다고 판단하여 차량 결함을 방치했고, 그 때문에 사고로 목숨을 잃은 경우가 나타나기도 했다. 또한 보험금을 노리고 자신의 신체를 자해하고 가족을 살해하는 사람들도 있다. 모두 인간의 육신과 생명을 돈으로 환산했기에 발생하는 일이다.

이를 보면 인간의 가치에 가격표를 매기는 것이 그리 간단한 문제가 아니라는 것을 알 수 있다. 사실 문화예술 작품만 보더라도 돈으로 환산하기 어려운 경우가 많다. 19세기의 존 러스킨John Ruskin은 예술의 가치를 화폐로 측정하는 것은 예술 상품의 고유 가치를 침해한다고 주장했으며, 데이비드 트로스비David Throsby는 『문화경제학』에서 문화산업의 산출물에는 많든 적든 창조성이 포함되어 있고, 잠재적으로 지적 재산권이 포함되어 있다고 주장했다. 그러면서 예술작품의 가치는 미학적 가치, 정신적 가치, 사회적 가치, 역사적 가치, 상징적 가치, 진품 가치로 분해 가능하고, 일률적으로 시장가격으로 환산하기 어렵다고 주장했다. 그만큼 문화예술이 다면적이고 양적으로 측정할 수 없는 요소를 내포하고 있기 때문이다.

문화예술 작품도 이런데, 하물며 인간의 가치를 가격으로 책정하는 것이 어디 쉽겠는가? 2021년 개봉한 〈워스〉라는 영화는 9·11 테러로 피해를 입은 유족들에 대한 보상 문제를 다루고 있다. 정부는 '개별 소송을 포기하고 보상금을 받겠다'고 서명하는 사람이 전체 유족의 80퍼센트를 넘어야만 가동되는 보상 프로그램을 추진할 책임자로 보상금 협상 전문 변호사인 파인버그를 임명한다. 그러나 파인버그는 '사람을 구하다 죽은 소방관 아들의 목숨 값이 주식을 사고파는 펀드매니저보다 못하다'는 사실에 분노하는 어머니 앞에서 말문이 막혀버린다.

철학자 헤겔Hegel은 "역사를 움직여 왔다고 평가되는 영웅들도 한 잎의 낙엽에 지나지 않는다"고 말했다. 또한 "시저의 권위도 죽으니 한 줌의 흙덩어리, 바람구멍이나 막는 데 쓰일 뿐이로구나"라는 햄릿Hamlet의 독백도 있다. 하지만 이런 말들은 인생의 무상을 표현한 것일 뿐, 사람의 가치가 낙엽이나 흙과 같다는 것은 아니다. 그러나 우리는 종종 이런 말들을 문자 그대로 받아들이는 착각을 하곤 한다. 그런데 그 착각으로 인해 더 큰 문제가 나타날 수도 있다. 어쩌면 사람의 목숨을 두고 가슴보다 계산기를 두드리는 것 자체가 가장 큰 문제인지도 모른다. "현대의 비극은 상품화할 수 없는 것을 상품화하는 데서 시작됐다"고 한 칼 폴라니Karl Polanyi의 말을 되새길 필요가 있어 보인다.

돈의 가치 변화

　돈의 가치는 그것으로 구매하는 재화와 서비스의 양에 따라 달라진다. 즉, 물품화폐와 같이 그 자체로 사용 가치가 있는 경우가 아니라면 신용화폐의 가치는 재화의 구매량에 따라 상대적으로 결정된다. 쉽게 말해, 아이스크림 1개가 1천 원이면 2천 원으로 아이스크림 2개를 구입할 수 있지만, 아이스크림 가격이 2천 원으로 오르면 1개만 구입할 수밖에 없다. 이처럼 현재 가지고 있는 돈으로 구매할 수 있는 상품이나 서비스의 양이 줄어들게 되면 상대적으로 내가 가진 돈의 가치는 떨어지게 된다. 여기서 아이스크림 가격 상승을 일반화해보면 '인플레이션'이란 개념이 등장한다.

•• 왜 인플레이션이 해로운가 ••

원래 인플레이션inflation은 옛날 남미의 소 매매업자들 사이에서 처음 사용된 말이다. 판매자가 소에게 소금으로 절인 마른 풀을 잔뜩 먹이면, 소가 물을 많이 먹어 실제보다 더 커 보이기 때문에 시장에서 비싸게 팔 수 있었다. 이때 물 먹은 소의 터질 듯한 배를 보며 부풀어 오른다는 뜻의 라틴어 'inflare'에서 인플레이션이 유래되었다. 그 후 미국의 남북전쟁에 이르러 인플레이션은 통화량과 관련된 용어로 쓰이기 시작했다. 전비 조달을 위해 지폐가 남발되자, 그것이 마치 자루가 공기로 잔뜩 부풀려진 것과 유사하다고 하여 인플레이션이라 부른 것이다.

이처럼 인플레이션은 시중에 유통되는 돈의 양이 많아질 때 흔히 발생하는데, 이를 비유적으로 보여주는 연구가 1977년 조앤 스위니 Joan Sweeney와 리처드 스위니Richard Sweeney 부부가 발표한 〈통화 이론과 그레이트 캐피톨 힐 베이비시팅 협동조합의 위기Monetary Theory and the Great Capitol Hill Baby Sitting Co-op Crisis : Comment〉라는 논문이다.

스위니 부부가 1970년대 미국 국회의사당에서 일할 당시 비슷한 연령대의 부부 150명이 공동육아 협동조합을 만들었다. 이 협동조합은 아이를 맡기려는 부부가 아이를 돌봐주는 부부에게 쿠폰 한 장을 주면 한 시간 동안 아이를 맡길 수 있는 시스템을 운영했다. 그런데 많은 부부들이 쿠폰을 모으려고만 할 뿐 쿠폰을 사용하지 않아 협동조합의 활동은 지지부진했고, 심지어 협동조합에서 탈퇴하려는 사람들이 늘어만 갔다.

이에 협동조합 관리위원회는 일정 기간 동안 쿠폰을 사용하지 않을 경우 쿠폰으로 아이를 맡길 수 있는 시간을 줄여 버렸다. 예를 들어, 쿠폰 수령 후 2달이 지나면 30분밖에 아기를 맡기지 못하게 한 것이다. 그러자 이 방법은 즉각 효과를 발휘했다. 쿠폰을 사용하지 않고 소유만 하고 있으면 쿠폰의 가치가 떨어진다는 것을 깨달은 부부들이 서로 쿠폰을 사용하려고 했기 때문이다.

이 사례에서 쿠폰을 중앙은행이 발행하는 화폐로 바꾸어 생각해보면 중앙은행이 통화 공급을 늘리는 효과를 가늠해볼 수 있다. 즉, 쿠폰을 사용하지 않음으로 인해 아이를 돌볼 수 있는 시간이 줄어 쿠폰의 가치가 떨어진 것은 통화량이 늘어 인플레이션 기대가 높아지면서 화폐 가치가 하락하는 것과 동일하다. 이로 인해 부부들이 쿠폰을 활발하게 사용하게 된 것은 화폐 공급 확대로 소비와 투자가 촉진되는 것과 같다. 그래서 경기가 침체될 경우 중앙은행은 시장에 돈을 공급하는 정책을 사용하는 것이다. 적절한 물가 상승은 위 쿠폰 사례와 같이 경제에 활력을 불어넣을 수 있기 때문이다. 하지만 지나치게 돈을 많이 풀게 되면 물가가 적정 수준 이상으로 상승하면서 집이나 땅과 같은 자산 가격이 상승하게 되고, 소득과 부의 분배에도 악영향을 미치게 된다.

돈을 빌려준 사람과 돈을 빌린 사람 모두 우리말로는 '빚쟁이'라 부르지만 인플레이션은 두 빚쟁이에게 정반대의 영향을 미친다. 빚을 진 빚쟁이에게는 유리하게 작용하지만, 돈을 빌려준 빚쟁이와 이자소득으로 생계를 유지하는 사람들에게는 불리하게 작용하면서 일명 '이자소득자의 안락사'를 낳기도 한다. 그만큼 경제적 고통을 유발하는 것이다.

그래서 미국의 제40대 대통령 로널드 레이건Ronald Reagan은 "물가 상승이라는 놈은 노상강도처럼 난폭하고, 무장 강도처럼 무시무시하고, 청부 살인 업자처럼 치명적"이라고 묘사하기도 했다. 사회주의 국가에서는 이런 난폭한 놈이 부리는 고통을 직접 눈으로 볼 수도 있다. 사회주의 국가에서의 인플레이션은 가격인상이 아닌 물건을 사기 위해 길게 줄을 서서 기다리는 모습으로 나타나기 때문이다. 즉, 물자는 부족한데 수요가 많다 보니 그 초과수요가 긴 줄로 표출되는 것이다. 그래서 과거 소련에서는 길을 걷다 물건을 사려는 긴 행렬이 보이면 일단 줄부터 서고, 그 후에 어떤 물건을 파는지 물어보라는 농담이 있을 정도였다.

그런데 인플레이션은 개인적인 차원을 넘어 국가의 흥망으로 이어질 수도 있다. 일례로, 독일의 괴테Goethe가 지은 『파우스트』는 그 가능성을 잘 보여준다. 이 소설은 주인공인 파우스트 박사와 계약을 맺은 악마 메피스토펠레스[30]가 파우스트에게 온갖 세속적인 쾌락을 누리도록 해주는 이야기로 구성되어 있다. 그중에는 어느 봉건 제국의

---

30) 메피스토펠레스Mephistopheles는 지옥의 일곱 왕자 가운데 하나다. 히브리어로 파괴자를 뜻하는 '메피즈mephiz'와 거짓말쟁이를 뜻하는 '토펠tophel'의 합성어이다. 또한 그리스어로 mē는 not, phōs는 light, philo는 lover로, '빛을 사랑하지 않는 자'라는 뜻이다.

황제가 군인과 공무원에게 줄 봉급이 모자라 안절부절못하는 상황도 등장하는데, 이때 메피스토펠레스는 '천국에서 보내준 잎'이라며 지하에 묻힌 보물을 담보로 엄청난 양의 종이화폐를 인쇄한다. 인쇄된 지폐는 와인 가게, 정육점, 빵집에서 사용되기 시작하면서 경제적 번영을 무한히 가져다줄 것처럼 보였고, 사람들은 화폐에 열광하기 시작한다. 그러나 그것은 잠깐의 기쁨이었을 뿐 사람들은 사회적 혼란에 휩싸여 쓸쓸히 죽어갔고, 결국 국가 전체가 혼란 속에서 붕괴되고 만다.

그런데 이와 유사한 일이 현실에서도 동일하게 발생했다. 가장 대표적인 사례가 16세기의 스페인이다.

"이룰 수 없는 꿈을 꾸고, 이룰 수 없는 사랑을 하고, 이길 수 없는 적과 싸움을 하고, 견딜 수 없는 고통을 견디며, 잡을 수 없는 저 하늘의 별을 잡자"고 외쳤던 돈키호테의 고장 스페인은 포르투갈과 더불어 15세기 대항해 시대를 활짝 연 주역이었다. 이들은 후추를 포함한 향신료를 구하고자 신대륙을 향해 대항해를 시작했지만, 사실상 신대륙에서 발견된 금에 더 관심이 많았다. 훗날 애덤 스미스가 "탐험가와 정복자를 신대륙으로 이끈 것은 바로 종교화된 황금에 대한 갈망이었다"라고 말할 정도로 이들은 황금에 대한 갈망으로 신대륙에서 약탈과 살육을 반복하였다.

그 결과 1492년부터 200년 동안 원주민 인구의 90퍼센트가 학살당했고, 1503년부터 1660년까지 약 150년간 160만 톤의 은이 스페인으로 옮겨졌다. 이는 당시 유럽 전체 은 보유량의 3배에 달하는 규모였다. 그래서 독일 계몽주의 법학자 겸 철학자였던 사무엘 푸펜도

르프Samuel Pufendorf는 이 시기를 가리켜 "스페인은 암소를 길렀고 유럽은 그 우유를 마셨다"라고 표현하기도 했다. 여기서 암소란 아메리카 대륙을, 우유는 은을 가리킨다. 금 또한 18만 톤이 옮겨졌는데, 이는 전체 유럽 보유분의 20퍼센트에 해당하는 양이었다.

이처럼 금과 은이 대서양과 태평양을 건너가자 스페인에서는 역사상 그 어느 시대보다도 더 많은 은화와 금화가 유통되면서 시장의 물가가 눈에 띄게 상승하기 시작했다. 당시 물가 상승을 보면 15세기 말부터 17세기 중반까지 약 150여 년에 걸쳐 6배 정도 올랐는데, 경제학자들은 이를 '가격 혁명price revolution'이라 부른다. 가격 혁명은 1895년 조지 위브George Wiebe가 처음 사용한 말로, 혁명이란 단어를 붙인 것은 물가상승률이 당시로서는 매우 이례적인 수준이었기 때문이다.

이에 더해 당시 스페인에는 소비세의 한 종류인 '알카발라alcabala'가 시행되고 있었다. 보통 소비세는 상품 단위로 부과되기 때문에 상품의 최종 소비 단계에만 부과되는 것이 일반적인데, 알카발라는 거래 단위로 부과되었다. 즉, 제조업자가 도매업자에게, 도매업자가 소매업자에게, 소매업자가 소비자에게 상품을 판매할 때마다 소비세가 부과된 것이다. 그러다 보니 국왕 입장에서는 세수입이 늘었을지 모르지만, 거래를 거치면서 소비세가 상품 가격에 계속 누적되어 가격 상승은 불가피했다. 그러나 그들에게는 왜 인플레이션이 발생했는지를 분석할 지식인이 없었다. 그도 그럴 것이 스페인은 종교상의 이유로 당시 상업 활동의 주축이었던 유대인들과 아랍인들을 내쫓았기 때문이다.[31]

게다가 스페인 국왕뿐 아니라 귀족과 일반 시민들도 감당할 수 없는 부를 흥청망청 써대기에 바빴다. 지배층이었던 왕들은 정복 전쟁을 위해 무리한 돈을 빌려 쓰는 바람에 왕실의 이자가 원금을 초과하기도 했다. 스페인은 가톨릭 신앙의 옹호자로서 오스만제국과 맞서기 위해 신성 동맹을 조직하였고, 영국의 개신교에 맞서 무적함대를 진출시켰으며, 1585년에서 1595년 사이 일어난 프랑스 종교 전쟁에 직접 개입하는 등 끊임없이 주변국과 부딪혔다. 게다가 16세기 말에는 스페인의 일부였던 네덜란드가 사실상 독립을 이루면서 스페인 재정의 주요 세입원마저 사라져버렸다. 결국 아시아에서 생산된 향료나 차, 비단 등을 사들이면서 유럽으로 유입된 금과 은은 모두 아시아로 흘러가 버리고 말았다.

이로 인해 스페인은 세계에서 가장 빚이 많은 나라로 전락했고, 왕실의 국고는 파탄이 나버렸다. 결국 그들이 할 수 있었던 것은 부채를 갚을 능력이 없다는 선언뿐이었다. 스페인의 황금시대를 이끌었던 펠리페 2세는 1556년 즉위하면서 막대한 채무에 대한 지불을 정지시킨 것을 시작으로 그의 재위 기간 동안 무려 4번이나 파산을 선언했다. 인플레이션이 불러온 비극이라면 비극이었다. 『파우스트』에서의 봉건 황제가 겪었던 일이 현실에서 일어난 것이다.

---

31) 카스티야 왕국의 이사벨 여왕과 아라곤 왕국의 페르난도 2세의 혼인 이후 스페인은 1492년 1월 이슬람의 마지막 거점인 그라나다를 함락시켰다. 그리고 석 달 뒤 이들은 '신성한 가톨릭 교리를 어지럽히는 유대인들에게 가톨릭으로 개종하거나, 4개월 내로 스페인 왕국에서 떠나라'는 유대인 추방령을 발표했다. '알함브라 칙령'으로 불리는 이 유대인 추방령의 명분은 종교였지만, 이슬람 세력 퇴출에 공을 세운 영주와 기사들에게 나눠줄 땅과 재화를 유대인들로부터 빼앗으려는 의도도 있었다. 이때 쫓겨난 유대인들의 주류는 포르투갈을 거쳐 네덜란드에 자리 잡으며 16~17세기 네덜란드의 황금기를 이끌었다. 반면 당시 스페인 왕국의 금융·유통망을 이끌던 유대인들이 한꺼번에 빠져나가면서 스페인 경제는 급속히 붕괴되었다.

•• 인플레이션 수습의 어려움 ••

이후 인류 역사에서는 인플레이션이 끊임없이 반복되었다. 그중 최악의 인플레이션은 1946년 7월 헝가리의 물가상승률로 최고 4,200조 퍼센트에 달했다. 이처럼 통제가 불가능할 정도의 극심한 인플레이션을 '초인플레이션hyper inflation'이라 부른다. 우리에게 가장 잘 알려진 대표적인 사례는 제1차 세계대전이 끝난 후 패전국 독일에서 발생한 초인플레이션이다.

제1차 세계대전 이후 패전국 독일은 13퍼센트의 영토를 할양하고 1,320억 마르크의 전쟁 보상금을 내놓아야만 했다. 이는 당시 독일 국민총생산의 2년 치에 해당하는 규모였고, 22년 치의 국세를 몽땅 갖다 바쳐야 하는 지나치게 과도한 수준이었다.

결국 독일 정부로서는 전쟁배상금을 갚기 위해 막대한 돈을 찍어낼 수밖에 없었다. 『파우스트』에서처럼 종이화폐를 마구 인쇄한 것이다. 그러자 3개월도 지나지 않아 독일 물가는 35배나 올랐고, 1년 후에는 1,475배, 또 얼마 지나지 않아 1조 배가 올랐다. 우표 1장 값이 하루아침에 자동차 1대 값이 되어 버린 것이다. 당시 독일 정부는 기업을 살리기 위해 497,000,000,000,000,000,000(4해 9,700경) 마르크를 대출해주었는데, 한 독일 신문에서는 이를 가리켜 '0의 충격'이라고 부르는 신종 질병이 출현했다고 보도하기도 했다. 이쯤 되면 아무리 억만장자라도 굶주릴 수밖에 없는 처지에 내몰리게 된다.

그러자 사람들은 서로 물건을 사려고 아우성을 쳤다. 다음날에는 전날 받은 돈이 쓸모가 없어져 땔감으로 쓰일 수밖에 없었으며, 벽지를 사는 것보다 돈으로 벽을 바르는 것이 훨씬 저렴했다. 심지어 손수레에 돈다발이 가득 있어도 사람들은 돈을 두고 손수레만 가져갔다. 맥주의 김빠지는 속도보다 맥주 가격이 오르는 속도가 더 빨랐기에 사람들은 맥줏집에서 한꺼번에 여러 잔을 주문했다.

『서부전선 이상없다』로 유명한 에리히 마리아 레마르크Erich Maria Remarque는 이 시대를 배경으로 1956년에 발표한 『검은 오벨리스크 Der schwarze Obelisk』를 발표했다. 첫 장에 나오는 구절은 당시의 상황을 잘 말해준다.

> 나는 성냥을 찾았다. 그러나 늘 그렇다시피 성냥은 온데간데
> 없다. 다행히도 난로에 불기가 있었다. 나는 10마르크짜리 지폐
> 한 장을 돌돌 말아서 불 속에 집어넣었다가 시가에 불을 붙였다.

이처럼 인플레이션이 극심할 경우 지폐는 한낱 휴지조각에 불과할 뿐이다. 돈이 불쏘시개로 쓰이거나 화장실 휴지보다도 못한 물건으로 전락하는 것이다. 시인 김광균은 〈추일서정〉이라는 시에서 떨어져 수북이 쌓인 낙엽을 '폴란드 망명정부의 지폐'에 비유했다. 낙엽이 나뭇가지에서 떨어진 이파리에 지나지 않는 것처럼 망명정부는 본래의 나라와 그 영토로부터 이탈된 뿌리 잃은 정부에 불과하다. 그런 정부에서 발행되고 유통되어 가치를 잃어버린 화폐는 쓸어버리거나 태워버려도 좋을 낙엽과 같은 물건이 되고 마는 것이다. 그래서 돈의 가치가 떨어지게 되면 수중의 돈을 될 수 있는 대로 빨리 물건과 바꾸는 게 유리해진다. 이를 '환물사상'이라고 부르는데, 초인플레이션이 발

생하면 환물사상이 극대화된다.

그런데 인플레이션으로 인해 돈의 가치만 떨어진 것이 아니었다. 사회적으로 출생률도 함께 떨어졌다. 또 반대로 영아사망률은 21퍼센트로 치솟았으며, 성인 자살률도 급등했다. 그래서 작가 허버트 조지 웰스Herbert George Wells는 독일의 인플레이션을 '경제적인 학살'이라 칭했고, 경제학자 케인즈는 "사회를 전복하는 수단 중 화폐를 타락시키는 것보다 교묘하고 확실한 수단은 없다"고 지적했다. 국민들의 삶을 피폐하게 만들어 '못 살겠다 갈아보자'는 기류를 만들어내기 때문이다. 결국 제1차 세계대전 후 독일이 겪은 초인플레이션은 나치의 등장을 초래했다. 돈의 가치 하락이 "전통적인 부르주아의 미덕을 파괴할 뿐 아니라 그것을 우습게 만들고, 심지어는 완전히 바꾸어놓는다"고 한 영국의 작가 시어도어 달림플Theodore Dalrymple의 말에 비추어볼 때 나치의 등장은 어쩌면 예견된 결과였는지도 모른다.

그렇다면 독일의 초인플레이션은 어떻게 진정되었을까? 그것은 은행 융자를 정지시키고 통화의 가치를 올린 '렌텐마르크의 기적'으로 일단락되었다. 1923년 독일 정부는 제1차 세계대전의 개시와 함께 발행했었던 파피에르마르크papiermark를 폐기하고, 1조(10^{12}) 대 1의 교환 비율로 새로운 화폐인 렌텐마르크rentenmark를 발행하는 화폐개혁을 단행했다. 렌텐마르크는 '임대, 저당'이란 뜻을 지닌 'rente'라는 말에서 유추할 수 있듯이 토지저당증권을 담보로 발행한 지폐였다.

당시 렌텐마르크 발행을 주도했던 할마르 샤흐트Hjalmar Schacht는 주변의 수많은 압력에도 불구하고 일관되게 정책을 수행해나갔고, 그 덕분에 초인플레이션이 잡히기 시작했다. 공교롭게도 렌텐마르크로의 교환이 시작된 11월 20일은 무분별한 지폐 발행을 통해 인플레이션을 유발했던 독일 중앙은행의 루돌프 하펜슈타인Rudolf Havenstein 총재가 돌연사한 날이기도 했다. 그러나 하펜슈타인 사망 이후 새로운 총재로 취임한 샤흐트는 초인플레이션을 진정시켰다는 점에서 '마법사', '기적을 만드는 사람'으로 불렸다. 얼마나 인플레이션 통제가 힘들었으면 '마법', '기적'과 같은 단어가 쓰였을까. "인플레이션과 싸우는 일은 한번 짜 놓은 치약을 다시 튜브 안으로 집어넣으려는 것과 같다"고 한 전 독일연방은행의 총재 카를 오토푈Karl Otto Pöhl의 말에 비추어보더라도 그 어려움과 고통을 쉽게 이해할 수 있다.

이후 렌텐마르크는 라이히마르크Reichsmark와 함께 1948년까지 사용되었으며, 1948년 6월에는 제2차 세계대전 과정에서 늘어난 돈의 양을 줄이기 위해 10대 1의 화폐개혁을 통해 도이치마르크Deutsche Mark가 도입되었다.

•• 인플레이션보다 무서운 디플레이션 ••

인플레이션과 반대되는 개념은 '디플레이션deflation'이다. 인플레이션이 자동차 타이어에 바람이 들어가는 것이라면, 디플레이션은 바람이 빠지는 것과 같다. 인플레이션이 경제에 열이 나는 상황이라면, 디플레이션은 저체온증에 걸린 상황이라고 할 수 있다. 열이 오르면 금세 티가 나기 때문에 해열제로 열을 떨어뜨릴 수 있지만, 저체온증은 소리 없이 찾아와 알아채기 어렵고 체온을 정상으로 올리기까지 시간도 많이 걸린다. 잘못하다가는 맥박과 호흡이 느려지고, 심각할 경우 사망에 이를 수도 있다. 또한 인플레이션은 고혈압, 디플레이션은 저혈압에 비유되기도 한다. 화가 치밀어오를 때 조심해야 하는 고혈압보다 평소대로 잤는데 아침에 눈을 뜨지 못할 수도 있는 저혈압이 훨씬 무섭다. 이 때문에 수많은 이들이 디플레이션의 위험을 경고한다. 케인즈는 '인플레이션은 부의 분배를 변화시킨다는 점에서 디플레이션보다 나쁘지만, 디플레이션은 부의 생산을 지연시킨다 점에서 더 해롭다'고 주장했다. 또한 크리스틴 라가르드Christine Lagarde 유럽중앙은행 총재는 "인플레이션이 램프의 요정 지니라면, 디플레이션은 단호히 맞서 싸워야 할 괴물 오거"라고 경고하기도 했다.

구체적으로 디플레이션은 총수요를 감소시켜 경기침체를 유발한다. 디플레이션이 발생하면 미래에도 계속 물가가 떨어질 것이라는 기대심리 때문에 사람들은 가능한 한 소비를 뒤로 미루며 현금을 보유하려 하고, 이러한 가계의 소비 감소는 물가 하락을 부채질하여 기업을 더 힘들게 하면서 경기를 더욱 위축시킨다. 그리고 신규 투자를 계획하던 기업들도 공장을 지을 땅값이나 기계설비 가격이 더 내려가길 기다리며 투자를 미룬다. 또한 디플레이션 상황에서는 아무것도 하지 않아도 돈의 가치가 계속 높아지기 때문에 현금이 가장 좋은 자산이 된다. 때문에 시중에 돈이 돌지 않아 제품이 팔리지 않고 기업 수익도 악화된다. 따라서 기업은 상품을 팔기 위해 가격을 더욱 낮춰야만 한다. 하지만 생산성 향상이 뒷받침되지 않는 이상 원가를 낮추기 어렵기 때문에 기업의 이윤은 계속 줄어들 수밖에 없다. 그리고 이윤이 줄어든 기업은 임금을 낮추거나 고용을 줄이게 되며, 이는 또다시 가계소득 감소와 소비 축소로 이어지는 악순환을 낳는다. 더구나 디플레이션 상황에서는 실질이자율[32]이 상승하기 때문에 금융 기관에서 돈을 빌린 가계와 기업들의 상환 부담도 커진다. 이 또한 가계의 소비와 기업의 이윤을 축소시키는 요인으로 작용한다.

이 경우 빚을 갚기 위해 차입자들이 한꺼번에 보유 자산을 팔아치우게 되면 부동산과 같은 자산 가격이 폭락하면서 경기침체가 장기화될 수도 있다. 대표적인 예가 1930년대 대공황으로 인해 발생한 디플레이션이다. 이러한 상황에서는 기업과 은행의 도산이 걷잡을 수 없이 늘어나 경제가 파탄 상태에 놓이기 때문에 '공포'라는 말이 따라붙는다. 이를 '나쁜bad 디플레이션' 또는 '끔찍한ugly 디플레이션'이라고도 부른다.

그렇다면 '좋은good 디플레이션'도 있을까? 물론 있다. 좋은 디플레이션은 기술 진보 등으로 총공급이 늘어나면서 발생하는 디플레이션이다. 생산기술이 향상되면 기업 입장에서는 단위당 생산비용이 절감된다. 즉, 기업은 생산성 향상으로 인해 같은 비용을 들이고서도 더 많은 상품을 생산할 수 있게 되고, 이로 인해 공급이 늘어나면서 물가가 낮아지는 것이다. 이 경우에는 가격이 하락해도 더 많은 물건을 팔 수 있어 기업 입장에서는 이익이다. 이 외에도 판매자들이 온라인 거래 등을 통해 매장 비용이나 인건비 등을 낮출 경우에도 물가가 낮아진다. 이처럼 생산성 향상과 유통 혁신으로 제품 가격이 낮아지는 경우는 좋은 디플레이션이라 할 수 있다.

---

32) 인플레이션율이 반영된 이자율로, 명목이자율에서 인플레이션율을 뺀 이자율이다.

돈이란 무엇인가

하지만 좋은 디플레이션이 발생하는 사례는 매우 드물기 때문에 디플레이션은 가급적 사전에 방지하는 것이 좋다. 미 연준 의장이었던 벤 버냉키Ben Bernanke도 '애초에 디플레이션에 빠지지 않는 것이 가장 좋은 해결책'이라고 했다. 그만큼 나쁜 디플레이션에 빠지면 벗어나기 힘들기 때문이다. 그래서 '디플레이션의 늪'이라는 표현도 등장하는 것이다. 가까운 일본만 보더라도 수십 년간 디플레이션 탈출을 최우선 목표로 하고 있지만, 디플레이션 악순환에서 쉽사리 빠져나오지 못하고 있다.

비록 디플레이션 상황은 아니지만, 2008년 글로벌 금융위기 이후 각국 정부의 막대한 유동성 공급에도 불구하고 물가는 안정세를 보여 왔다. 미국의 경우 고용도 좋아지자 실업률과 물가의 반비례 관계를 보여주는 '필립스곡선'이 고장 났다는 얘기도 흘러나왔다. 심지어 2013년 국제통화기금은 이를 '짖지 않는 개'에 비유하기도 했다. 코난 도일Conan Doyle의 추리소설 『실버 블레이즈』에서 명탐정 셜록 홈스는 '실버 블레이즈'라는 경주마가 사라지고 기수가 살해당했음에도 불구하고 마구간을 지키던 개가 짖지 않은 것은 뭔가 다른 이유가 있을 것이라고 분석한 바 있다. 그처럼 전문가들은 유동성 확장에도 불구하고 글로벌 물가가 안정세를 보인 이유를 글로벌 분업화와 기술 혁신 등과 같은 다른 이유에서 찾았다.

하지만 코로나19로 인해 2008년 글로벌 금융위기보다 더 많은 유동성이 풀렸다. 짖지 않던 개도 언제든 다시 짖을 수 있는 것이다.

돈에도 성격이 있다

2008년 개봉한 김지운 감독의 〈좋은 놈, 나쁜 놈, 이상한 놈〉이라는 영화가 있다. 1930년대 만주 벌판을 배경으로 펼쳐지는 보물 지도를 둘러싼 세 남자의 이야기다. 사실 이 영화의 제목은 서부영화의 바이블로 꼽히는 클린트 이스트우트 주연의 서부영화 〈좋은 놈, 나쁜 놈, 추한 놈The Good, the Bad and the Ugly〉의 제목을 약간 비튼 것이다. 그래서인지 작품의 많은 부분에 서부극의 오마주가 흠뻑 느껴진다. 그런데 이 영화의 제목에서 '놈'이라는 단어를 '돈'으로 살짝 바꿔주면, 그것은 돈의 성격이 된다.

◦◦ 좋은 돈과 나쁜 돈 ◦◦

16세기 영국의 왕 헨리 8세는 죽은 형의 부인인 아라곤 왕국 출신 캐서린과 결혼할 마음이 전혀 없었다. 하지만 교황 율리오 2세의 강요에 의해 그는 왕위에 오른 지 두 달 만에 17세의 나이로 형수와 결혼해야만 했다. 하지만 캐서린은 유산과 사산을 계속했다. 헨리는 이것이 하나님의 노여움이라고 생각하고, 이혼을 결심하고는 형수를 아내로 맞이하는 일이 교황에 의한 강요된 간음이었다고 주장했다. 그러나 실상은 시녀 앤 불린과의 결혼을 위해서였다. 하지만 교황 클레멘스 7세는 이를 허락하지 않았다. 이에 화가 난 헨리 8세는 1534년 자신이 영국 교회의 최고 권위자임을 선언하며 로마 교황청으로부터 독립을 선언해버렸다. 이로써 교황청과의 관계가 단절되고 자치권을 행사하는 영국 국교회가 탄생하게 된다.

헨리 8세는 영국 국교회 독립 이후 가톨릭 교회의 모든 재산을 압수해버렸다. 작은 수도원에서 시작하여 대수도원까지 폐쇄하고 교회의 재산과 토지를 모두 몰수해 버린 것이다. 당시 수도원은 잉글랜드와 웨일스 토지의 6분의 1을 차지하고 있었다. 그러나 헨리 8세의 조치로 1539년까지 총 560개의 수도원이 해산됐고 엄청난 토지가 왕실 국고로 귀속되었다. 헨리 8세는 몰수한 토지를 매각하여 피폐해진 왕실 재정을 보완하고, 가톨릭 교회의 종을 녹여 함선의 대포로 재활용하였다. 실제로 철로 만들어진 영국의 대포는 훗날 청동 대포를 보유한 스페인 함선을 격파하는 데 일등 공신이 되기도 했다. 또한 헨리 8세는 당시 로마 교황청으로 가던 십일조를 자신의 금고로 보내게 했다. 그리고 세수 확보를 위해 1535년에는 수염을 기르는 사람에게 수염세를 부과하기도 했다.

그것도 모자라 헨리 8세는 불량 화폐를 남발하기까지 했다. 재정난 타개를 위해 화폐에 함유된 금과 은의 함량을 줄여버린 것이다. 1543년 은 함량이 92.5퍼센트였던 은화가 1545년에는 33퍼센트 수준까지 낮아졌다. 이런 식으로 돈의 함량을 속여 물리적 가치를 낮추는 것을 '디베이스먼트debasement'라고 한다. 우리말로는 '품질 저하' 정도로 번역될 수 있을 것이다. 서양에서 사용된 디베이스먼트 기술로는 주화의 가장자리를 깎아내는 '클리핑clipping'과 주화를 가죽 부대에 넣고 서로 부딪혀 가루를 얻는 '스웨팅sweating'이 대표적이었다. 이런 디베이스먼트로 인해 같은 양의 금, 은으로 더 많은 통화를 생산할 수 있다. 가령 금화 1개를 만드는 데 금 100그램이 든다고 가정해 보자. 그런데 50그램으로 금 함량을 낮춰 금화 1개를 만들 경우 100그램의 금으로는 금화 2개를 만들 수 있게 되는 것이다.

그런데 디베이스먼트는 헨리 8세 이전에도 행해지던 수법이었다. 일례로, 고대 그리스의 도시 시라쿠사를 다스린 디오니시우스 2세(재위 B.C. 405~367년)는 국민들로부터 빌린 돈을 갚기 위해 1드라크마 동전이 2드라크마로 보이도록 주화 겉면의 표시를 다시 찍어 손쉽게 빚을 갚기도 했다.

로마의 황제들도 마찬가지였다. 로마의 은화였던 데나리우스는 기원전 20년경 아우구스투스 황제 때까지만 해도 순도 100퍼센트에 가까운 양질의 주화였으나, 서기 64년 네로 황제가 순도를 낮추기 시작하면서 3세기에는 은 함유량이 5퍼센트까지 떨어졌다. 이로 인해 서기 200년 경 200데나리우스이던 밀 1부셸(약 36리터)이 344년에는 200만 데나리우스가 되었다. 무려 1만 배나 되는 인플레이션이 발생한 것이다.

로마 황제뿐 아니라 종교 개혁 이후 상대적으로 힘이 커진 군주들도 디베이스먼트를 자주 시도했다. 대표적으로 백년전쟁[33] (1337~1453년) 기간에 재정난에 허덕이던 프랑스의 샤를 7세는 여러 번에 걸쳐 디베이스먼트를 시도했다. 백년전쟁은 영국과 프랑스의 공동 왕을 자처하는 영국 헨리 5세의 도전을 잔 다르크의 도움을 받은 샤를 7세가 극적으로 물리치고 영토 대부분을 회복하는 것으로 끝이 났다. 하지만 이후 세금이 잘 걷히지 않자 샤를 7세는 디베이스먼트에 의존할 수밖에 없었고, 결국 15세기 초 돈의 가치는 그 이전보다 35분의 1로 줄어들었다.

그런데 양질의 화폐와 불량 화폐가 함께 유통되기 시작하자 이상한 일이 벌어졌다. 바로 사람들이 양질의 금화와 은화를 집에 꼭꼭 숨겨놓고 불량 화폐만 사용하기 시작한 것이다. 그 결과 시중에는 진짜 금은화, 즉 양화良貨는 사라지고 불량 화폐인 악화惡貨만 사용되는 사태가 벌어졌다. 좋은 돈은 사라지고 나쁜 돈만 남은 것이다.

이에 앤 불린의 딸 엘리자베스 1세는 자신의 재정 고문이었던 토마스 그레셤Thomas Gresham에게 그 원인을 조사하게 했다. 토머스 그

---

33) 1328년 프랑스 국왕 샤를 4세는 후사가 없으니 영국 국왕이자 그의 외조카인 에드워드 3세에게 프랑스 왕위를 계승하겠다는 유언을 남겼다. 그러나 외국인을 국왕으로 모신다는 것이 프랑스 귀족들에게는 도저히 용납될 수 없는 일이었기에 귀족들은 샤를 4세의 조카인 필리프 6세를 내세워 왕위를 계승하게 했다. 이로 말미암아 프랑스 왕위 계승권을 두고 영국과 프랑스 간에 벌어진 전쟁이 바로 '백년전쟁'이다.

레셤은 은이 부족해진 근본 원인이 바로 불량 은화가 유통되었기 때문이라는 것을 정확하게 파악했다. 그리고 여왕에게 이를 설명하면서 "악화가 양화를 구축한다Bad money drives out good"라는 표현을 사용했다. 그 유명한 '그레셤의 법칙'이 탄생하는 순간이었다.

그러나 처음부터 그레셤의 법칙으로 불린 것은 아니었다. 약 300여 년의 세월이 흐른 1858년에 영국의 경제학자 헨리 매클라우드 Henry Macleod가 『정치경제학 요론The Elements of Political Economy』에서 양화 구축 현상의 최초 발견자가 그레셤이라고 주장하면서부터 '그레셤의 법칙'이라는 용어가 통용되기 시작했다. 사실 그레셤과 동일한 주장은 그 이전에도 있었다.[34]

한편 그레셤의 법칙은 국가가 정한 법정 비율에 따라 두 가지 금속화폐를 동시에 유통시키는 복본위제에서도 나타난다. 예를 들어, 금과 은을 동시에 사용하는 복본위제 하에서 국가가 정한 금과 은의 법정 교환 비율은 1:10인데, 시장에서 실제로 교환되는 교환 비율이 1:15가 되었다고 가정해보자. 이 경우 금의 실질가치가 상대적으로 높아져 사람들은 조폐국과 같은 교환소에서 은 10개를 금 1개와 교환한 후, 이를 시장에 가져가면 금 1개로 은 15개를 구입할 수 있게 된다. 이런 일이 계속 반복되면 결국 시장에서 은만 유통되고 금은 자

---

34) 13세기의 이탈리아의 교회 법학자 호스티엔시스Hostiensis는 왕들이 제멋대로 화폐의 가치를 조작하는 것을 공법의 영역에서 비판하였다. 또한 프랑스의 과학자였던 니콜 오렘Nicole Oresme은 1371년 『화폐의 기원, 성질, 법률, 변경에 관한 논고Treatise on the origin, nature, law, and alterations of money』라는 저서를 통해 '왕이 주화에서 금이나 은의 함유량을 줄이는 바람에 고평가된 화폐가 사라지고 저평가된 화폐만 유통된다'고 지적했다. 그리고 지동설을 제기한 폴란드의 천문학자 니콜라우스 코페르니쿠스Nicolaus Copernicus는 1517년 『화폐론On the Value of Coin』에서 '저질 주화가 공급될 경우 금세공업자들이 양질의 주화에서 녹여낸 금과 은을 백성들에게 팔아 악화가 옛 양화를 몰아낸다'고 주장했다.

취를 감추게 된다. 즉, 법정가치보다 실질가치가 높은 금, 즉 양화는 시장에서 사라지고 법정가치보다 실질가치가 낮은 은, 즉 악화만 시장에 넘쳐나게 되는 것이다. 따라서 사실상 하나의 금속만이 화폐의 기능을 하게 되는 절름발이 복본위제로 귀결되고 만다.

그런데 오늘날 그레셤의 법칙은 화폐 외에도 온갖 영역에서 사용된다. 주로 판단 오류나 정보 유통의 잘못으로 인해 질이 떨어지는 정책이나 제품이 양질의 것을 압도하는 사회적 병리 현상을 설명하거나, 정확하지 않은 정보가 제대로 된 지식을 밀어내는 경우에도 원용된다. 예를 들어, 교통신호를 제대로 지키기보다 이를 무시하고 달리는 차들이 많아지는 경우나, 정품 소프트웨어가 아닌 복사 프로그램이 유통되는 현실은 그레셤의 법칙으로 설명이 가능하다. 『성경』을 보면 "악인이 일어나면 사람(의인)이 숨고 그가 멸망하면 의인이 많아지느니라"(잠언서 28장 28절)라는 구절이 있다. 어떤 조직에서 나쁜 상사에 의한 괴롭힘을 견디지 못해 우수한 인재들이 퇴사를 하거나, 일부 문제가 있는 정치인들로 인해 정치에 대한 환멸감이 퍼지면서 정치에 등한시하는 현상도 악화에 의한 양화 구축에 해당된다고 볼 수 있다.

•• 이상한 돈 ••

좋은 돈과 나쁜 돈 외에 이상한 돈도 존재한다. 바로 위조화폐다. 어떻게 보면 나쁜 돈보다 더 나쁜 돈이다.

2008년 아카데미 최우수 외국어 영화상을 수상한 독일 영화 〈카운터페이터〉나 영화와 뮤지컬로 유명한 〈캐치 미 이프 유 캔〉은 모두 위조화폐와 관련된 실화를 다룬 영화다. '프랭크 윌리엄 애버그네일 Frank William Abagnale'이라는 인물의 실화를 바탕으로 만들어진 〈캐치 미 이프 유 캔〉을 보면 수표를 위조하는 범인을 미 중앙정보국CIA이 끝까지 추적하여 잡은 후 아주 긴 형벌을 내리는데, 그만큼 화폐를 위조하는 것은 사회적 혼란을 야기하기 때문이다.

그래서 위조화폐는 전쟁에서 전술로 이용되기도 한다. 대표적인 것이 제2차 세계대전 당시 독일의 '베른하르트 작전Operation Bernhard'이다. 이는 영화 〈카운터페이터〉의 주 내용이기도 하다.

제2차 세계대전 당시 독일의 나치 친위대였던 베른하르트 크루거 Bernhard Krüger 소령은 1942년 다량의 위조지폐를 제작하여 영국 상공에 투하할 계획을 세웠다. 영국 경제를 붕괴시키기 위한 목적이었다. 이를 위해 베른하르트 소령은 강제 수용소에 수감된 유대인 가운데 위조지폐 기술을 가진 30여 명의 유대인을 뽑아 위조지폐를 제작하게 했다. '실패가 곧 죽음'이라는 현실 앞에서 목숨을 걸고 만들었기에 이들이 만든 위조지폐는 영란은행의 정밀감정에서 진품으로 판명될 정도였다. 당시 찍어낸 위조지폐는 1억 3천 4백만 파운드 규모로 영국 국고의 4배에 해당되는 금액이었다. 그러나 전쟁에서 궁지에 몰린 독일은 그렇게 만든 위조지폐 대부분을 오스트리아의 한 연못에 버렸다. 이후 베른하르트가 나치 전범재판에 섰고, 1959년 연못 속에서 위조지폐 더미가 발견되면서 사건의 전모가 밝혀지게 되었다. 그러나 베른하르트 작전의 여진은 남아 있었다. 독일 스파이들과 중국의 암시장을 통해 위조지폐가 유통되었기에 영국 정부는 1980년대까

돈이란 무엇인가

지 이를 수습해야만 했다.

이 외에도 1937년에 발발한 중일전쟁에서 일본은 중국 경제를 교란시킬 목적으로 40억 위안의 가짜 중국 돈을 만들었다. 그러나 중국은 이전 발행량의 100배가 넘는 1,890억 위안을 찍어내는 물타기 전략으로 맞섰고, 이에 인플레이션이 발생하면서 일본이 열심히 찍은 가짜 돈의 효과는 드러나지 않게 되었다. 제2차 세계대전의 주범인 독일이나 일본 모두 화폐를 무기로 사용한 셈이다.

그런가 하면 해방 직후 조선 공산당은 1945년 10월 하순부터 다음 해인 1946년 2월 사이에 6차례에 걸쳐 약 1천 2백만 원(당시 쌀 1가마 가격은 약 3백 80원)에 달하는 거액의 위조지폐를 제조하여 조선 공산당 활동비로 사용하기도 했다. 오늘날에도 북한이 달러를 위조한다는 뉴스가 가끔 보도되곤 한다. 일찍이 레닌은 자본주의를 붕괴시키는 가장 확실한 방법은 돈을 타락시키는 것이라고 했다. 돈의 타락은 인플레이션으로 인해 그 가치가 떨어질 때 일어나기도 하지만, 그보다 더 좋은 방법은 가짜 돈을 유통시키는 일이다. 가짜 돈의 범람은 돈에 내재되어 있는 신뢰를 파괴시키기 때문이다.

그래서 모든 국가들은 화폐 위조를 범죄로 규정하고 화폐 위조범을 엄하게 처벌하고 있다. 12세기 영국의 헨리 1세는 위폐 제조에 가담한 조폐기관 직원들의 손목을 잘랐으며, 13세기 유대인들은 주화 위조 혐의로 기소되어 참수형을 당하는 경우가 흔했다. 17세기 후반 은화를 깎은 혐의로 체포된 토머스 로저스는 교수형에 처해졌고, 그의 딸은 산 채로 불구덩이에 던져지기도 했으며, 18세기 영국의 캐서린 머피도 위조 동전을 만들었다는 이유로 산 채로 불에 타 죽었다.

그런가 하면 17세기 말 과학자 아이작 뉴턴은 조폐국 감사로 재임하던 당시 윌리엄 챌로너라는 당대 최고의 화폐 위조범을 잡기 위해 변장을 하고 스파이를 고용하기도 했다. 결국 윌리엄 챌로너는 교수형에 처해지고 말았다. 사람들이 동전 가장자리를 깎아내는 것을 막기 위해 동전 옆 테두리에 톱니바퀴 모양을 새기는 아이디어를 낸 것도 뉴턴이라는 설이 있다. 우리나라의 경우도 화폐를 위·변조하는 경우 무기 또는 2년 이상의 징역에 해당하는 처벌을 받는다.

일부 국가는 화폐의 위조에 대한 경고문을 화폐에 표시하기도 한다. 이러한 경고 문구는 유로화 출범 이전 유럽 여러 나라의 지폐에서 볼 수 있었다.[35] 13~14세기 몽골에서 유통된 '교초交鈔'라는 지폐에도 '위조한 자는 사형에 처한다'라는 뜻의 '위조자처사僞造者處死'라는 글과 함께 '위조를 신고하는 자에게는 은화 오정을 상으로 수여하고, 범인의 집과 재산도 증여한다'라고 씌어 있었다.

그런가 하면 기원전 7세기 리디아 인들은 금의 함량을 속이는 행위를 가려내기 위해 터치 스톤touch stone, 즉 시금석을 도입하기도 하였다. 그들은 상대방이 지불한 금을 시금석에 문지른 다음 24개의 바늘로 이루어진 도구와 비교하는 방법을 통해 금의 함량을 가려냈다. 24개의 바늘 중 1개는 순금으로 되어 있었고, 나머지 23개의 바늘에는 금은, 금동, 금은동이 다양한 비율로 섞여 있었기 때문에 시금석에

---

35) 프랑스 은행권에는 '법률에 의하여 발행된 은행권을 위조하거나 변조, 소지하는 자 및 동 행사범은 형법 제139조에 의하여 무기징역에 처한다. 또한 위변조 은행권을 프랑스 국내에 수입하여 소지한 자도 같은 형벌에 처한다'라는 문구가 표시되어 있었고, 독일 은행권에는 '은행권을 위조 또는 변조하여 사용하는 경우에는 2년 이상의 금고형에 처한다'라는 문구가 표시되어 있었다.

묻은 금의 순도를 가늠할 수 있었다.

또한 고대 주화에 신의 얼굴이나 사람의 얼굴을 새겨 넣은 것이 위조를 막기 위한 조치였다는 주장도 있다. 사람은 사람의 형상을 가장 잘 알아보기 때문에 주화 위의 얼굴 형상이 조금만 달라져도 그 차이를 쉽게 구별할 수 있기 때문이다. 오늘날 주화의 앞면을 '헤드head'라고 부르는 이유도 군주의 얼굴이 새겨져 있었기 때문이다.

•• 강한 힘을 가진 돈 ••

한편 돈 중에는 아주 강한 힘을 가진 돈도 있다. 나쁜 돈이 좋은 돈을 몰아내기에 나쁜 돈이 힘이 센 돈이라 생각할 수도 있지만, 진짜로 힘이 센 돈은 바로 '기축통화vehicle currency'라 불리는 돈이다.

기축통화는 1960년대 미국의 로버트 트리핀Robert Triffin 교수가 처음 명명한 것으로, 여러 국가의 암묵적인 동의하에 국제 거래에서 중심적인 역할을 하는 통화를 말한다. 한 마디로 많은 통화 가운데 하나의 축이 되어주는 통화다. 때문에 기축통화는 국제무역 결제에 사용되고, 대외준비자산으로 보유되며, 기축통화를 중심으로 모든 환율이 계산된다.

그러나 기축통화는 되고 싶다고 해서 될 수 있는 것이 아니다. 기축통화로서 기능을 수행하려면 발행국의 존립이 문제되지 않아야 하는 것은 물론이고, 통화가치가 안정적이고, 외환시장과 금융, 자본시장이 발달되어 있어야 하며, 국제금융시장에서 투기꾼들의 공격을 피해 나갈 수 있는 실력을 갖추고 있어야 한다. 기축통화는 신뢰성, 국제금융시장에서의 유동성, 그 통화와 연계된 거래 네트워크 등에서 다른 통화보다 우월해야 한다. 한 마디로 힘이 세야 하는 것이다.

오늘날 국제 거래에서는 미 달러화가 기축통화로 인정받고 있는데, 미 달러화는 세계 외환보유고의 약 60퍼센트 정도를, 외환거래의 약 88퍼센트를 차지하고 있다. 이 외에도 유로화, 영국 파운드화, 일본 엔화 등도 국제 거래에서 자주 사용되는 '준 기축통화'라고 할 수 있는데, 이러한 통화는 외환시장에서 달러화와 자유롭게 교환 가능하다는 점에서 보통 '교환성 통화convertible currency'라 부른다.

기축통화를 발행하는 국가가 되면 여러 이점을 누릴 수 있다. 우선 전 세계 국가들이 다양한 목적으로 기축통화를 원하기 때문에 돈의 수요가 늘어나 화폐 발행에 따른 주조차익, 즉 시뇨리지seigniorage를 얻을 수 있다.[36] 현재 전 세계에서 유일하게 달러를 찍어낼 수 있는 미국은 전 세계를 대상으로 시뇨리지를 징수하는 특권을 누리고 있다. 유럽이 유로화를 앞세워, 중국이 위안화를 앞세워 미국의 기축통화국 지위에 도전하는 것도 이 때문이다. 또한 기축통화에 대한 수요가 증가하면 통화가치가 높아져 자국 가계와 기업의 구매력 증가에도 도움이 된다.

---

36) 시뇨리지는 화폐의 액면가와 제조비용 간의 차이에서 발생하는 차익으로, 대개 중앙은행이 무이자의 화폐를 발행해 유이자의 금융 자산을 취득함으로써 얻는 이익을 뜻한다. 2021년 우리나라 5만 원권의 발행비용은 약 200원이기 때문에 5만 원권의 시뇨리지는 49,800원이다. 시뇨리지는 고대 프랑스어로 군주를 의미하는 사이너Seignor에서 유래된 말이다. 과거 프랑스에서는 봉건영주가 금, 은, 동으로 동전을 주조했다. 당시 개인이 화폐 주조권자인 국왕이나 영주의 조폐소에 화폐 주조를 의뢰하면 귀금속에 인장을 찍어주었는데, 이때 해당 금속의 일정 몫을 주조 수수료로 떼어간 것이다.

그리고 기축통화국은 자기 나라 돈을 찍어서 대응할 수 있기 때문에 외환위기로부터도 자유롭다. 그래서 똑같은 위기를 겪어도 기축통화국과 그렇지 않은 국가의 처방은 달라진다.

　　1997년 우리나라가 외환위기를 겪으며 국제통화기금IMF에 구제금융을 요청했을 때 IMF는 고금리, 자본시장 개방, 재정긴축, 기업 구조조정을 요구했다. 외환위기가 외국인 자금 이탈로 발생한 문제인 만큼 금리를 올려 외국인 자금의 이탈을 막고, 자본시장 규제를 철폐하여 외국인 자금을 유치해야 한다는 것이었다. 또한 IMF는 긴축재정을 통해 정부의 체력을 강화하는 한편, 기업들도 체질개선을 위해 혹독한 구조조정이 필요하다고 했다. 그러나 똑같이 위기를 겪었던 미국의 해법은 정반대였다. 2008년 서브프라임 모기지 사태의 진원지였던 미국은 경제가 어려워지자 즉각 기준금리를 하한선인 0퍼센트까지 인하하고 국채를 아낌없이 발행해 막대한 재정을 풀었다. 게다가 미 연준이 직접 국채를 사들이기까지 했다.

　　이처럼 똑같은 위기 상황에서 우리나라와 미국의 처방이 달랐던 것은 바로 기축통화를 보유한 것과 그렇지 않은 차이였다. 똑같이 경제위기가 발생해도 한국에서는 외화가 급격히 유출되면서 원화가 약세를 보이고 환율이 급등하는 모습을 보이지만, 미국에서는 오히려 달러화가 안전자산으로 부각되면서 달러 강세가 나타난다.

　　또한 위기 상황에서 대부분의 국가는 긴축정책, 평가절하 등을 통해 고통을 감수해야 하지만, 기축통화를 가진 미국은 만성적 무역수지 적자를 내면서도 계속 달러를 찍어 공급하기만 하면 된다. 달러에 대한 국제 수요가 충분하기 때문에 달러 발행으로 인한 미국의 부채를 다른 나라가 부담하기 때문이다. 그래서 이를 가리켜 '눈물 없는 적자deficit without tears'라 부르기도 한다.

그러나 기축통화국이 아닌 국가들은 그럴 수 없다. 특히 신흥국들은 대부분은 신용등급이 낮기 때문에 자국 통화로 표기된 채권을 해외에서 발행하기 힘들다. 이를 신흥국의 '원죄original sin'라고도 하는데, 이 때문에 신흥국들은 어쩔 수 없이 외환보유고를 쌓아야 한다. 그리고 외환보유고의 상당 부분은 미 달러화로 구성된다. 2021년 말 현재 전 세계 외환보유액 중 미 달러의 비중은 약 59퍼센트에 달한다. 그러나 기축통화국은 자국 통화로 해외에서 돈을 빌릴 수 있기 때문에 군이 막대한 규모의 외환보유고를 쌓을 필요가 없다. 원죄로부터 해방되는 것이다. 그래서 미국은 '외환보유고'라는 개념 자체가 없다.

또한 기축통화국은 국제수지 적자가 발생하더라도 낮은 금리로 적자를 보전할 수 있다. 이는 다른 국가들이 낮은 금리에도 불구하고 기축통화 발행국의 국채를 안전자산으로 여겨 매입하려 들기 때문이다. 그래서 기축통화 발행국의 금융업은 그렇지 않은 국가에 비해 비교우위를 가질 수밖에 없다. 무역거래와 자본거래 규모뿐 아니라 주고받는 자금의 리스크 관리에서도 이점이 있기 때문이다.

그러나 기축통화를 발행하면 일부 불편한 점도 감수해야 한다. 전 세계가 기축통화를 필요로 하기 때문에 고려할 사항이 늘어나기 때문

돈이란 무엇인가

이다.

우선 다른 나라들이 자국 통화를 많이 보유하면서 기축통화의 수요가 불안정해질 경우 통화정책의 효과가 제약될 수 있다. 대규모 자금이 해외로 들락날락하면서 정책 집행의 교란 요인이 되기 때문이다. 그리고 외국 통화가 자국 통화에 연동된 경우 기축통화 발행국의 정책 수단이 제약되기도 한다. 거시경제 정책이 환율을 변동시켜 다른 나라의 경제에 영향을 주기 때문이다. 물론 타국 사정을 신경 쓰지 않고 정책을 시행할 수 있지만, 그랬다가 자칫 국제사회의 비난을 피할 수 없게 된다. 그런 일이 반복되면 기축통화국으로서의 위상은 떨어지게 된다. 또한 달러의 기축통화 지위 유지를 위해서는 경상수지 적자를 감수하면서 달러를 해외에 뿌려 유동성을 확보해야 하지만, 이 경우 달러가 흔해지면서 달러의 가치와 신인도가 떨어져 기축통화의 지위가 위협받게 된다. 이것이 그 유명한 '트리핀의 딜레마Triffin's dilemma'다.

그럼에도 불구하고 미 달러화는 기축통화로서의 지위를 유지하고 있다. 그러나 미 달러화가 처음부터 기축통화였던 것은 아니었다. 미 달러화가 기축통화가 되기 이전인 19세기에는 영국의 '파운드화'가 기축통화 역할을 했었다. 19세기 말 파운드화는 국제무역 결제의 약 60퍼센트를 차지했었고, 20세기 초에는 세계 외환보유액에서 48퍼센트의 비중을 차지했다. 그러나 제1, 2차 세계대전을 거치며 금 보유량이 급감하자 영국은 1931년 금 태환을 공식 중단하게 되고, 파운드화는 기축통화의 지위를 '달러'에 넘겨주게 된다.

그런데 미 달러화가 기축통화가 된 배경에는 석유가 한몫을 했다. 1908년 이란, 1927년 이라크, 1932년 바레인, 1938년 사우디아라비아와 쿠웨이트 등 중동 지역에서의 대규모 유전 발견과 함께 석탄에서 석유로 연료의 전환이 이루어지던 당시, 미국은 제2차 세계대전 이후 아랍 국가들과 긴밀한 유대관계를 맺었다. 그 시작은 1945년 2월 얄타회담 직후 미국 함상에서 진행된 프랭클린 루스벨트Franklin Roosevelt 대통령과 이븐 사우드Ibn Saud 사우디아라비아 국왕의 극비회담이었다. 그 회담에서 사우디아라비아는 향후 석유 거래에서 달러를 사용하겠다고 했고, 미국은 그 보답으로 아랍 왕국을 지켜주겠다는 밀약을 맺었다.

또한 미국은 사우디아라비아에 버금가는 산유국인 이란과도 돈독한 관계를 구축했다. 1951년 모하마드 모사데크Mohammad Mossadegh가 이란의 통치자였던 팔레비Pahlevi 국왕으로부터 정권을 탈취하자, 미국은 팔레비 국왕이 권좌로 복귀하도록 군사적 지원을 아끼지 않았다. 이후 권좌로 복귀한 팔레비 국왕은 이란의 석유를 미국 기업에 40퍼센트 배분하는 정책을 취했다. 결국 미국이 중동의 1, 2위 산유국인 사우디아라비아와 이란의 석유를 지배하게 되면서 미국 달러는 오일 달러, 즉 페트로 달러Petrodollar가 되었다.

1970년대 국무장관 헨리 키신저Henry Kissinger는 "석유를 장악하라. 그러면 전 세계 국가를 장악할 것이다. 식량을 장악하라. 그러면 전 세계 인민을 장악할 것이다. 화폐를 장악하라. 그러면 전 세계를 장악할 것이다"는 유명한 말을 남겼다. 적어도 미국은 페트로 달러를 통해 석유를 장악하고 화폐 또한 장악해온 셈이다.

스스로 증식하는 돈

　　철학자 아리스토텔레스는 소는 우유를 생산하기 때문에 소를 빌려
주고 대가를 받는 것이 정당하지만, '돈은 돈을 낳지 못한다'는 화폐
불임설을 주장했다. 성 아우구스티누스는 산통을 겪지 않고도 자신과
동일한 것을 낳는 고리대금업을 영적 간음으로 규탄했다. 또한 셰익
스피어는 『베니스의 상인』에서 "돈이 빠르게 새끼를 친다"고 말하는
유대인을 비아냥거렸다. 그러나 현대 자본주의 사회는 돈이 돈을 낳
는 사회다. 비록 아메바처럼 일정한 크기에 이르면 둘로 나뉘는 이분
법적 방식은 아니지만, 돈은 분명히 증식한다.

•• 이자에 얽힌 역사적 사연 ••

조선의 여성 실학자였던 빙허각 이씨가 저술한 가정 백과사전이었
던 『규합총서』에는 '모자전'이라는 설화가 수록되어 있다.

> 과거 남쪽 먼바다에 '청부'라는 생물이 살았는데, 매미를 닮
> 은 청부의 어미는 항상 새끼를 아끼고 사랑했기 때문에 한시도
> 새끼 곁을 떠나지 않았다. 그런데 사람들이 청부의 새끼를 잡으
> 면 그 어미가 반드시 따라와 자식과 같이 목숨을 잃는 신기한 일
> 이 벌어졌다. 이에 한 상인이 큰돈에는 어미 청부의 피를 발라
> '모전母錢'이라 했고, 잔돈에는 새끼 청부의 피를 발라 '자전子錢'
> 이라 했다. 그러자 청부의 피가 묻은 돈은 아무리 사용해도 며칠
> 되지 않아 반드시 되돌아오는 것이었다. 마치 어미가 새끼를 찾
> 아가듯 사람들이 돈을 아무리 써도 항상 되돌아왔다. 자전을 먼
> 저 써도 마찬가지였다.

이 이야기는 돈이 돌고 돈다는 사실과 함께 어미가 새끼를 낳듯 돈
이 증식한다는 속성을 암시하고 있다. 보통 원금을 한자로 '모전母錢'
이라 하고, 이자를 '자전子錢'이라 한다. 즉, 원금은 이자의 어머니이
고, 이자는 원금의 자식이라는 뜻이다. 청부라는 생물의 어미와 새끼
처럼 원금과 이자도 항상 서로를 찾아다닌다. 원금을 굴리면 반드시
이자가 들어오고, 원금을 빌리면 반드시 이자를 갚아야 한다. 이처럼
원금과 이자는 서로 뗄 수 없는 관계다.

돈이란 무엇인가

그런데 이러한 이자의 원리를 처음 터득한 민족은 기원전 3천 년 경 메소포타미아 문명을 일군 수메르인이었다. 그들은 양이나 염소 같은 가축을 1년 동안 빌려주면서 이 가축들이 낳은 새끼 가운데 일부를 이자로 받았다. 가축이 당시 화폐였다는 점을 감안하면 지금의 이자 제도와 별반 다르지 않다. 그래서 수메르어로 이자를 가리키는 단어인 '마시mash'는 송아지를 의미했다. 뿐만 아니라 고대 그리스의 이자를 가리키는 '토코스tokos'도 소에서 태어난 새끼를 가리키며, 이집트어의 이자를 가리키는 '므스ms'는 '출산하다'는 뜻을 가지고 있다. 이처럼 이자의 개념은 가축이 새끼를 번식하는 데서 비롯되었다.

하지만 원금을 빌려주면 이자를 받는 것이 당연시되는 오늘날과 달리 서양에서는 오랫동안 이자가 인정되지 않았다. 우선 고대 사회에서는 금전 거래를 통해 이자를 주고받는 행위 자체가 자연의 섭리를 거스르는 일로 인식되었다. 한 예로, 아리스토텔레스는 『니코마코스 윤리학』에서 이자가 화폐로부터 산출되기는 하지만, 그것은 모든 산업 중에 가장 비자연적이라고 했다. 즉, 아리스토텔레스는 돈이 더 많은 돈을 낳도록 해서는 안된다고 생각한 것이다. 또한 성경적 관점에서 볼 때에도 돈을 빌려주고 이자를 받는 일, 즉 돈에서 돈을 창조하는 일은 신의 영역에 도전하는 일로 여겨졌다. 이는 대금업이 이자 수취를 금지하는 『성경』의 내용[37]을 어긴다고 생각했기 때문이다. 그

---

37) 〈출애굽기 22장 25절〉 가난한 자에게 돈을 꾸어주면 너는 그에게 채권자같이 하지 말며 이자를 받지 말 것, 〈레위기 25장 37절〉 너는 그에게 이자를 위하여 돈을 꾸어주지 말고, 〈신명기 23장 19절〉 네가 형제에게 꾸어주거든 이자를 받지 말지니, 〈에스겔 18장 13절〉 변리를 위하여 꾸어주거나 이자를 받거나 할진대 그가 살겠느냐 결코 살지 못하리니, 〈시편 15편 5절〉 이자를 받으려고 돈을 꾸어주지 아니하며

래서 대금업은 신성모독에 해당하는 엄청난 죄악으로 간주되었다. 심지어 기독교인들은 14세기 유럽의 흑사병과 같은 병이 퍼졌을 때 유대인들의 대금업[38] 때문에 신이 노하여 내린 벌이라는 누명을 뒤집어 씌우기도 했다.

한편 1179년 제3차 라테란 공의회(가톨릭 종교회의)는 대금업자 파문을 공식적으로 선포해 버리기도 했다. 또한 1274년 리옹 공의회는 대금업자가 그동안 받은 이자를 되돌려주지 않는 한, 종부성사, 매장, 유언장 작성을 허용하지 않는다고 결정하고, 대금업자의 시신을 개, 소, 말의 사체와 함께 구덩이에 묻을 것을 선언하기도 했다. 나아가 1311년 비엔 공의회는 고리대금업이 죄가 아니라는 주장은 '이단'이라고 선언하기에 이르렀다.

이처럼 대금업을 죄악시하는 풍조는 여러 문학작품에도 잘 드러나 있다. 셰익스피어의 희극『베니스의 상인』은 안토니오의 가슴살 1파운드를 가져갈 권리를 행사하겠다는 유대인 고리대금업자 샤일록에 대한 응징을 주요 내용으로 다루고 있으며, 도스토예프스키Dostoevskii의 장편 소설인『죄와 벌』에서는 주인공 라스콜리니코프가 정의의 이름으로 고리대금업자인 전당포 노파를 살해하기까지 한다. 심지어 단테Dante의『신곡-지옥편』에서는 7번째 지옥에서 고생하고 있는 사람들로 동성애자와 함께 고리 대금업자를 거론하기도 했다.

---

38) 유대인들의 대부업은 오래전부터 시작되었다. 기원전 6세기 바빌로니아의 '무라슈 상회'라는 대부업체에 자금을 낸 유대인 70명의 이름이 남아 있으며, 기원전 5세기의 이집트 파피루스 문서에도 유대인이 대부업을 했다는 기록이 있다.

그러나 십자군전쟁 이후 동서양 교역이 활발해지면서 어음거래가 늘어나자 '어음 할인'이라는 대금업과 유사한 새로운 사업이 생겨나기 시작했다. 당시 거상들은 주로 해운을 통해 물건을 거래했기 때문에 그 특성상 계약 시점과 물품 인도 시점 사이에 몇 달이 걸렸다. 이 때문에 물건 대금은 주로 어음으로 지급되었다.

그러자 점차 상업어음 할인은 대부업이 아니라 무역업의 부수 업무로 인정되기 시작했다. 처음에는 무역을 위해 필요한 불가피한 지급수단이라는 측면에서 상거래에 수반되어 발행되는 진성어음만 할인되었지만, 이후 환전상들은 실물거래에 상관없이 자금 유통 목적으로도 어음을 거래하기 시작했다. 그러나 이때 이자 수취가 문제될 수 있었기에 환전상들은 어음을 받고 돈을 빌려주면서 외국에 있는 환전상에서 현지 화폐로 갚도록 하는 방법을 사용하였다. 이를 통해 환전상들은 돈을 빌려주고 받아야 할 이자수익을 '환차익'이라는 형태로 교묘하게 포장할 수 있었다.

그리고 일부 이탈리아 도시는 이자를 법으로 정하기도 했다. 대부업으로 유명했던 도시 파도바의 경우 담보가 있을 경우 20퍼센트, 담보가 없을 경우 30퍼센트를 이자로 받을 수 있다고 법으로 정했다. 심지어 1264년에는 40퍼센트의 금리까지 인정했다. 그러나 교회는 자신들에게 돈을 빌려주는 대부업자를 처벌하지 않았다. 사실 단테가 『신곡』에서 묘사한 지옥에서 고통받는 고리대금업자는 파도바의 '스크로베니'라는 가문이었다. 단테는 스크로베니 가문을 '암돼지의 자궁'이라고까지 경멸했다. 그러나 실제로 스크로베니 가문이 교회의 처벌을 받았다는 기록은 찾아볼 수 없다. 그들이 교황의 돈을 관리해주었기 때문이다. 이처럼 교회법에 따라 엄격하게 금지된 대부업을 교황이 스스로 어기고 있었으니 분명 모순이었다. 따라서 언젠가는 이런 모순이 해결되어야만 했다.

결국 15세기 초 교회 내부에서 개선의 목소리가 나오기 시작했다. 프랑스의 신학자이자 교육가인 장 제르송Jean de Gerson이 차입자를 가혹하게 대할 목적으로 대출하는 경우에만 대금업을 금지시켜야 한다고 주장한 것이다. 16세기에는 스위스의 종교 개혁가 하인리히 불링거Heinrich Bullinger가 이자를 유용한 이자와 해로운 이자로 구분하면서 생산을 위한 가치 있는 자본에 한하여 이자를 허용해야 한다고 주장했다. 또한 푸거 가문의 후원을 받았던 독일의 요한 에크Johann Mayer von Eck는 '5퍼센트의 금리는 하나님께서 용서해줄 수 있는 합리적인 수준'이라고 주장했다. 그러자 교황청도 거들고 나섰다. 면죄부를 팔고 루터를 파문해 종교 개혁의 원인을 제공한 교황 레오 10세가 1515년 일명 '피에타법[39]'을 만들어 5퍼센트의 이자를 합법화해버린 것이다. 이로써 인간의 죄에 대한 면죄부뿐 아니라 이자에 대한 면죄부까지 부여되었다. 그가 메디치 가문에서 배출된 교황이었기에 가능한 일이기도 했다.

---

39) 피에타pieta는 '자비, 연민'이라는 뜻으로 원래 고아원이나 위탁소 같은 자선기관을 뜻하는 말이었다. 그러나 프란체스코 수도회가 1462년 이탈리아 페루자에서 시작한 소액 대부업을 'Monte di pieta'라고 부르기도 했다. 직역하면 '자비의 산'이지만, 서민들은 이곳에 값비싼 물건을 맡기고 급전을 빌렸다.

그 후 16세기 프랑스의 종교 개혁 지도자 칼뱅Jean Calvin은 갚을 능력이 없는 불쌍한 자는 대가 없이 도와줘야 하지만, 그렇지 않는 경우에는 얼마든지 이자를 받고 대출할 수 있다고 주장했다. 칼뱅의 활동 무대였던 제네바 의회는 그의 주장을 받아들였다. 그리고 칼뱅은 인간이 마음껏 일하고 노력하여 자기의 이익을 도모하는 것은 죄악이 아니며, 신에게 마땅히 해야 될 일이라고 주장했다. 이러한 칼뱅의 해석은 이후 수많은 부유한 상인들이 신교로 개종하는 이유가 되기도 했다. 때마침 영국의 헨리 8세가 1545년 대금업 금지법An Act against Usuries을 통해 '10퍼센트가 넘는 이자는 모두 위법'이라고 선언하는 바람에 10퍼센트 이하의 금리가 합법화되어 버렸다. 그 후 영국의 금리 수준은 서서히 내려가 앤 여왕 재위 시절인 1713년에는 5퍼센트까지 인하되었다. 그 후 애덤 스미스도 1776년 발간한『국부론』에서 대출 금리의 상한을 5퍼센트로 해야 한다고 주장했다. 그러면서 만일 5퍼센트보다 높은 금리가 허용될 경우 방탕하고 무모한 자들만 높은 금리에 대출을 받고 가치 있는 곳에는 대출이 이루어지지 않아 리스크가 더욱 커질 수 있다고 했다.

하지만 애덤 스미스와 동시대에 살았던 제러미 벤담Jeremy Bentham의 생각은 달랐다. 그는 1787년 출판한『고리대에 대한 변론Defense of Usury』을 통해 대부자가 대출자금을 보호하기 위해 차입자를 선별하고 감시하려는 유인이 있다는 점을 애덤 스미스가 간과하고 있다고 지적했다. 또한 애덤 스미스의 주장대로 우수한 차입자에게만 돈을 빌려주는 것은 자유로운 경제활동과 혁신적인 프로젝트를 위한 대출을 가로막는다면서 높은 금리를 불법화할 필요가 없다고 했다. 그 후 경제학자 뵘바베르크Böhm-Bawerk는 이자는 기다림에 대한 대가이기에 이자 수취를 부끄러워하지 않아도 된다고 했으며, 케인즈는 이자란 당장 쓸 수 있는 돈을 포기한 데 대한 대가이기에 이자 수취는 정당하다고 했다.

이처럼 이자가 공식적으로 인정받기까지는 아주 긴 세월이 걸렸다. 오늘날 돈이 돈을 낳는 것이 당연한 일로 여겨지지만, 그렇게 낳은 자식을 자식으로 부르지 못하는 기현상은 오랫동안 지속되었다. 자신을 낳아준 아비를 아비로 부르지 못하는 홍길동과 별반 다르지 않았던 셈이다.

•• 금리의 속성과 시간 ••

오늘날 돈이 새끼를 칠 때 자궁과 같은 역할을 하는 곳은 바로 금융기관이다. 금융기관에서 '이자'라는 자식이 잉태되기도 하거니와 '신용창조'라는 출산의 과정을 통해 또 다른 이자를 낳기도 하기 때문이다. 이러한 과정에서 '금리'가 일종의 매개체 역할을 하기 때문에 어떻게 보면 금리는 매파 역할을 한다고 볼 수도 있다.

사실 은행은 예금자가 맡긴 자금 가운데 일부만을 지급준비금으로 남기고 나머지를 대출 등으로 활용한다. 이때 은행에서 대출을 받은 가계나 기업과 같은 경제주체들은 필요한 만큼만 사용하고 다시 예금을 하게 되는데, 예금을 받은 은행은 그중에서 지급준비금을 뺀 나머지를 다시 대출해주는 과정을 되풀이한다. 이 과정을 거치게 되면 처음 예금의 여러 배에 해당하는 예금통화가 생겨난다. 경제학에서는 이를 '신용창조'라 부른다.

이처럼 돈은 신용창조의 과정을 통해 스스로 증식한다. 하지만 신용창조의 과정에는 항상 '금리'라는 매개체가 등장한다. 이는 금리 수준에 따라 예금과 대출 수준이 좌우되기 때문이다. 다시 말해, 금리가 돈을 빌려주는 사람과 빌리는 사람을 연결해주는 '고리'로서의 역할을 하는 것이다. 비유하자면 마치 소를 잡아끄는 고삐와 같다. 소에 매인 고삐가 느슨하면 소가 제멋대로 움직이고 너무 팽팽하면 소가 아파서 울부짖듯이, 금리가 낮으면 돈이 마구잡이로 풀리고 너무 높으면 돈을 빌리는 사람이 울부짖게 된다.

따라서 소 고삐를 적정하게 매어 관리하는 것처럼 금리도 적정 수준에서 관리되어야 한다. 그런데 그 과정에는 '시간'이라는 개념이 개입한다. 이는 돈을 빌려주는 입장에서 빌려준 기간만큼 그 돈을 사용할 기회를 빼앗기기 때문이다. 따라서 이자는 그 기회에 대한 보상이라 할 수 있다. 경제학적으로 말하면 돈의 기회비용인 셈이다.

이러한 돈의 기회비용 개념은 우리가 자주 사용하는 '시간이 돈이다'라는 말에 잘 담겨 있다. 만일 이 말이 잘 실감나지 않는다면 2011년에 개봉했던 〈인 타임〉이라는 영화를 보기를 권한다. 영화의 내용 자체가 모든 비용과 임금을 시간으로 계산하는 사회, 즉 시간이 진짜 돈인 미래 사회를 그리고 있기 때문이다. 이 영화에서 사람들은 25세가 되는 순간부터 1년의 시간을 부여받는데, 그 시간으로 음식을 사 먹고, 버스를 타며, 시간을 구걸하기도 한다. 은행에 시간을 예금하고 이자로 지급받는 것도 시간이다. 그리고 자신에게 주어진 시간이 소진되는 순간 사망한다. 그런데 누구에게나 똑같이 공평하게 주어지는 현실의 시간과는 달리 영화에서는 시간으로 인한 빈부격차가 존재한다. 가난한 이들은 고작 하루 버틸 시간을 고된 노동으로 벌거나, 누군가에게 빌리거나, 아니면 훔쳐야만 살 수 있다. 반면 부자들은 수백 년의 시간을 갖고 영원한 삶을 누린다. 비슷한 설정이 미하엘 엔데Michael Ende의 소설인 『모모』에도 등장한다. 시간은행에서 일하는 회색 신사가 아이들이 사용하지 않은 시간을 나중에 불려서 되돌려주겠다고 꾀어내는 것이다. 시간을 돈으로 바꾸어 『모모』를 읽어보는 것도 재미있다. 회색신사가 오늘날의 은행원들로 보이기 때문이다. 결국 '시간은 돈이다'라는 표현은 돈의 기회비용을 내재하고 있기도 하고, 돈만큼이나 시간이 소중하다는 것을 나타내는 말이기도 하다. 그것은 돈과 마찬가지로 시간도 한정된 자원이기 때문이다.

하지만 이상하게도 사람들은 시간과 돈에 대해 정반대의 생각을 하곤 한다. 대개 사람들은 돈에 주의를 기울이면 눈앞의 이익에 관심을 기울이는 반면, 시간에 주의를 기울이게 되면 삶의 의미까지 생각하게 된다. 이는 하버드대학의 프란세스코 지노Francesco Gino 교수와 펜실베니아 대학의 캐시 모길녀Cassie Mogilner 교수가 행한 시간과 돈에 대한 생각이 도덕성에 미치는 영향에 대한 실험만 봐도 잘 알 수 있다.

그들은 A그룹에게 돈이란 단어가 포함된 노랫말을 찾게 하고, B그룹에게 시간이란 단어가 포함된 노랫말을 찾게 한 후 참가자들에게 거짓말을 할 수 있는 기회를 주었다. 그 후 참가자들에게 지능검사라고 속인 뒤, 숫자 맞히기 과제를 수행하게 하면서 답안지에 자신이 생각하는 답을 적게 하고 정답을 스스로 채점하게 하였다. 그리고 채점 결과를 다른 종이에 옮겨 적게 한 후 원래 답안지를 버리고 최종 결과를 적은 종이를 제출토록 했다. 이후 실험 참가자들이 버린 원 답안지를 회수하여 실제 점수와 대조해보았더니, 시간을 생각한 참가자들이 돈을 생각한 참가자들보다 더 정직하게 자신의 결과를 제출한 것으로 드러났다. 이 실험은 시간에 대한 생각이 그만큼 자아를 성찰할 수 있게 해준다는 점을 시사해준다.

•• 마이너스 금리의 등장 ••

대개 돈이 돈을 낳게 되면 원금보다 커지는 것이 정상이다. 그런데 현실에서는 그 반대의 상황이 펼쳐지기도 한다. 바로 '마이너스 금리'가 등장했기 때문이다.

수학 기호 플러스(+)와 마이너스(-)는 독일의 수학자 요하네스 비드만Johannes Widmann이 1489년에 라이프치히에서 발행한 산수책에서 처음 발견되었다. 처음엔 이 기호들이 과부족의 의미로 사용되었으나, 1514년 네덜란드의 수학자 호이케Hoecke에 의해 덧셈과 뺄셈을 의미하는 기호로 사용되기 시작하였다. 덧셈 기호 '+'는 '더하다'라는 뜻의 라틴어 'et'을 줄여서 만들었고, 뺄셈 기호 '－'는 '빼다'라는 뜻의 minus를 간단히 쓴 'm̄'을 사용하다가 필기체처럼 빠르게 쓰면서 '－' 모양으로 바뀌었다.

그런데 마이너스 기호를 우리는 쉽게 이해하지 못할 때가 많다. 그것은 마이너스로 표기되는 음수를 눈에 보이는 물건과 대응시키기가 쉽지 않기 때문이다. 가령 마이너스(-) 3마리의 양 떼는 보고 싶어도 볼 수 없다. 1, 2, 3과 같은 자연수는 금방 그 수에 해당하는 물건이 눈에 보이는 반면, -1, -2, -3은 볼 수 없는 것인데 볼 수 있는 것처럼 취급해야 하기 때문에 어려울 수밖에 없다. 대신 상상력으로 머릿속에 그려야만 한다. 그리고 일반적으로 '마이너스'라는 말은 부족함, 빌림, 반대, 제거와 같이 부정적 의미로 자주 사용된다. 경제에서도 마이너스 성장은 성장이 축소된다는 의미고, 마이너스 물가가 계속되면 디플레이션으로 고통을 받게 된다. 은행이 제공하는 마이너스 통장은 돈이 급할 때 받는 신용 대출이다. 그런가 하면 손대는 일마다 좋은 결과를 만들어 내는 '마이더스의 손The Midas Touch'에 빗대어 하는 일마다 손해를 보거나 사태를 악화시키는 사람을 '마이너스의 손'이라 풍자하기도 한다.

그런데 '마이너스 금리'란 개념은 조금 다르다. 이는 경기를 부양하기 위해 나온 개념이기 때문에 최소한 금리 수준은 음의 방향을 향하고 있지만, 그 목적은 양을 지향하고 있다. '우리는 음지에서 일하고 양지를 지향한다'라는 과거 중앙정보부의 표어와도 비슷하다. 사실 마이너스 금리가 적용되면 은행 예금자들과 채권 투자자들은 이자를 받는 대신 이자를 내야 한다.[40] 그런데 마이너스 금리 개념과 유사한 아이디어는 독일의 경제학자 실비오 게젤Silvio Gesell에 의해 처음 제기되었다. 게젤은 세상의 모든 것이 늙는 것처럼 돈도 시간이 지날

---

40) 채권투자자들이 이자를 받지 못함에도 불구하고 마이너스 금리 채권에 투자를 하는 이유는 추가적인 금리 하락으로 채권 가격이 상승할 것이라는 기대 때문이다.

돈이란 무엇인가

수록 그 값어치가 떨어진다고 생각했다. 그래서 돈의 값어치를 유지하기 위해서는 주기적으로 인지stamp를 사서 화폐에 부착해야 한다고 주장했다. 예를 들어, 100달러 지폐에 일주일마다 10센트짜리 인지를 사서 부착해야만 그 값어치를 유지할 수 있다는 것이다. 이처럼 화폐 보유에 대한 대가로 인지를 사게 되면 현금을 예금하면서 수수료를 지불하는 마이너스 금리와 동일한 효과가 발생하게 된다. 즉, 사람들이 돈을 사용하지 않으면 손해를 보기 때문에 자연스럽게 소비를 하게 되어 경제활동이 촉진되는 것이다.

그런가 하면 경제학자 폴 새뮤얼슨Paul Samuelson도 장기적으로 금리 수준이 인구증가율과 같다고 주장하며, 향후 인구가 지속적으로 감소하게 될 경우 금리도 마이너스가 될 수 있다고 했다.

그렇다면 마이너스 금리는 현실에서 언제 처음 등장했을까? 유로화를 디자인한 버나드 리테어Bernard Lietaer는 마이너스 금리가 기원전 19세기경 이집트에서 처음 나타났다고 주장했다. 그는 구약성경 속 인물인 요셉이 이집트 총리직을 수행할 때 가뭄에 대비하여 곡물을 창고에 비축해두는 정책을 실시했는데, 이때 곡물을 지나치게 비축하여 곡물 가격이 뛰는 것을 방지하기 위해 보관료를 물렸다고 했다.

이후 현대 사회 들어서는 1970년대 스위스의 일부 은행과 2000년대 초반 일본의 일부 은행이 예금에 대해 보관료를 부과한 적이 있다.

그러나 마이너스 금리가 본격화된 것은 2008년 글로벌 금융위기 이후다.

당시 중앙은행은 경기부양을 위해 금융기관들이 보유한 국고채를 매입해 통화량을 증가시키는 양적완화 정책을 시행했다. 그러나 실제 시중 통화량은 늘지 않고 금융기관들의 지급준비금만 늘어났다. 이는 금융기관들이 국고채를 매각해 확보한 현금을 기업이나 가계에 대출해주지 않고 중앙은행 금고에 다시 예치했기 때문이다. 그러자 금리를 마이너스로 낮춰야 한다는 목소리가 커지기 시작했고, 결국 중앙은행은 금리가 제로(0) 이하로는 내려갈 수가 없다는 '제로 하한zero lower bound'의 개념을 깨고 중앙은행 당좌계좌에 자금을 예치하는 시중은행의 지급준비금 초과 부분에 보관료를 물렸다. 2012년 덴마크(2012년 7월)를 시작으로 유럽중앙은행(2014년 6월), 스웨덴(2014년 7월), 스위스(2014년 12월), 일본(2016년 1월), 헝가리(2016년 3월) 순으로 중앙은행 예치 금리를 마이너스로 인하했다. 이는 통상적인 금리 인하의 경우와 마찬가지로 은행들로 하여금 기업들에 좀 더 자유롭게 대출을 할 수 있는 동기를 제공하고, 기업들에는 예금 대신 차입이나 투자를 유도하고, 일반 소비자들에게는 예금 대신 소비를 장려하기 위한 것이었다.[41]

그러나 이러한 의도와는 달리 마이너스 금리 정책은 자칫 '경기부양'이라는 득보다 실이 더 클 수도 있다. 우선 마이너스 금리로 인해

---

[41] 소국 경제이면서 자국 화폐를 사용하는 덴마크, 스웨덴, 스위스의 경우에는 수출 경쟁력 확보를 위한 환율 방어 차원에서 금리를 인하했고, 그로 인해 마이너스 금리가 발생했다는 의견이 더 우세하다.

예금자들이 은행 예금을 꺼리는 상황이 되면 은행의 가용자금이 줄어 수익성이 악화되고, 이로 인해 대출 규모가 줄면서 오히려 투자와 성장에 악영향을 미치게 된다. 또한 마이너스 금리는 연금, 기금, 보험사 등의 자산과 부채 구조에도 부정적인 영향을 미쳐 개인의 연금 수령액을 줄이고 대출 조건을 강화시켜 수요를 더욱 위축시킬 수 있다. 게다가 마이너스 금리로의 이행은 중앙은행이 경제성장 전망을 비관적으로 본다는 신호로 작용하면서 투자자와 은행으로 하여금 적당한 비용을 부담하더라도 자금을 쌓아두는 것을 선호하게 만들 수 있다. 그런가 하면 경영 압박에 시달리는 금융기관은 조금이라도 높은 수익을 얻기 위해 고위험 판매를 하게 되고, 이 때문에 소비자의 피해가 나타날 수도 있다. 아울러 시중금리 하락에 따른 위험자산 투자 증가와 부동산 가격 상승 등으로 자산시장에서 버블이 발생할 가능성도 높아진다.

그러나 이러한 실효성 논란에도 불구하고 마이너스 금리는 코로나19 사태 이후 더욱 활성화되는 모습을 보였다. 코로나19에 따른 글로벌 경기둔화 우려로 주요국 중앙은행들이 앞다투어 금리를 낮추는 등 완화적 통화정책 기조를 유지했기 때문이다. 이로 인해 2020년 말에는 마이너스 금리 채권 규모가 역대 최고 수준인 18.4조 달러까지 늘어나면서 전 세계 거래 채권의 30퍼센트를 웃돌기도 하였다.

이런 현실이다 보니 하버드대학의 케네스 로고프Kenneth Rogoff 교수 등 일부 학자들은 마이너스 금리를 경기부양을 위한 정책수단으로 적극 활용할 것을 주장하기도 한다. 로고프 교수는 경제위기 시 실시된 중앙은행의 양적완화 정책을 가리켜 벙커에 빠진 골프공을 살짝 건드리는 정도라고 비유하면서, 그렇게 해서는 벙커에 빠진 골프공을 빼낼 수 없다고 주장했다. 그러면서 '종이화폐 폐지'와 '마이너스 금리 정책'이라는 풀스윙이 필요하다고 했다. 이는 종이화폐가 폐지되고 디지털화폐만 사용되는 상황에서 마이너스 금리 정책이 자연스럽게 소비나 투자를 촉진시킬 수 있기 때문이다. 즉, 현금이 사용되는 경우 마이너스 금리에 따른 보관료를 피하기 위해 개인이나 기업은 얼마든지 계좌에서 현금을 인출할 수 있지만, 디지털화폐는 그것이 쉽지 않기 때문이다. 그러나 골프장에서 풀스윙을 하더라도 골프공은 가끔 벙커에서 맴돌기도 한다.

돈의 혈관과 심장

　우리 몸에서 피를 온몸으로 내보내는 기관이 심장이라면, 경제에서 그 역할을 담당하는 기관은 바로 중앙은행이다. 중앙은행은 화폐를 발행하여 경제의 순환을 돕는 중추적이고 핵심적인 역할을 하기 때문이다. 보통 중앙은행이 만들어내는 새로운 돈을 '본원통화'라고 하며, 이 본원통화가 은행의 예금이 된 뒤 '신용창조'라는 과정을 통해 만들어지는 돈을 '파생통화'라 한다. 중앙은행은 경기가 과열될 때 본원통화 공급량을 줄이기에 본원통화는 경기 대응적 성격을 갖지만, 은행은 오히려 대출을 늘리므로 파생통화는 경기 순응적 성격을 갖는다. 하지만 그렇게 창조된 통화량은 경제 곳곳을 돌며 막힌 곳을 뚫기에 중앙은행과 은행은 돈을 순환시키는 심장과 혈관이 된다. 이제 그 심장과 혈관이 어떻게 형성됐는지 들여다보자.

·· 은행업의 흔적, 템플 기사단 ··

십자군 전쟁을 전후하여 생겨난 '템플 기사단'이란 조직이 있었다. 제1차 십자군이 1099년 예루살렘을 점령한 이후 성지를 방문하고자 하는 유럽 순례자를 보호하고자 창설된 조직이다. 지금은 템플 기사단의 모습을 찾아볼 수 없지만, 많은 예술작품을 통해 그 흔적이 되살아나고 있다. 전 세계적인 베스트셀러였던『다빈치 코드』만 보더라도 성배를 지키려는 시온 수도회와 템플 기사단, 그리고 이를 막으려는 오푸스데이 등을 등장시켜 기독교 2000년의 수수께끼를 풀어가고 있고, 움베르토 에코Umberto Eco의『푸코의 진자』는 템플 기사단과 관련된 음모론을 다루고 있으며, 리하르트 바그너Richard Wagner의 오페라 〈파르지팔Parsifal〉은 템플 기사단을 낭만적인 인물로 묘사하고 있다. 그만큼 템플 기사단의 역사가 비장하고 드라마틱하다 보니 문학가들 사이에 주요 소재로 쓰이는 것이다.

그런데 템플 기사단은 금융 업무를 수행하기도 했다. 1118년에 생겨난 템플 기사단의 공식 명칭은 '그리스도와 솔로몬 신전의 가난한 기사들The Poor Fellow-Soldiers of Christ and of the Temple of Solomon'로, 이들은 예루살렘으로 향하는 순례자들의 안전을 보호하는 임무를 수행하였다. 이들은 전쟁에 임할 때 '주께서 함께 하시도다'라는 성가를 부르며 항복이나 패배를 용납하지 않았고, 명예로운 죽음을 갈망할 정도로 용감무쌍勇敢無雙했다. 그러다보니 템플 기사단은 세상에서 가장 무서운 전사로 인식되었고, 자연스럽게 교황이나 왕들은 전쟁에서 약탈한 전리품을 이들에게 맡기게 되었다. 위엄 있고 맹렬한 기사단은 그들이 맡긴 귀중품과 재산을 안전하게 이송하는 역할을 훌륭하게 수행하였다. 그리고 세계 각국에 소유하고 있는 성城에 사람들이 맡긴 돈이나 귀중품들을 안전하게 보관했으며, 그 세력이 커지면서 점차 상인과 각국 왕실에 돈을 빌려주는 일도 수행하기 시작했다. 13세기 후반 템플 기사단은 유럽과 지중해에 7천 명이 넘는 고용인, 장원과 영지 약 9천 곳을 보유할 정도로 유럽에서 가장 부유하고 세력이 큰 조직으로 성장했다. 당시 영국 왕실의 연간 수입은 3만 파운드에 불과했지만, 이들의 연간 수입은 600만 파운드를 넘겼다.

그러나 기사들에게는 사유 재산이 허락되지 않았다. 만일 돈을 모으게 되면 죽은 뒤 템플 기사단의 묘지에 묻힐 수 없었다. 게다가 이들은 하루 2끼의 식사만을 먹었으며, 항상 여성으로부터 떨어져 금욕적인 생활을 해야만 했다. 자신이 맹세한 순결을 기억하기 위해 끈으로 허리를 동여맨 채 잠을 잤으며, 부도덕한 생각을 못하도록 밤새 촛불을 켜 놓았다. 또한 순결을 상징하기 위해 붉은 십자가로 장식한 흰 망토를 입고 짧게 삭발을 했다. 이처럼 신앙에 철두철미한 생활은 금융 활동의 위험부담을 크게 줄여주었다.

그러나 템플 기사단은 프랑스의 욕심쟁이 왕이었던 필립 4세에 의해 한순간에 몰락하고 만다. 1285년 프랑스 왕위에 오른 필립 4세는 교황을 납치하여 장기간 유배(아비뇽 유수)시키는가 하면, 재정난 타개를 위해 불량 화폐를 발행하기도 했다. 그러나 그것만으로 만족하지 않았는지 템플 기사단의 돈을 갈취하기 위한 음모를 꾸미기도 했다. 그는 우상 숭배와 이단 행위, 동성연애, 남색 행위, 악마 숭배 등 있지도 않은 100여 가지 죄목으로 단원들을 체포하고, 템플 기사단의 모든 동산과 부동산을 압류하라는 밀서를 각 지방의 관리들에게 보냈다. 결국 1307년 10월 13일을 기점으로 프랑스 전역에서 템플 기사단은 무차별적으로 체포되기 시작했다. 그날 파리에서만 138명이 체포되었는데, 마침 그날이 금요일이었다. 불길함의 대명사로 여겨지는 '13일의 금요일'이 여기서 유래했다는 설도 있다. 당시 필립 4세의 세력을 등에 업고 전임 교황을 살해한 뒤 교황으로 즉위한 교황 클레멘스 5세 역시 11월 22일 각국에 템플 기사단을 체포하라는 교황령을 하달했다. 이로써 약 200년간 화려한 영광의 세월을 뒤로 하고 템플 기사단은 결국 몰락하고 만다.

하지만 템플 기사단의 마지막 단장이었던 자크 드 몰레이Jacques de Molay는 그냥 죽지 않았다. 그는 죽기 전 왕과 교황에게 저주를 퍼부었고, 그 때문인지 몰라도 두 사람은 1년 안에 죽음을 맞았다. 그러나 무엇보다 세간의 관심을 끈 것은 그가 죽기 전 비밀리에 자신의 조카에게 털어놓은 템플 기사단의 비밀이었다. 그것은 프랑스 왕이 템플 기사단으로부터 갈취한 재물이 새 발의 피일 뿐, 진짜 보물은 전임 단장의 무덤에 숨겨져 있다는 것이었다. 사람들은 자크 드 몰레이의 유해가 성전 기사단 전용 묘지에서 훗날 이장될 때 그의 조카가 보물도 함께 운반했을 것으로 추정하고 있다. 이 때문에 비록 템플 기사단은 역사 속으로 사라졌지만, 당시 숨겨진 보물을 찾기 위한 고고학자나 보물 탐험가들의 모험은 지금도 계속되고 있다. 어찌 보면 고객의 자금을 안전하게 보관해주고 운용해주는 오늘날 금융기관과 유사한 일을 수행했었던 템플 기사단의 능력이 사후에도 지속되고 있는 셈이다.

•• 현대 은행업의 출발 ••

템플 기사단이 활동하던 시절 이탈리아 지역에서는 오늘날과 같은 은행업의 불길이 피어오르기 시작했다. 11세기경 피렌체, 제노바, 베네치아 등 북부 이탈리아 지역은 지중해 무역을 통해 상업이 크게 융성하였고, 그 과정에서 향료 무역을 독점하였던 이탈리아 상인들이 거대 상인으로 성장하였다. 또한 그곳에는 게르만족의 한 분파인 롬바르드족이 정착하고 있었다. 그래서 이 지역에서 물건을 사고파는 상인들을 통칭 '롬바르드Lombard42)'라 불렀다. 이들은 해상무역에도 종사하였는데, 십자군 전쟁 이후 늘어난 해상무역은 성공할 경우 이익이 매우 컸지만, 많은 위험도 수반되었다. 때문에 해상 무역에 투자한 사람들은 투자자금을 돌려받을 수 있을지가 불확실한 상황에서 현금을 확보하고자 하는 수요가 커졌고, 이로 인해 해상무역 과정에서 발행된 어음을 할인해주는 업자가 생겨났다.

이후 이러한 어음을 취급하던 상인들이 돈을 맡아주고, 대신 영수증을 발행하기 시작했다. 그러자 이 영수증이 금화와 은화 부족에 시달리던 당시 유럽에 새로운 활기를 불러일으켰다. 거래 영수증이 금속 화폐가 지닌 불편함을 해결하면서 상업 활동에 긍정적인 효과를 가져왔기 때문이다. 동전은 무거워 운반하기 힘들고, 도둑맞기도 쉬

---

42) 과거 알프스산맥을 넘기 전 나폴레옹은 "제군들은 먹을 빵도, 입을 옷도 없이 조국을 위해 싸워왔다. 그동안 국가는 그런 노고에 보상이 없었지만, 나는 제군들과 함께 세상에서 가장 부유한 롬바르디아 평원으로 진격해 그곳의 광대한 부와 아무리 먹어도 남아도는 음식들을 제군들의 것으로 만들겠다"고 외치며 롬바르디아의 부유함을 프랑스 군대의 사기 진작에 활용하기도 했다.

우며, 자주 위조되는 등 많은 문제점을 가지고 있었으나 영수증은 이러한 문제로부터 비교적 자유로웠다. 또한 환어음의 원래 소유자가 배서를 통해 다른 사람에게 넘기는 방식으로 사람들의 손에서 손으로 거래되다 보니 자연스럽게 지폐 역할을 하게 되었다.

그리고 롬바르드 중에는 물건을 담보로 돈을 빌려주는 전당포 업자도 있었고, 돈과 돈을 바꿔주는 일을 전문으로 하는 환전상도 있었다. 이들 환전상들은 길가의 긴 의자나 탁자에서 거래를 했다. 피렌체에서는 직물 시장 근처에, 베네치아에서는 구 시장과 신 시장에, 제노바에서는 다리 위와 같이 사람들이 몰리는 장소에 탁자를 두었다. 이탈리아어로 탁자를 '방코banco' 또는 '방카banca'라고 부르는데[43], 여기서 나온 말이 Bank, 즉 은행이다. '파산bankruptcy'이라는 단어도 '부서진 탁자banca rotto'란 말에서 유래했는데, 이는 돈을 맡긴 예금주들이 돈을 돌려받지 못할 때 홧김에 탁자를 부숴버렸기 때문이다.

한편 뱅크를 우리말 '은행'으로 번역한 것은 중국이었다. 중국은 16세기 후반 모든 세금을 '은'으로 받는 '일조편법一條鞭法'을 시행하였다. 하지만 은으로 세금을 납부하기 위해서는 충분한 양의 은이 있어야만 했다. 그러나 이 문제는 유럽과 중국에서 서로 달랐던 금과 은의 교환 비율 때문에 자연스럽게 해결되었다. 당시 유럽에서의 금과 은의 교환 비율이 약 1대 12였던 반면, 중국에서의 교환 비율은 1대 6에 지나지 않았다. 이러한 금과 은의 교환 비율 차이 때문에 유럽인들은 중국과의 교역에서 막대한 재정차익을 누릴 수 있었다. 즉, 유럽

---

43) banco는 남성명사이고, banca는 여성명사다.

돈이란 무엇인가

인들은 상대적으로 값이 싼 은을 중국으로 가져갈 경우 약 2배가량의 차익을 얻을 수 있었기 때문에 막대한 양의 은이 중국으로 유입되었던 것이다.

이로 인해 중국에는 은을 중심으로 한 유통체계가 형성되었는데, 이때 활동했던 상인 동업자조합을 '은항銀行'이라 불렀다. 참고로 한자어 '行'은 '다닌다'는 의미를 지닐 때는 '행'이라 읽지만, '가게'를 의미할 때는 '항'이라 읽는다. 이것이 구한말 일본 제일은행 부산지점이 우리나라에 들어올 때 '은행'이라 읽히면서 지금까지 이어지고 있는 것이다. 그러나 '은항'을 '은행'이라 읽는다고 해도 '행行'은 오고 가는 것, 즉 들어가고 나가는 일진일퇴를 의미하기에 돈이 들어가고 나가는 곳으로서의 은행을 잘 표현해준다고 볼 수 있다. 비슷한 의미로 주로 외국과의 무역을 전문으로 하는 상점을 뜻하는 '양행洋行'은 물건이나 화물이 들어갔다 나가는 곳을 말한다.

한편 17세기에는 영국의 금세공업자로부터 또 다른 형태의 은행업이 태동하였다. 당시 영국은 덴마크와의 30년 전쟁과 국고 탕진 등으로 찰스 1세에 대한 평판이 좋지 않았다. 그런데도 찰스 1세가 종교문제로 스코틀랜드와 전쟁을 하려 하자 의회가 반발하였고, 이에 찰스 1세는 1640년 기습적으로 의회를 해산해 버렸다. 그러자 의회의 승인 없이는 왕실 은행이 경비지출을 집행하지 못하기 때문에 찰스 1세는 조폐국에 보관되어 있던 상인들의 금괴와 주화를 임의로 몰수해 버렸다. 당시 영국의 상인들은 금괴와 주화를 영국에서 가장 안전한 런던 탑에 위치한 조폐국에 보관하고 있었다.

비록 상인들의 재산은 나중에 환원되었지만, 당시 찰스 1세의 조치로 상인들은 더 이상 정부를 신뢰하지 않게 되었다. 대신 안전한 금고를 가지고 있는 금세공업자에게 귀중품을 맡기게 되었다. 이에 금세공업자들은 상인들의 예금을 바탕으로 예금증서를 발행하는가 하면, 상인들에게 대출해주면서 주화 대신 약속어음을 발행하였다. 예금증서는 예금자에게, 약속어음은 차입자에게 각각 발행된 것이었지만, 이러한 예금증서와 약속어음은 상인들 간 지급수단으로 사용되면서 훗날 은행권으로 발전하게 된다.

•• 경제의 심장, 중앙은행의 탄생 ••

마술사 보모가 개구쟁이 아이들을 돌보면서 벌어지는 사건을 그린 뮤지컬 〈메리 포핀스〉에는 다음과 같은 장면이 나온다. 메리 포핀스를 유모로 고용한 뱅크스는 그 이름에 걸맞게 은행에서 근무하고 있다. 하루는 자신의 아이들을 본인이 근무하는 은행에 데려갔는데, 은행장 도스가 뱅크스의 아들 마이클에게 용돈 2펜스를 예금하라고 강요한다. 하지만 은행으로 오는 도중 거리에서 본 비둘기에게 줄 모이를 사고 싶었던 어린 마이클은 은행장에게 "돌려주세요. 내 돈 돌려주세요"라고 외친다. 그러자 마이클의 외침을 들은 일부 고객들이 무슨 큰일이 난 줄 알고 예금을 앞다투어 인출하기 시작한다. 그리고 이어 더 많은 예금자들이 예금을 인출하려고 몰려든다. 이에 은행은 예금 지불업무를 급히 중단한다. 이후 뱅크스는 해고되었고 "인생의 전성기에 터무니없는 일이 터졌다"고 한탄한다.

돈이란 무엇인가

이 사례에서 보는 것처럼 사람들은 은행에 대한 신뢰가 떨어질 때 자신의 돈을 제때 찾지 못할 수도 있다는 불안감에 휘말리게 된다. 더구나 예금보험제도와 같은 안전장치라도 없으면 사람들의 공포심은 더욱 커지고, 이에 예금을 찾고자 일시에 몰려들면서 은행은 지급불능 상태에 빠질 수 있다. 이를 '뱅크런bank run'이라 부른다.

뱅크런이 발생하면 금융기관들은 다른 금융기관들로부터 돈을 빌려 해결해야만 한다. 하지만 위험에 빠진 은행에 돈을 빌려주었다가 돌려받지 못할 수도 있기에 대부분의 금융기관들은 대출을 꺼리게 된다. 게다가 한 은행에서 뱅크런이 발생하면 다른 은행의 예금자들은 자신들의 거래 은행도 파산할지 모른다는 불안감에 휩싸이게 되고, 이에 따라 뱅크런은 마치 도미노와 같이 다른 은행으로 확산된다. 결국 뱅크런에 직면한 은행은 최종적으로는 중앙은행에 손을 내밀 수밖에 없다. 중앙은행을 '최종 대부자lender of last resort'라 부르는 것도 이 때문이다. 이에 미국의 연방준비제도, 영국의 영란은행, 일본은행, 한국은행 등 세계 모든 국가들은 중앙은행 제도를 두고 있다.

그렇다면 중앙은행 제도는 어떻게 시작되었을까? 세계 최초의 중앙은행은 1668년 스웨덴에 설립된 '스웨덴 왕립 재정은행Riksens Ständers'이다. 이 은행의 전신은 1656년 설립된 스톡홀름 은행으로, 스톡홀름 은행은 앞에서 살펴본 것처럼 구리 돈의 불편을 해소하고자 1661년 유럽에서 처음으로 지폐를 발행하였다. 이후 스톡홀름 은행의 업무는 1668년 스웨덴 왕립 재정은행으로 이관되었다. 그로부터 약 200년 후인 1866년에 스웨덴 왕립 재정은행은 '스웨덴 국립은행Sveriges Riksbank'으로 명칭을 변경하였고, 1897년 스웨덴 국립은행법이 제정되면서 중앙은행으로서의 역할을 맡게 되었다. 참고로 노벨 경제학상은 1968년 스웨덴 국립은행 창립 300주년을 기념하여 만들어진 상이다.

이후 영국에서도 중앙은행인 '영란은행'이 설립되는데, 영란은행은 사실상 전쟁에 필요한 자금을 마련하기 위해 설립되었다. 1688년 영국과 프랑스가 식민지 쟁탈 전쟁을 벌이면서 영국의 재정 상황이 최악으로 치닫자, 명예혁명으로 국왕 자리에 오른 윌리엄 3세가 전쟁 경비를 융자받기 위해 1694년 영란은행 설립을 승인한 것이다. 때문에 당시 영란은행법 전문에는 "프랑스와의 전쟁 수행에 필요한 150만 파운드의 전비를 자발적으로 출자한 자들에게 보상해주기 위해 선박과 맥주, 기타 주류에 적용할 세금을 부과하는 법[44]"이라고 서술되어 있었다. '전쟁은 만물의 아버지'라고 한 그리스의 철학자 헤라클레이토스Heraclitus의 말처럼 전쟁이 영란은행의 아버지가 된 셈이다.

구체적으로 영란은행은 정부가 발행한 국채를 인수하는 대신 통화 발행권을 얻어냈다. 정부는 연이율 8퍼센트에 매년 관리비 4,000파운드를 영란은행에게 지불하면, 정부는 1년에 10만 파운드로 120만 파운드의 현금을 즉각 조달할 수 있었고 원금은 영원히 갚지 않아도 됐다. 이로써 국왕은 전쟁을 수행할 수 있는 돈이 생겼다. 영란은행 입장에서도 상당한 이자 소득과 함께 화폐 발행을 통해 막대한 주조차

---

44) An Act for granting to Their Majesties several rates and duties upon tunnage of ships and vessels, and upon beer, ale and other liquors, for securing certain recompences and advantages in the said Act mentioned, to such persons as shall voluntarily advance the sum of fifteen hundred thousand pounds towards carrying on the war against France.

돈이란 무엇인가

익을 얻을 수 있었다. 그리고 영란은행은 설립 이듬해부터 정부 대출에서 발생한 이자를 바탕으로 일반인에 대한 대출 업무를 시작했다. 시간이 지나면서 영란은행의 권한은 더욱 커졌고, 1844년에는 '필 조례Peel's Bank Act'라 불리는 은행법에 의해 은행권 발행을 독점하면서 명실상부한 중앙은행이 되었다.

이후 다른 나라들도 영국을 따라 독립적인 중앙은행을 설립하기 시작했다. 프랑스 중앙은행이 1800년에 세워졌고, 독일의 라이히스방크가 1875년에, 일본은행과 스위스 중앙은행이 각각 1882년과 1907년에 설립되었다.

그런데 오늘날 전 세계에서 가장 큰 영향력을 행사하고 있는 미국의 경우에는 중앙은행의 역사가 조금 복잡하다.

미국에서는 중앙은행 역할을 한 첫 번째 공공은행인 '제1미국은행First Bank of the United States'이 1791년에 설립되어 1811년까지 20년 동안 운영되었다. 이를 주도한 인물은 초대 재무장관이었던 알렉산더 해밀턴Alexander Hamilton이었다. 그는 상공업 활동이 왕성한 뉴욕주를 대변하는 인물이었고, 국가 번영을 위해서는 통화를 창출하여 신용을 공급하는 공공은행이 필요하다고 보았다.

하지만 초대 국무장관이었던 토머스 제퍼슨을 중심으로 한 반연방주의자들이 그의 생각에 반대하였다. 그들은 정부지폐의 남발이 인플레이션을 가져온다는 생각에 금과 은만을 유일한 자산으로 보았다. 특히 제퍼슨은 초대 프랑스 대사를 역임했었기 때문에 미시시피 버블을 초래한 종이화폐의 폐해를 잘 알고 있었다. 그래서 제퍼슨은 은행이 군대보다 더 위험한 존재라고 생각했다. 이에 제퍼슨은 은행 설립이 헌법에 명시되어 있지 않다고 주장하며 공공은행 설립에 반대했다. 하지만 해밀턴은 '국민들이 필요로 하는 것은 연방정부가 행사할 수 있다'라는 헌법 조항을 거론하며 이에 맞섰다.

결국 이러한 갈등을 거쳐 미국 정부는 제1미국은행의 주식을 20퍼센트만 보유하고 나머지는 민간이 소유하도록 하는 방안으로 설립되었다. 또한 정부채의 매입을 금지하고 자본금을 초과하는 은행권 발행이나 채무 인수를 금지시켰다. 그런 조건으로 1791년 설립된 제1미국은행은 당시 수도였던 필라델피아에서 워싱턴 대통령 집무실 바로 뒤에 세워졌다.

그러나 1801년 은행에 대해 부정적인 견해를 갖고 있던 토머스 제퍼슨이 미국의 3대 대통령으로 취임한 데다 1804년 권총 대결 끝에 해밀턴이 허무하게 세상을 떠나 버리자[45] 제퍼슨 대통령은 제1미국은행을 폐지하기 위해 백방으로 애를 썼다. 그리고 1808년 제퍼슨의 정치적 후계자인 제임스 매디슨James Madison이 제4대 대통령으로 선

---

45) 1800년 대통령 선거에서 공교롭게도 같은 당의 토머스 제퍼슨과 애런 버Aaron Burr가 똑같은 표를 얻었다. 이에 당시 헌법에 따라 의회에서 표결로 대통령을 정해야 했다. 이때 다수당의 지도자였던 해밀턴은 제퍼슨을 대통령으로, 버를 부통령으로 결정했다. 이 일을 계기로 헌법이 개정되어 오늘날과 같은 러닝메이트running mate 제도로 바뀌었다. 한편 버는 자신을 대통령으로 밀지 않은 해밀턴에게 앙심을 품고 권총 대결을 요구했다. 권총 대결에서 해밀턴이 사망하고, 그를 죽인 버는 평생 도망자가 되었다. 해밀턴과 버가 결투를 벌인 허드슨 강변은 공교롭게도 3년 전 해밀턴의 장남이 결투를 벌여 목숨을 잃은 장소이기도 했다.

돈이란 무엇인가

출되면서 제1미국은행은 1811년 문을 닫고 만다.

하지만 1812년부터 1814년까지 3년간 진행된 영국과의 전쟁을 겪으면서 미국 정부의 채무는 전쟁 자금 조달로 인해 4,500만 달러에서 1억 2,700만 달러로 증가해 버렸다. 또한 2백여 개가 넘는 주법 은행들이 화폐를 발행하는 바람에 인플레이션이 심해지면서 경기불황이 시작되었다. 그러자 정치적 분위기는 다시 중앙은행을 만들자는 쪽으로 기울기 시작했다. 결국 전쟁 기간 중 불타버렸던 백악관 복원[46]과 함께 미국은행의 복원작업도 추진하였다. 그 결과 20년만 영업하는 방향으로 1816년 '제2미국은행Second Bank of the United States'이 출범하게 된다.

그러나 1828년 대통령 선거에서 부자와 은행을 대중의 적으로 생각하는 앤드루 잭슨Andrew Jackson이 제7대 대통령에 당선되면서 제2미국은행도 위기를 맞게 되었다. 대통령 당선 이듬해인 1829년 제2미국은행장인 니콜라스 비들Nicholas Biddle이 백악관을 예방했을 때 "나는 은행 중에서 당신의 은행이 제일 싫소"라고 말할 정도로 잭슨 대통령은 은행을 싫어했다. 그는 1831년 서부에서 시작된 경기불황을 구실삼아 은행을 공개적으로 비난하기 시작했고, 1832년 재선에 성공한 후에는 미국은행에서 국고금을 모두 인출해 다른 은행으로 옮겨버리기까지 했다. 결국 1836년 20년간의 영업기한이 만료된 후 제2미국은행은 필라델피아 시의 단일 점포 은행으로 전락하고 말았다. 이를 기념하고자 하였는지 1845년 잭슨 대통령이 별세했을 때 그

---

46) 당시 불에 탄 백악관 외벽을 제4대 제임스 메디슨 대통령이 하얗게 칠했다. '백악관White House'이라는 이름은 건물 외벽이 하얀 데서 유래하였다.

의 묘비에는 'I killed the bank', 즉 '나는 은행을 죽였다'라는 문구가 새겨졌다. 그러나 역설적이게도 그토록 은행을 미워했던 앤드루 잭슨 대통령과 제퍼슨 대통령의 초상은 오늘날 2달러와 20달러 지폐에 각각 그려져 있다.

제2미국은행이 문을 닫은 후 연방정부의 규제를 받는 은행은 사라지고 개별 주 정부의 인가를 받는 주법은행들만이 존재하게 되었다. 1836년부터 국법은행법이 제정된 1863년까지 주 정부의 인가만으로 은행 설립이 가능했던 시기를 '자유은행시대'라 부른다. 이 시기의 은행들은 각기 다른 은행권을 발행하였고, 이로 인해 한때 「시카고 트리뷴」은 미국에 8,370개의 지폐가 유통되고 있다고 보도하기도 했다. 이처럼 다양한 화폐가 사용되다 보니 화폐 사용이 불편했을 뿐만 아니라 은행권마다 그 가치가 다를 수밖에 없었다. 이에 이용자들은 화폐를 신뢰하지 못했고, 결국 이는 금융안정을 해치는 결과로 이어졌다.

이후 1863년 '국법은행법'이 제정되면서 연방정부는 금이나 은으로 태환이 되지 않는 '그린백greenback'이라는 지폐를 발행하였다. 당시 주법은행이 발행한 은행권은 뒷면이 검정색이었던 반면, 링컨 대통령의 초상이 인쇄된 이 지폐는 녹색이었기 때문에 이러한 명칭이 붙었다. 물론 이때도 주법은행들은 은행권을 발행할 수 있었지만, 국법은행법은 주법은행들이 은행권을 발행할 때 높은 소비세율을 부과함으로써 주법은행들을 국법은행으로 전환시키고자 하였다.

그러나 이러한 노력에도 불구하고 국법은행의 경우 화폐 발행 총량이 연방정부의 채권량에 의해 제약을 받았기 때문에 경기 변동에 적극적으로 대응할 수 없었고, 그로 인해 금융위기는 계속 반복되었다. 결국 미국은 은행별로 은행권을 발행하는 대신 중앙은행을 설립하여 은행권을 집중 발행하고 관리하도록 하는 법안을 제시하였고, 그 결과 1913년 '연방준비법Federal Reserve Act'이 제정되면서 현재 미국의 중앙은행 제도가 시작되었다.

그리고 중앙은행은 한국에도 있다. 비록 스웨덴, 영국, 미국과 같이 오랜 역사를 지닌 것은 아니지만 '한국은행'은 우리나라의 중앙은행으로서 그 본분과 역할을 다하고 있다. 다만 한국은행은 유럽과 미국처럼 시장의 필요에 의해 자연스럽게 생겨난 것이 아니라 1950년 한국은행법이 제정되면서 탄생하였다.

그러나 알고 보면 이 법도 우리나라 최초의 중앙은행법은 아니었다. 그보다 훨씬 전인 1903년에 대한제국은 '중앙은행조례(대한제국 칙령 제8호)'를 제정하여 중앙은행 제도를 마련하고자 하였다. 그러나 중앙은행조례에 따라 부총재로 임명되었던 이용익이 한일의정서(1904년)에 반대하다 일본으로 납치되면서 중앙은행 설립 계획은 물거품이 되고 말았다. 이후 일본은 1909년에 일본의 제일은행에게 중앙은행의 지위를 부여하며 '(구)한국은행'을 설립하였고, 1911년에는 이를 '조선은행'으로 개명한 후 조선은행법을 제정하였다. 그렇게 일제 치하에서 조선은행이 중앙은행 역할을 하다 해방 이후 1949년부터 한국은행법 제정이 추진되었고, 1950년 마침내 그 결실을 맺어 태어난 것이 현재의 한국은행이다.

그래서 한국은행이 어떤 일을 하는지를 알려면 '한국은행법'을 살펴보면 된다. 1950년 이후 지금까지 한국은행법은 여러 차례 개정되었지만, 현 한국은행법에서는 한국은행의 목적을 크게 '물가안정'과 '금융안정'으로 규정하고 있다. 이를 위해 한국은행은 통화신용정책 수립과 집행, 화폐의 발행과 유통, 금융시스템 안정을 위한 업무, 지급결제제도 운영과 관리, 금융기관 여수신, 국고금 관리, 외국환 업무, 외화자산 운영, 조사연구 및 통계, 국제협력 업무 등 다양한 업무를 수행하고 있다. 한 마디로 경제의 심장 역할을 하고 있는 것이다.

| 세 번째 질문 |

돈은 삶에 어떻게 스며들어 있는가?

돈의, 돈에 의한,
돈을 위한 삶

  빈손으로 왔다 빈손으로 가는 '공수래공수거空手來空手去'가 인생
이라지만, 삶을 살아가는 동안 없어서는 안 될 요소 중 하나가 바로
'돈'이다. 로빈슨 크루소와 같이 외딴 무인도에서 살지 않는 한, 돈은
현대 자본주의 사회에서 필수재에 가깝다. 공수래와 공수거 사이에
돈이 끼어들어 언제나 삶과 동행하는 구조다. 그래서 우리는 삶을 살
아내기 위해 돈이 수반되는 경제활동을 한다. 그러나 삶에 필요한 돈
의 규모는 자신을 둘러싼 사회적, 경제적 여건에 따라 달라질 수 있
다. 그렇다면 한국 사회에서 살아가려면 도대체 얼마만큼의 돈이 필
요할까?

•• 평생 필요한 돈의 규모는 어느 정도일까 ••

사람마다 평생 필요한 돈의 규모는 다르겠지만, 그 금액을 어느 정도 추정해볼 수는 있다. 추정을 단순화하기 위해 결혼을 하고 자녀를 낳아 키우면서 서울 아파트에 거주하는 시민을 가정한 후, 일반적으로 목돈이 가장 많이 들어가는 시기인 자녀 양육, 결혼, 주택 구입, 노후만 살펴보도록 하자.

우선 자녀 1명을 대학까지 교육시키기 위해서는 약 4억 원 정도가 필요하다. 2017년 한국보건사회연구소는 교육비를 포함한 총 양육비를 3억 9,700만 원으로 추정했고, 같은 해 NH투자증권의 100세시대 연구소도 3억 9,670만 원으로 추정했다. 이 중 등록금, 교재비, 생활비 등을 더한 대학 교육비가 약 8천만 원 가까이 된다. '우골탑牛骨塔'이라는 말에서 알 수 있듯이 과거에는 소 한 마리만 팔아도 4년제 대학을 마치는 데 큰 무리가 없었지만, 지금은 소 한 마리로는 어림도 없다.

그리고 결혼정보회사 듀오의 2021년 결혼 비용 보고서는 신혼 주택자금으로 1억 9,271만 원이 소요되고, 결혼 비용으로 평균 4,347만 원이 든다고 밝히고 있다. 결혼에 약 2억 4천만 원이 필요한 셈이다.

또한 결혼 후 적당한 시기에 주택을 구입해야 하는데, 이것이 만만치 않다. 서울 아파트의 평균 매매가격이 12억 원에 달하기 때문이다. 이는 일반적인 직장인들이 월급을 저축하는 것만으로는 마련하기 버거운 금액이다. 서울의 '소득 대비 주택가격 비율PIR, Price to Income Ratio'만 보더라도 2021년 말 수치가 20.1(중위 소득 가구 기준)에 달한다. 이는 약 20년 동안 수입을 한 푼도 쓰지 않고 모두 모아야 집을 살 수 있다는 뜻이다. 참고로 유엔이 권장하는 적정 PIR은 3~5 정도다.

게다가 집값 상승이 워낙 가파르다 보니 우리가 살고 있는 현실이 『거울 나라의 앨리스』에 등장하는 붉은 여왕이 사는 나라처럼 느껴지기도 한다. 그 나라에서는 주변이 계속하여 앞으로 움직이기 때문에 움직이지 않고 가만히 있으면 저절로 뒤처지게 된다. 마찬가지로 현실에서도 집값은 계속 위로 치솟는데 소득이 그 속도를 따라가지 못하니 자꾸만 뒤처지는 것처럼 느껴지는 것이다. '벼락 거지'라는 말은 이러한 상황을 냉소적으로 표현한 말이다. 그러니 그 불안감에 영혼까지 끌어모아 대출을 받는 것이 아니겠는가. 우리나라의 '주택구입부담지수'만 보더라도 주택 구입을 위해 얼마나 많은 대출이 이루어졌는지 잘 알 수 있다. 주택구입부담지수란 중간소득 가구를 기준으로 주택담보대출의 원리금 부담을 수치화한 지표로, 소득의 25퍼센트를 부담할 때를 100으로 본다. 그런데 2021년 4분기 서울의 주택구입부담지수는 199.2로 역대 최고 수준이다. 이는 소득의 51.2퍼센트를 원리금 상환에 쓴다는 뜻이다. 즉, 100만 원을 벌면 그중 51만 2천 원이 빚을 갚는 데 쓰이는 것이다.

그리고 노후에도 상당히 많은 돈이 필요하다. 일반적으로 노후자금은 생계비, 의료비, 여행, 취미활동 비용 등을 들 수 있다. 우리나라 정부는 노후 최저생활비로 150만 원 정도를 책정하고 있는데, 이는 먹고 사는 데 필요한 기본적인 생존비일 뿐, 실제로는 중산층 기준으로 매월 270~320만 원 정도가 필요하다. 국민연금연구원은 2019년 기준 50대 이상 부부의 적정 노후 생활비를 월 268만 원 정도로 추정했다. 그러나 서울 거주자의 경우에는 319만 원에 달했다.

그렇다면 서울에 사는 부부가 60세에 은퇴해서 평균수명인 83.5세까지 생활한다고 가정할 경우 약 9억 원 정도의 돈이 있어야 한다. 평균수명이 늘어나는 점[47]을 감안해보면 현재 은퇴준비자들은 최소 10억 원 이상의 돈이 필요하다. 그러나 주택, 교육 등에 지출하면서 순수하게 노후자금으로만 10억 원이라는 자산을 축적하는 것이 생각처럼 쉽지는 않다.[48] 대개 생애 사이클에서 소득이 소비보다 많은 흑자 기간은 30년 정도에 불과하고, 나머지 50년 이상은 버는 돈보다 쓰는 돈이 더 많기 때문이다. 실제로 2021년 통계청 사회조사에서 노후를 준비하고 있다고 응답한 비율은 67.4퍼센트에 지나지 않았다. 게다가 우리나라의 노인 빈곤율은 38.9퍼센트(2020년 기준)로 OECD 국가 중 1위를 달리고 있다. 이러한 현실이다 보니 일부 경제적 어려움을 겪는 노인들은 자살[49]이라는 극단적인 선택을 하기도 한다. 보건복지부에 따르면 자살을 생각해본 적 있는 65세 이상 노인 가운데 27.7퍼센트는 생활비 때문이었다.

이상으로 자녀 1인당 양육비(4억 원), 결혼비용(2억 4천만 원), 주택 구입비용(12억 원), 노후자금(10억 원)을 합쳐보면 약 28억 4천만 원

---

47) 고려대학교 박유성 교수와 김성용 연구원이 2010년 의학 발달을 감안한 기대수명을 계산해본 결과, 통계청의 예측치보다 기대수명이 20년 정도 연장되는 것으로 나타났다.

48) 재무 관리사 윌리엄 벤젠William Bengen은 은퇴 시 자산을 기준으로 여생을 여유롭게 보낼 수 있는 금액을 계산하는 방법으로 '4퍼센트 룰'을 제시한 바 있다. 예를 들어, 은퇴 시 10억 원이 있다면 이 금액의 4퍼센트인 4,000만 원 정도를 연간 생활비로 쓸 수 있다. 이는 매월 330만 원 정도를 사용할 수 있는 금액이다.

49) 우리나라의 65세 이상 노인자살률(인구 10만 명당)은 2019년 기준 46.6명으로 OECD 회원국 평균치(17.2명)보다 훨씬 높고, 2위인 슬로베니아(36.9명)와도 큰 차이를 보이고 있다.

돈이란 무엇인가

정도가 산출된다.

그렇다면 과연 이 금액을 우리가 살아가면서 마련할 수 있을까? 2021년 기준 도시 근로자가구의 월평균 소득이 531만 원인 것을 감안해볼 때 28억 4천만 원은 약 44년 6개월 치의 소득에 해당한다. 군대를 다녀온 대한민국 남자가 대학 졸업 후 정년을 넘어 일하면서 한 푼도 사용하지 않고 저축해도 모자라는 금액이다. 바야흐로 '삶'이라 쓰고 '버티기'로 읽는 시대가 되고 말았다.

•• 인생은 돈의 함수 ••

이런 현실을 생각하다 보면 왜 사람들이 결혼을 미루거나 아이를 낳지 않으려는지 쉽게 이해할 수 있다. 실제 우리나라의 혼인 건수는 지속적인 감소 추세를 보이고 있다. 2021년 혼인 건수는 19만 2,509 건으로 1996년(43만 건)에 비해 절반 이상 줄어들었다. 그런데 그 이유가 다름 아닌 '돈'에 있다. 2021년 결혼정보회사 가연의 설문에서 미혼남녀들은 결혼하지 않는 이유로 '경제적 부담'을 두 번째로 꼽았다. 특히 남자의 경우에는 47.1퍼센트가 '경제적 부담'이 결혼하지 않는 가장 큰 이유라고 대답했다.

경제적 부담은 결혼 연령을 늦추는 요인으로도 작용하고 있다. 실제로 1990년 24.8세이던 여성의 평균 초혼 연령은 2021년 31.6세까지 높아졌다. 그러나 부모 입장에서는 자녀의 결혼이 늦어질수록 자녀가 집을 떠나지 않아 발생하는 자녀와의 갈등, 스트레스와 우울증이 커지기 마련이다. 이러한 '찬 둥지 증후군crowded nest syndrome'이 늘어나는 이유는 노후 대비도 어려운데 자녀까지 먹여 살려야 하는 상황이 걱정과 불안을 유발하기 때문이다.

출산도 마찬가지다. 2021년 유엔인구기금은 우리나라의 합계 출산율[50)]이 1.1명으로 세계 최하위라고 발표했다. 통계청의 공식 합계 출산율 통계도 0.81명(2021년 기준)으로 OECD 회원국 중에서 가장 낮다. OECD 평균은 1.61명(2019년 기준)이다. 인구 1,000명당 출생아 수를 뜻하는 조출생률도 5.1명(2021년 기준)으로, 통계를 처음 집계한 2000년(13.5명)에 비해 8.4명이나 줄었다. 이렇게 출산을 하지 않는 것 또한 '돈'이 주된 요인이다. 2020년 한국보건사회연구원의 정책 현안 보고서는 미혼의 44.7퍼센트, 기혼의 37.4퍼센트가 '경제적 불안정'을 출산하지 않는 주된 이유로 꼽았다.

그런데 더 심각한 문제는 결혼과 출산을 미루는 것을 넘어 연애와 결혼, 출산을 아예 포기한다는 점에 있다. 이른바 '3포 세대'가 되는 것이다. 실제로 통계청의 2020년 사회조사에서는 결혼을 해야 한다고 생각하는 비율이 51.2퍼센트에 불과했고, 2020년 한 시장조사업체의 설문에서는 미혼남녀의 54.5퍼센트가 '결혼을 해도 그만, 안 해도 그만'이라고 응답했다. 출산의 경우에도 결혼 후 자녀를 가져야 한다고 생각하는 사람은 68.0퍼센트(통계청 '2020년 사회조사 결과')에 지나지 않았다.

그리고 이제는 3포 세대를 넘어 내 집 마련과 취업까지 포기하는 5

---

50) 여성 1명이 가임기간(15~49세) 중 낳을 것으로 기대되는 평균 출생아 수를 말한다.

돈이란 무엇인가

포 세대, 인간관계와 꿈을 포기하는 7포 세대, 외모와 건강까지 포기하는 9포 세대로 확장되고 있다. 그렇게 점점 더 많은 것을 포기하게 되는 N포 세대가 늘어나는 것이 현실이다. 바다 건너 일본에서 삼포 세대와 비슷한 '사토리 세대'가 등장하고, 중국에서 '탕핑족躺平族'이 등장하는 것도 마찬가지다. 사토리 세대는 돈벌이, 출세를 포기하고 욕망을 억제하며 살아가는 일본의 젊은이들을 가리키며, 탕핑족은 치솟는 집값을 감당하기 힘들어 현실을 외면한 채 바닥에 드러누워 아무것도 하지 않는 중국의 젊은이들을 말한다.

이처럼 돈에 의해 삶의 많은 것들이 좌우되는 현실에서는 잘못하면 평생 돈만 벌다 죽을 수도 있겠다는 생각이 삶을 짓누르게 된다. 그래서 『나는 남자보다 적금통장이 좋다』[51]와 같은 재테크나 주식투자에 관한 책들의 인기가 높아지고, 한편으론 소위 '금수저'들을 부러운 눈으로 바라볼 수밖에 없게 되는 것이다. 실제로 2017년 광주과학기술원 김희상 교수에 따르면 "당신의 나라에서 청년이 성공하기 위해 가장 중요한 요소는 무엇인가?"라는 질문에 한국의 청년들은 압도적으로 '부모의 재력'을 꼽았다.[52] 이 대답에 혀를 차는 독자도 있을 수 있겠지만, 돈이 있어야만 생존할 수 있다는 청년들의 솔직한 대답으로 보는 것이 맞을 것이다. 그만큼 현실에서는 근면과 성실로 대성

---

51) 방송작가 강서재가 적금을 통해 1억 원이라는 돈을 치열하게 모으는 과정을 그린 에세이다. 그녀는 남자보다 적금이 좋은 이유를 '적금은 절대 배신하지 않기 때문'이라고 했다. 금리가 낮아도 적금은 절대 원금을 까먹지 않는다는 논리다.

52) 2016년 미국 피터슨 국제경제연구소가 전 세계 10억 달러 이상의 부자들을 조사한 결과, 중국은 2퍼센트, 일본은 18.5퍼센트, 미국은 28.9퍼센트가 상속 부자인 반면, 대한민국은 무려 74.1퍼센트가 상속 부자인 것으로 나타났다.

공을 이루는 허레이쇼 앨저 스토리[53]가 힘들어졌기 때문이다.

그러니 점점 더 물질과 부를 삶의 중심에 두는 것이 어쩌면 당연한 결과일지도 모른다. 심지어 돈을 벌 수 있다면 어떤 것도 감수할 수 있다는 태도까지 용인되고 있다. 실제로 우리나라 고등학생의 55퍼센트가 10억 원이 생긴다면 죄를 짓고 1년 정도 감옥에 가도 괜찮다고 응답한 조사 결과도 있다.

이를 보면 돈이 모든 것에 우선시되다 못해 삶 전체를 블랙홀처럼 끌어당기고 있는 것처럼 보인다. 어쩌면 유대인들의 격언처럼 점점 더 돈이 '주머니 속의 작은 종교'가 되어가고 있는 듯도 하다. 이는 유대인들이 2천 년 동안 이 나라 저 나라로 쫓겨 다니면서 돈이 있어야 생존할 수 있다는 깨달음을 얻은 후 나온 뼈저린 격언이다.

비록 유대인처럼 적에게 쫓기는 것은 아니지만, 우리나라의 젊은 이들도 점점 더 치열한 경쟁과 시간에 쫓기면서 돈을 향해 질주하는 머니러시money rush의 삶을 추구하고 있다. 돈이 필요하다는 인식을 넘어 돈 없이는 존재하기 힘든 삶이 되어 버렸기 때문이다. 그렇다면 '인생은 돈의 함수'라는 말을 사용해도 되지 않을까?

---

53) 19세기 미국의 아동 소설가 허레이쇼 앨저Horatio Alger는 밑바닥 인생부터 시작하여 성실함과 근면함으로 성공을 이룬 가난한 소년들의 이야기를 많이 썼다.

감정은 공짜지만
사랑에는 돈이 든다

　돈은 눈에 보이지만, 사랑은 눈에 보이지 않는다. 하지만 인생에서 돈만큼이나 중요한 것이 사랑이다. 그래서 사람들은 사랑을 지키기 위해 돈을 포기하기도 한다. 하지만 그 반대로 행동하는 사람들도 있다. 기본적으로 돈과 사랑을 모두 거머쥐면 좋으련만, 그보다 양자가 갈등 관계에 놓일 때가 더 많기 때문이다. 즉, 사랑과 돈 가운데 하나를 선택해야만 하는 상황에 처하는 것이다. 그래서 어떤 이들은 돈으로 사랑을 사려고도 한다. 그러나 그렇게 얻은 사랑을 과연 사랑이라 말할 수 있을까? 만일 이러한 상황에 처한다면 우리는 과연 어떤 선택을 하게 될까?

•• 사랑이냐 돈이냐, 그것이 문제로다 ••

아래 글은 영문학자 장영희 교수의 『살아온 기적, 살아갈 기적』이라는 책에 나오는 '돈이냐, 사랑이냐'라는 에세이다.

새 학기를 맞아 책상 정리를 하다가 책꽂이 뒤에 있는 작은 노트를 발견했다. 지난 학기 말에 그렇게 온 방을 다 뒤져도 찾지 못했던 수미의 일기장이었다. 영작 시간에 영어로 일기를 쓰게 했는데, 숙제를 걷어서 읽다가 수미 것을 잃어버려 결국은 돌려주지 못했다. 방 치우는 지루함을 달래기 위해 나는 잠깐 의자에 앉아 수미의 일기장을 다시 읽어 보았다.

'나에게는 남자 친구가 있다. 그리고 우리는 서로 사랑한다. 그러나 우리의 사랑에는 심각한 문제가 있는데, 둘 다 너무 가난하다는 것이다. 내 친구들은 자주 영화를 보러 가지만, 우리는 돈이 없어 못 갈 때가 많다. 남들이 롯데월드에 갈 때 우리는 노고산에 가고, 남들이 거구장(학교 옆의 큰 음식점)에 갈 때 우리는 분식집에 간다. 그의 집이 너무 가난하고 식구가 많아서 그가 아르바이트해서 버는 돈까지도 어머니께 갖다 드려야 한다. 어디선가 '가난이 앞문으로 들어오면 사랑은 옆문으로 빠진다'라는 말을 보았다. 가난이 싫어서 어떤 때는 그와 헤어질까 하는 생각까지 든다.'

그리고 마지막에 수미는 괄호 속에 "선생님, 어떻게 하면 좋을까요?"라는 질문을 하고 있었다.

돈이란 무엇인가

"중요한 것은 누구와 함께 있는가이지, 무엇을 먹고 어디를 가는가는 중요하지 않단다. 사랑하는 사람과 있으면 무엇을 하든, 어디를 가든 언제나 행복할 수 있을 거야. 오직 돈 때문에 지금 남자 친구와 헤어지면 먼 훗날 후회하게 될 거야. 돈이 사람을 행복하게 하는 것은 아니니까."

이것이 수미의 질문 밑에 써놓은 나의 답이었다. 마치 영원한 진리라는 듯 단어 하나하나가 굵고 힘 있는 필체로 쓰여 있었다. 돌이켜 보건대, 그것을 쓸 때만 해도 난 선생으로서 내가 해주는 충고가 수미의 삶에 큰 도움이 되리라는 데 추호의 의심도 없었다. 하지만 지금 다시 읽어 보니 왠지 마음이 편치 못했다. 그리고 내 안의 작은 목소리가 속삭였다.

'남의 인생이라고 함부로 말하고 있군. 어떻게 돈이 없어도 사랑만 있으면 행복하리라고 그렇게 단언하는가? 돈이 없는데 진정 행복할 수 있을까? 수미는 네게 모든 것을 정직하게 다 털어놓았는데, 너는 지금 수미를 정직하게 대하고 있는가?'

자신 있게 '그렇다'라고 답할 수 없었다. 그저 선생의 체면상 그렇게 말해야만 할 것 같아 교과서적인 답을 써놓았을 뿐, 수미의 딜레마에 대해 심각하게 고민하고 답했다고 말할 수 없었다.

자, 어떤 생각이 드는가? 사실 '사랑과 돈'은 인류 역사에서 끊임없이 제기되어 온 고전적인 이슈 가운데 하나다. 그만큼 사랑과 돈이 우리 삶에 아주 중요한 부분을 차지하고 있기 때문이다.

이 질문에 대한 일반적이고 표준적인 대답은 장영희 교수의 대답처럼 '돈보다 사랑이 중요하다'일 것이다. 그러나 제아무리 목숨을 건 사랑이라 해도 돈 앞에선 무용지물이 되는 경우가 많고, 돈이 사랑하는 관계를 원수로 만들기도 하는 것이 엄연한 현실이다. 그래서 어떤 이는 돈과 사랑이 절대 동행할 수 없다고 말하기도 한다. 심지어 부부로 연을 맺고 검은 머리가 파뿌리 될 때까지 잘 살아보자며 백년가약을 맺어 놓고서도, 자칫 서로 길을 잘못 들어설 때면 항상 돈을 둘러싼 소송으로 끝을 맺곤 한다. 사랑의 끝자락에 돈이 어른거리며 지금까지의 사랑을 망각하게 만드는 것이다.

이수일과 심순애의 이야기로 잘 알려진 『장한몽』에는 돈 앞에서 사랑이 사치가 되는 현실이 잘 묘사되어 있다. 몰락한 문벌가의 아들인 이수일을 사랑하는 심순애는 김중배의 다이아몬드에 이끌려 이수일을 배신한다. 김중배와 결혼한 심순애는 이수일을 잊지 못해 불행한 결혼 생활을 하다가 결국 이수일에게 되돌아간다. 과오를 뉘우치며 애원하는 심순애에게 외치는 그의 절규가 애처롭게 들린다.

"이 더러운 손을 놓아라. 무엇 때문에 허수아비 이수일 앞에 나타났느냐? 가난과 배고픔에 시달리는 버러지 같은 이수일을 비웃으러 왔느냐? 에잇, 이 더러운 년! 김중배의 다이아몬드가 그렇게도 탐이 났단 말이냐? 굳게 맺었던 우리들의 언약을 헌신짝처럼 내던지다니. 놓아라. 놓지 않으면 이 다 떨어진 구둣발로 네 가슴 짝을 차버리고 말겠다."

그런데 현실에서는 오히려 심순애의 입장을 이해한다는 사람이 많다. 비단 연애의 과정만 보더라도 서로 간의 사랑을 주고받는 중요한 언어 가운데 하나가 '소비'인 것이 현실이기 때문이다.

과거 미네소타대학의 한 연구진은 여성에 비해 남성이 많은 도시 일수록 남자들이 반지와 같은 선물을 사는 데 더 많은 돈을 쓴다는 것을 밝힌 적이 있다. 이는 짝짓기 경쟁이 심할수록 무리한 지출을 해서라도 이성을 유혹하겠다는 것을 보여주는 것으로, 그만큼 연애에 돈이 든다는 것을 말해주는 결과이기도 하다. 그러나 요즘은 과거처럼 남자가 일방적으로 데이트 비용을 부담하지는 않는다. '데이트 통장, 커플 통장'처럼 남녀가 공동으로 데이트 비용을 부담하는 사례가 점점 늘고 있는 추세다. 그래서인지 데이트 비용 문제로 연인과 헤어질 수도 있다고 응답한 비율이 70퍼센트에 달한다는 조사도 있다.

또한 우리나라의 듀오휴먼라이프연구소가 미혼남녀를 대상으로 실시한 설문조사를 보면 이성 및 가족과의 사랑보다 경제적 안정이 더 중요하다고 생각한 사람이 3배나 높았다. 해외도 마찬가지다. 런던 정경대학의 캐서린 하킴Catherine Hakim 교수의 설문에서는 자신보다 돈을 많이 버는 남편감을 찾겠다고 응답한 여성이 64퍼센트에 달했으며, 수입이 자신보다 적은 남자와 결혼하겠다고 응답한 여성은 단 한 사람도 없었다. 또한 심리학자 데이비드 버스David Buss는 37개 문화권의 사람들에게 배우자를 고를 때 중시하는 특성 18가지를 물어보았다. 그랬더니 37개 문화권의 여자들은 한결같이 남자의 지위와 경제력을 꼽았다. 국내외 가릴 것 없이 좋은 배우자의 기준은 '돈'이었던 것이다.

그러다 보니 돈이 많으면 미인을 얻을 수 있다는 생각이 당연시되기도 한다. 한 예로, 1980년대 말 미국의 경제전문지 「포춘」은 성공한 중장년 남성들이 초호화 주택에 살면서 몇 차례의 결혼과 이혼 끝에 젊고 아름다운 아내를 부상처럼 받는다며, 이를 트로피에 빗대어 '트로피 와이프trophy wife'라는 용어를 만들어냈다. 또한 심리학자 마릴린 시걸Marilyn Segal은 사람들이 '매력적인 여자-잘생긴 남자, 못생긴 여자-잘생긴 남자, 못생긴 여자-못생긴 남자' 커플 사진보다 '매력적인 여자-못생긴 남자' 커플 사진을 봤을 때 남자의 시회적 지위나 명성이 가장 높을 것으로 추측한다는 실험 결과를 제시하기도 했다.

그렇다면 왜 사람들은 사랑보다 돈을 선택하는 것일까? 아마도 가장 큰 이유는 현대 자본주의 사회에서의 돈은 생존과 관련된 요소이고, 사랑은 생존 이후의 문제라는 생각 때문일 것이다. 사랑이 화초라면 경제적 조건은 화분이라고나 할까. 즉, 사랑이라는 화초가 자라기 위해서는 화분에 화초를 심고 물을 줘야 하는데, 이러한 화분과 물에 해당하는 것이 바로 '돈'이라고 생각하는 것이다.

매슬로Maslow의 '욕구 5단계'라는 이론을 통해 보더라도 인간은 생명과 안전에 대한 욕구가 충족되지 않는 이상 사랑이란 감정에 이르기가 쉽지 않다. 총 5단계로 이루어진 인간의 욕구에는 순서가 있고, 전 단계의 욕구가 충족되어야 다음 단계의 욕구로 나아갈 수 있다는 것이 매슬로의 주장이다. 첫 번째 단계인 본능, 생존과 관련된 생리학적 욕구와 두 번째 단계인 위협과 불안을 회피하고자 하는 안전의 욕구가 충족되지 않으면, 세 번째 단계인 애정과 소속의 욕구는 일어나지 않는다. 비슷한 맥락으로 맹자도 '항산恒産(일정한 재산)이 있어야 항심恒心(평상심)이 있다'고 했고, 『논어』에도 선부후교先富後敎, 즉 '먼저 백성을 부유하게 한 후 그다음 가르치라'고 하지 않았는가. 그래서 사랑 없이 돈으로 꾸려가는 부부의 위악은 수긍할 수 있지만, 돈 없이 사랑으로 버티는 부부의 위선은 솔직히 불편하다고 말하는 이들도 있다.

그리고 사랑보다 돈을 선택하는 또 다른 이유는 원하는 만큼의 사랑이 충족되지 못할 때, 마치 '자연은 진공 상태를 싫어한다'는 속담과 같이 채워지지 않는 사랑의 빈 공간을 돈이 교묘하게 파고들기 때문이다. 플라톤Platon의 『향연』에는 사랑의 신 에로스가 풍요의 신 포로스와 가난의 신 페니아 사이에서 태어난 존재로 등장한다.[54] 그것도 포로스가 넥타에 취해 잠든 사이 페니아가 슬쩍 곁에 누웠기 때문이다. 그래서인지 에로스는 빈곤한 상태에서 풍요로운 상태로 나아가고자 하는 존재로 그려진다. 이러한 에로스의 모습은 곧 사랑의 속성이기도 하다. 그러니 빈곤한 사랑의 공간에 돈이라는 풍요가 쉽게 파고드는 것인지도 모른다.

하지만 문제는 이때의 돈이 철저하게 사랑을 물질화시키고 분명하지 않은 감정의 싹을 잘라버린다는 데 있다. 또한 돈으로 아무리 마음

---

54) 고대 그리스의 시인 헤시오도스Hesiodos의 『신들의 계보』에서 에로스는 카오스, 가이아, 타르타로스와 함께 태초부터 존재한 신으로 등장한다. 또한 에로스는 여신 아프로디테의 아들로 여겨지기도 하는데, 이는 아프로디테가 올림푸스 신들에게 갈 때 에로스가 함께 갔다는 구절 때문에 후대에 각색된 이야기다.

을 채운다한들 우리는 또다시 본능적으로 사랑의 공허감을 느낄 수밖에 없게 된다. 욕망이란 감정은 일종의 정신적 허기에 해당하기에 정신적 요소가 결여된 물질만으로는 결코 그 허기를 달랠 수가 없기 때문이다. 그래서 돈에 지나치게 집착하다가는 그리스 신화의 에리식톤Erysichthon처럼 먹고 또 먹어도 그 허기를 채울 수 없어 자신의 살마저 뜯어먹는 존재로 전락해버릴 수도 있다. 실제로 본인의 경제 수준에 상관없이 사랑보다 돈을 더 중요하게 생각할수록 행복도가 낮아진다는 연구 결과도 있다. 그러나 여전히 우리는 돈이 사랑의 허기를 달래줄 것이라는 착각에 빠진 채 살아가고 있다.

•• 결혼과 가족 관계에 영향을 미치는 돈 ••

사랑의 완성은 '결혼'이라고 말하는 사람들이 있다. 하지만 결혼은 또 다른 사랑의 시작이고, 그 사랑에는 돈이 더 깊이 개입한다. 문제는 돈으로 인해 사랑이 주가 되어야 할 결혼의 의미가 퇴색되는가 하면, 모든 생활과 가치관이 돈을 중심으로 흘러간다는 데 있다. 그래서 다음과 같은 유머도 자연스럽게 회자된다.

기발한 아이디어를 겨루는 한 박람회에서 한 결혼 정보업체가 돈을 넣고 자신이 원하는 이성을 고르면, 그 이성을 파트너로 삼을 수 있는 '배우자 자동판매기'를 출품하였다. 아이디어가 너무 기발하여 모두 이 자동판매기가 우승할 것으로 생각했지만, 준우승에 그치고 말았다. 그렇다면 우승을 차지한 것은 무엇이었을까? 그것은 바로 배우자를 넣으면 현금이 나오는 반납기였다.

사랑보다 돈을 중요시하는 현실을 풍자했다지만, 그냥 웃어넘기기에는 어쩐지 씁쓸함이 남는다. 하지만 현실에서는 돈이 결혼 생활의 중요한 요소인 것만은 틀림없어 보인다. 이를 상징적으로 보여주는 것이 '혼전계약서'다. 요즘은 연예인들뿐 아니라 일반인들도 결혼 생활 중 지켜야 할 가사 분담, 소득 관리 등의 규칙과 이혼할 경우의 재산분할, 위자료, 양육비 등의 조건을 미리 정해놓은 혼전계약서를 작성하는 일이 점점 흔해지고 있다. 2020년 결혼정보회사 듀오의 조사 결과, 우리나라 미혼남녀의 81.6퍼센트는 혼전계약이 필요하다고 생각하고 있었다. 특히 간통죄가 폐지된 이후 혼전계약서 작성은 더욱 늘어나는 추세다. 그런가 하면 '선택 결혼'으로 불리는 '동류혼homogamy'도 점차 증가하는 추세다. 즉, 소득이 높은 사람들끼리 결혼하는 일이 점차 일반화되는 것이다. 이는 결혼을 단지 애정의 결합이 아닌 경제적 동반자 관계로 보고 있음을 방증해준다.

그런데 과거에도 돈이 없이 없을 경우 결혼하기 힘들기는 매한가지였다. 결혼할 때 양가 사이에 오고 간 '지참금dowery'과 '신부대bride wealth'가 괜히 있었겠는가. 지참금은 한국의 혼수와 같이 신부가 가져가는 돈이며, 신부대는 신랑이 신부의 집에 치르는 것이다. 그런데 문제는 그 금액이 지나치게 과한 경우가 많다는 데 있다. 오늘날 인도에서는 신부가 부담하는 지참금이 일반 가정 연평균 소득의 5배 이상인 경우가 많아 신부가 스스로 목숨을 끊거나 여아를 낙태하는 경우도 있다. 반대로 베트남에서는 신랑이 신부에게 '납따이'라는 신부대를 줘야 하기에 '아들이 셋이면 부자가 될 수 없고 딸이 열이면 가난할 수 없다'라는 속담도 있다.

그런가 하면 15세기 이탈리아 피렌체에는 '몬테 델레 도티Monte delle doti'라는 신부 지참금 펀드까지 있었다. 당시 여성들의 지참금 액수가 크다 보니 많은 여성들이 결혼을 하지 못하고 수녀가 되는 경우가 많았다. 이에 결혼을 앞둔 딸과 아버지는 지참금 마련에 대한 걱정이 컸고, 남자 입장에서는 점점 커지는 지참금 규모로 인해 신부 집안으로부터 큰 금액의 지참금을 받아내는 일을 염려하게 되었다. 그러나 신부 지참금 펀드는 이러한 불안을 일거에 해소시켜 주었다.[55]

한편 중세에는 '결혼세'라는 것도 있었다. 결혼세는 다른 영주의 지배를 받는 농노와 결혼할 때 현재 자신이 속해 있는 영주에게 바치던 일종의 세금으로, 농노가 장원을 이탈함으로 인해 발생하는 노동력 상실을 보전해주기 위한 것이었다. 이와 관련하여 자주 거론되는 것이 영주가 결혼한 농노 신부의 첫날밤을 소유할 권리인 '초야권'이다. 초야권은 영화 〈브레이브 하트〉나 오페라 〈피가로의 결혼〉과 같은 작품을 통해 널리 알려졌다. 하지만 역사학자들은 초야권에 대한 정확한 증거를 찾을 수 없으며, 근대 이후의 권력자들이 중세 시대의 악습을 몰아냈다는 의미를 부여하고자 만들어낸 담론이라는 주장을

---

55) 지참금 펀드는 배우자를 고를 때 조건이 비슷한 사람을 찾는 동류혼을 촉진시키며 엘리트 가문의 전략적 동맹을 강화시키는 결과로 이어지기도 했다.

돈이란 무엇인가

퍼기도 한다.

그리고 이제는 연애와 결혼을 넘어 '가족' 또한 돈으로 엮인다. 그 중 안타까운 것 중 하나가 돈이 자식의 효심을 이끈다는 사실이다. 그 러나 이것도 어느 특정한 국가, 특정한 시기에 국한된 문제는 아니다. 과거 셰익스피어는 "아비가 누더기를 걸치면 자식은 모르는 척하지 만, 아비가 돈주머니를 차고 있으면 모두가 효자"라고 말했고, 이탈리 아의 마키아벨리Machiavelli는 『군주론』에서 '인간이란 아버지의 죽음 은 쉽게 잊어도 아버지로부터 물려받을 유산을 빼앗기는 일은 좀처럼 잊지 못하는 존재'라고 기록하기도 했다. 이를 입증하기라도 하듯 우 리나라에서는 부모의 소득이 1퍼센트 높아질 때 부모와 자녀가 일주 일에 한 번 이상 직접 만날 가능성이 2배 이상 커진다는 연구 결과도 있다.

부모와 자식 간의 관계뿐 아니라 부부 사이에서도 돈이 개입하기 는 매한가지다. 일례로, 한 설문에서 결혼 10년차 남편들은 아내가 재 테크를 잘했을 때가 가장 사랑스럽다고 응답하기도 했다. 이를 보면 경제적 동반자 관계로 만나 맺어진 부부의 연이 화폐 공동체로 변화 하고 있는 것처럼 보인다. 다시 말해, 인연의 줄, 피붙이 사이의 핏줄 이 모두 돈줄에 엮여 있는 것이다.

이상의 사실에 비춰볼 때 돈이 가장 순수한 가치인 사랑과 결코 분 리할 수 없는 존재인 것만은 틀림없어 보인다. 연애를 하는 미혼남녀 의 사랑이든, 결혼을 한 부부 또는 가족 간의 사랑이든, 돈이 그 사랑 의 언저리를 맴도는 것이다. 그 관계가 마치 두 나무의 가지가 서로 이어져 자라는 '연리지連理枝'와도 비슷해 보인다. 그래서 현대인들은 돈과 사랑이 동가식서가숙東家食西家宿[56])처럼 양립할 수 있을 것이라 말하기도 한다. 하지만 사랑과 애정이 점점 돈에 의해 좌우되는 현실을 바라보다 보면 '사랑과 돈이 정말로 양립할 수 있을까'하는 의문이 들기도 한다.

사실 두 나무의 몸이나 가지가 서로 맞닿아 연리지로 성장하는 과정은 매우 고통스러운 과정이다. 서로 맞닿은 부분이 압박을 견디다 못해 껍질이 벗겨지면서 생살이 부딪히기 때문이다. 그렇게 쓰리고 아픈 시간을 견뎌내야만 비로소 하나가 되는 것이 연리지다. 마찬가지로 우리의 삶도 돈과 사랑이 얽힐 경우 그만큼 쓰리고 아픈 시간을 보내야 하는 경우가 많다. 특히 사랑과 돈 가운데 하나를 선택해야 하는 경우라면 더욱 그렇다. 그래서 사랑과 돈의 관계를 생각하다 보면 장영희 교수와 똑같은 고민을 하게 된다.

---

56) 동가식서가숙은 중국 제 나라의 한 처녀가 동쪽 마을에 사는 못생긴 부잣집 총각과 서쪽 마을에 사는 가난한 미남 총각으로부터 동시에 청혼을 받고 싶어 양자택일의 고민 끝에 한 말이다. 경제 문제는 부잣집 총각에게 시집가서 해결하고 사랑은 잘생긴 총각과 나누고 싶어 하는, 즉 돈과 사랑을 모두 갖고 싶은 처녀의 심정을 표현한 말이다. 오늘날 이 말은 '아무 데서나 먹고 자며 떠돌아다니는 사람'을 일컫는 말로 그 뜻이 바뀌었다.

돈이란 무엇인가

돈이 만드는 이미지 사회

사람은 첫인상이 매우 중요하다. 하지만 첫인상이 형성되는 데 소요되는 시간은 불과 4초 정도에 불과하다. 그런데 그 짧은 시간에 첫인상을 결정하는 요소는 용모, 복장, 표정, 말투 등 극히 제한된 정보에 불과하다. 이 중 시각이 특히 중요한데, 한 사람이 상대방으로부터 받는 이미지는 시각이 55퍼센트, 청각이 38퍼센트, 언어가 7퍼센트라는 '메라비언의 법칙law of Mehrabian'이란 것도 있다. 그만큼 시각적 요소는 말하지 않아도 무언의 메시지를 보내는 역할을 톡톡히 한다. 일례로, 군 내무반에서 주름 하나 없이 각을 잡아 옷을 정리하는 것도 '기강 확립'이라는 메시지를 시각적 효과를 통해 보여주는 것이다. 그런데 사회에서는 '돈'이야말로 이러한 시각적 이미지 형성의 가장 큰 토대로 작용한다. 문제는 사람들이 새 돈이든 헌 돈이든 그 효용을 동일하게 여기지만, 사람의 경우에는 보이는 용모나 스펙, 직업, 재산에 따라 다르게 대접한다는 데 있다. 때론 돈을 갖지 못한 사람이 사람 취급을 받지 못할 때도 있다.

•• 돈으로 평가받는 삶 ••

"요즘 어떻게 지내냐는 친구의 말에 그랜저로 대답했습니다.
당신의 오늘을 말해줍니다. 그랜저 뉴 럭셔리."

예전에 방영되었던 한 TV 광고의 멘트다. 이 광고에서 그랜저 자동차는 마치 있는 자의 상징처럼 여겨지고 있다. 광고의 저변에 돈이 있고 없고의 유무가 사람을 평가하는 잣대가 된다는 사실이 은근슬쩍 자리하고 있다. 그래서인지 요즘에는 '승차감'이라는 말에 빗대어 '하차감'이라는 말도 유행한다. 멋진 차에서 내릴 때 사람들에게 주목받으면서 기분이 우쭐해지는 것이 하차감이다. 그래서 고급 차는 승차감뿐 아니라 하차감도 좋다.

그렇다면 이 광고에서 그랜저는 사람을 평가하는 일종의 '저울'이 되는 셈이다. 비단 자동차뿐 아니라 요즘은 초등학생들조차 아파트 평수를 따지고 부모의 월급을 비교한다. 사는 집, 타는 차, 입는 옷, 보이는 외모가 점점 더 삶의 중요한 요소로 자리매김하고 있는 것이다. 사람들이 보이는 겉모습을 중요시한다는 사실은 옷차림에 대한 반응만 봐도 쉽게 알 수 있다.

존 몰로이John Molloy의 『성공하는 남자의 옷차림』이라는 책에는

'옷이 날개'라는 속담을 입증해주는 실험이 소개되어 있다.

　실험 내용은 러시아워 시간에 버스 정류장에서 사람들에게 '지갑을 잃어버렸으니 차비를 좀 보태 달라'고 요청하는 것이다. 그 결과 고급 넥타이를 맨 사람은 1시간에 평균 34.6달러를 얻었고, 싸구려 넥타이는 9.12달러, 넥타이를 매지 않은 사람은 8.42달러를 얻었다. 고급 넥타이를 맨 사람과 그렇지 않은 사람과의 수입 차이가 무려 4배 이상이었다. 또한 빌딩 회전문에서 세련된 고급 옷을 입은 사람에게는 고급 옷을 입지 않은 경우에 비해 양보하는 사람이 3배 이상 많았다. 2017년 유니세프unicef에서도 이와 비슷한 실험을 한 적이 있다. 6살 소녀에게 깔끔한 복장을 입힌 후 사람들이 많은 거리와 식당에 혼자 있게 했다. 그러자 행인들은 이름과 나이 등을 물어보며 호의적인 태도로 아이를 도와주려 했다. 그러나 노숙자처럼 허름한 옷으로 갈아 입히고 동일한 상황을 연출했을 때에는 어느 누구도 말을 걸지 않았으며, 심지어 식당에서는 '나가라'는 말로 아이의 마음에 상처를 주기도 했다.

　존 몰로이는 이러한 실험 결과를 제시하면서 옷에 대한 인간의 의식적, 무의식적 태도를 무시할 수 없다고 주장했다. 그러면서 과거 계급사회에서 신분에 따라 차별적으로 입었던 옷에 대한 심리적 계층의식이 오늘날에도 여전히 남아 있다고 분석했다. 또한 사람들이 입고 있는 옷이 일종의 환경과 같은 역할을 하기 때문에 옷이 업무 효율이나 인간관계에 영향을 미친다고도 역설했다.

　그런데 고급 옷차림에 항상 따라붙는 것이 있다. 바로 '명품'이다. 옷차림뿐 아니라 명품을 통해서도 사람들은 이 세상에 내가 누구인지를 좀 더 빠르고 쉽게 알릴 수 있다고 생각한다. 명품은 사람들에게 '나, 이 정도 되는 사람이야'라는 메시지를 보내기 때문이다. 영화 〈타짜〉에서 정마담(김혜수 分)이 "나 이대 나온 여자야"라고 외치며 적극적으로 자신을 알리는 것과 같다. 그래서 명품 소비는 상품과 상품 사이의 차이를 소비하는 이미지 소비에 가깝다. 즉, 루이뷔통 가방은 단순히 소지품을 담는 가방이 아니라 나와 다른 사람을 구별하는 도구인 셈이다. 그러니 다른 사람과 구별되고 싶고 뭔가 있는 것처럼 보이고 싶은 이들이 명품을 선호하지 않겠는가.

일본의 작가 나카무라 우사기中村うさぎ는 아예 대놓고 명품이 좋다고 밝히기도 했다. 그녀가 지은 『너희가 명품을 아느냐』, 『쇼핑의 여왕』, 『나는 명품이 좋다』와 같은 책의 제목만 보더라도 그녀가 얼마나 명품에 열광하는지 알 수 있다. 우리 돈으로 100만 원 가까이 하는 샤넬 우산을 눈썹 하나 까딱하지 않고 구매해 버리는 그녀는 "내게 있어 자본주의는 부자라는 영광의 골을 넣기 위해 맹렬하게 싸우는 게임이다. 그리고 명품은 그 게임의 경품"이라며 부와 명품에 대한 자신만의 철학을 확고히 밝히고 있다.

이처럼 어떤 상품을 통해 특정 계층에 속한다는 사실을 과시하는 것을 프랑스의 사회학자 장 보드리야르Jean Baudrillard는 '파노플리 효과'라 했다. 파노플리panoplie는 '집합'이라는 뜻으로 예전에는 기사의 갑옷과 투구 한 벌을 가리키는 말이었는데, 오늘날에는 장난감 세트와 같은 어떤 상품의 집단을 뜻하는 말로 쓰인다. 아이들이 경찰관 장난감 세트를 갖고 놀면서 마치 경찰관이 된 것 같은 기분을 느끼는 것처럼 파노플리를 이루는 상품을 소비하면 그것을 소비할 것이라고 여겨지는 집단에 소속된다는 환상을 주는 것이 파노플리 효과다. 한마디로 과시적 소비인 셈이다.

하지만 무조건 명품 소비를 나쁘게만 볼 이유는 없다. '싼 게 비지떡'이라는 말에서 알 수 있듯이 명품이 그 값어치를 제대로 할 경우에는 오래 사용할 수 있고, 그만큼 만족도도 높아질 수 있기 때문이다. 그리고 명품을 갖는 것 자체로 괜히 감정이 고양되기도 한다. 실제로 뇌에 관한 연구를 보면 인간은 비싼 물건을 소비할 때 더 큰 즐거움을 느끼는 것으로 나타난다. 똑같은 와인을 두고 가격을 서로 다르게 책정한 후 사람들에게 와인 맛을 보게 하면 값비싼 고급 와인이라고 들은 쪽이 더 맛있다고 일관되게 대답한다. 이는 자신의 신념과 일치하는 정보는 받아들이고 그렇지 않은 정보는 무시하는 일종의 '확증 편향confirmation bias'일 수도 있으나, 와인을 마신 사람의 뇌 활동을 관찰해보면 와인의 진짜 가격과 무관하게 와인이 고급이라고 생각할 때 와인을 마신 순간 더 큰 즐거움을 느끼는 것으로 나타났다. 제품의 실제 가격과 무관하게 비싸다는 이야기를 들은 물건을 소비할 때 진짜 즐거움을 느끼는 것이다. 다시 말해, 가격이 단순히 품질의 기준으로 활용되는 것에 그치지 않고 일종의 '플라시보placebo 효과'를 낳는 것이다.

그러나 명품 소비에는 그 제품에 나 자신을 투영하고자 하는 사람들의 강력한 욕구가 감추어져 있다는 점을 간과하면 안 된다. 즉, 값비싼 물건이 곧 더 높은 사회적 지위의 기준이 된다고 믿기에 값비싼 물건을 통해 자신의 위치를 보여주고자 하는 것이다. 그래서 그 순간만큼은 돈이 인생의 '거울'이 된다. 이는 돈으로 삶이 평가받는 것이 일반화되다 보니 더 좋은 평가를 받기 위한 과시적 욕망이 더욱 돈을 찾게 만들기 때문이다. 결국 삶의 저울로서의 돈이 삶의 거울로서의 돈과 연결되는 셈이다.

하지만 "거울아, 거울아, 이 세상에서 누가 제일 예쁘니?"라고 물으며 항상 거울을 들여다보았던 백설공주 이야기의 마녀처럼 돈을 통해 나 자신을 보여주는 데 치중하다 보면, 거기에는 반드시 부작용이 따르기 마련이다.

대표적인 것이 '디드로 효과Diderot effect'다. 이는 새 물건과 어울리는 물건을 계속해서 구매하는 현상으로, 타인을 의식하여 완벽한 구색을 갖추고자 할 때 나타난다. 그래서 디드로 효과는 타인의 눈에 잘 띄는 종류의 것일수록 더욱 강하게 나타난다. 『백과사전』의 집필자로 유명한 18세기 프랑스의 계몽 사상가 드니 디드로Denis Diderot는 어느 날 친구로부터 고급 가운을 선물 받았는데, 시간이 지나면서 고급 가운을 걸쳐 놓은 서재가 초라해 보였다. 그러자 디드로는 고급 가운에 어울리는 책상과 의자, 시계 장식을 하나씩 바꾸어 나갔고, 그러다 서재의 모든 것을 바꾸게 되었다.

과거 중국에서도 디드로 효과와 비슷한 일이 있었다. 중국 은나라의 왕이었던 '주紂'가 상아 젓가락을 만들었는데, 이를 본 주왕의 숙부 '기자箕子'는 주왕을 떠나고 만다. 상아 젓가락의 격에 맞추기 위해서는 흙이 아닌 주옥으로 만든 그릇에 국을 담아야 하고, 콩이 아닌 쇠고기나 코끼리 고기, 표범 고기를 반찬으로 차려야 하며, 그런 고기를 먹게 되면 반드시 비단옷을 입고 고대광실에서 살아야 한다고 생각했기 때문이다. 이를 배경으로 만들어진 '상저옥배象箸玉杯'라는 성어는 하찮은 낭비가 나라를 망치는 사치로 이어질 수 있으니, 이를 경계하라는 뜻을 담고 있다.

이처럼 디드로 효과나 상아 젓가락 이야기는 모두 보이는 모습을 의식하는 것이 과소비를 가져올 수 있다는 점을 지적하고 있다. 그런데 남의 시선을 의식한 소비 행태는 외부의 색상에 자신의 몸 색깔을 맞추는 카멜레온과 다를 바 없다. 다시 말해, 자신의 본 모습을 감추고 일종의 가면을 쓰는 페르소나Persona의 모습인 것이다. 그러나 이는 부정적인 관점에서 볼 때 어쩌면 자기를 상실한 모습일 수도 있다. 그래서 철학자 하이데거Heidegger는 이러한 자기 상실의 모습을 '남들의 독재'라 표현하기도 했다. 남들이 아이폰이 좋다고 하니까 아이폰을 사고, 남들이 고시 공부를 하니까 고시 공부를 하는 것이 바로 남들의 독재다.

그렇다면 우리는 남들의 눈에 비쳐지는 겉모습에 지나치게 신경 쓰다 우리의 삶을 '돈'이라는 독재자에게 빼앗기고 있는지도 모른다. 특히 돈이 넉넉하지 않음에도 불구하고 고가의 명품을 소비하는 것은 '부자는 자신을 풍요롭게 하는 것을 사고 가난한 사람은 기분을 풍요롭게 하는 것을 산다'는 말과 같이 잠깐 기분을 좋게 만들지는 몰라도 영원히 부에서 멀어지는 지름길이 될 수도 있다.

·• 외모가 자본이 되고 상품이 되다 •·

옷차림과 명품은 돈만 있으면 연출이 가능하다. 그런데 이제는 그

연출이 타고난 외모로까지 확장된다. 취업 준비생들은 아름다운 외모를 위해 성형을 하고, 포토샵으로 이력서 사진을 꾸민다. 한 설문에서 취업 준비생들의 82퍼센트가 서류 전형에서 이력서 사진이 중요하다고 생각하고 있었고, 36퍼센트는 취업을 위해 외모에 시간과 자금을 투자한 경험이 있다고 했다. 그만큼 외모가 취업에 영향을 미친다는 얘기다. 최근 자신의 외모를 가꾸는 데 아낌없이 투자하는 남성을 가리키는 그루밍Grooming족이 늘어나는 것이나, 중국에서 화장품, 뷰티 케어 등 외모 중심의 소비 활동을 뜻하는 옌즈顏值경제가 확대되는 것도 그만큼 외모를 중요시하고 있기 때문이다. 심지어 미국 텍사스대학의 대니얼 해머메시Daniel Hamermesh 교수는 다른 조건이 동일할 경우 외모가 평균 이상인 여성과 남성은 각각 4퍼센트, 5퍼센트 더 많은 소득을 얻는다고 했다. 소득에서 일종의 외모 프리미엄이 작용한다는 것이다. 반면 외모가 평균 이하인 경우에는 소득이 평균보다 5퍼센트 이상 더 낮아지는 페널티가 작용한다고 했다.

그러다 보니 많은 여성들이 외모 강박에 시달리며 겉모습을 치장하는 데 집착하곤 한다. 지금이야 페미니즘의 부각과 함께 폐지 논란이 일고 있지만, 과거 미스 코리아 선발대회에서도 '진선미眞善美'로 뽑히기만 하면 만인의 부러움과 함께 유명세를 탔고, 그들은 아름다움의 표준이 되었다. 그런가 하면 아름다움은 오래된 이데올로기도 극복하게 만든다. 2002년 북한 미녀 응원단이 부산 아시안게임 응원 차 방한했을 때 대한민국 남성들이 보여주었던 열광은 과연 북한에 대한 반감과 혐오가 있었는지를 의심하게 할 정도였다.

게다가 이제는 '매력자본erotic capital'이라는 용어까지 등장했다. 이

돈이란 무엇인가

는 개인의 매력이 사회적인 지위를 얻거나 돈을 벌 수 있는 능력 가운데 하나라는 의미로 '같은 값이면 다홍치마'라는 우리 속담과 그 뜻이 유사하다. 여기에는 아름다운 외모, 큰 키, 건강하고 섹시한 몸, 능수능란한 사교술과 유머, 패션 스타일이 모두 포함된다. 매력의 '매魅'는 '도깨비 매'로서, 그만큼 매력은 도깨비에 홀린 듯 이유 없이 사람을 끌어당기는 힘이 있다. 그래서 미국에서는 키가 큰 사람이 키가 작은 사람보다 소득이 더 많고 최고경영자나 관리자가 될 가능성도 더 높다는 조사도 있다. 또한 배심원 제도를 채택하는 국가에서 피고인이 아름다울수록 유죄 판결을 받을 확률이 낮아진다는 분석도 있다.

매력자본을 처음 주창한 영국의 캐서린 하킴 교수는 매력자본을 경제자본, 문화자본, 사회자본에 이어 현대 사회를 규정하는 제4의 자본이라고 했다. 여기서 '자본'이라는 말은 경제력과 연결된다는 의미로, 그만큼 매력자본을 가진 사람이 사회생활에서 경제적으로 훨씬 유리하다는 뜻이다. 그러면서 하킴은 영국의 축구선수 데이비드 베컴David Beckham을 예로 들었다. 그의 엄청난 인기가 축구 실력만으로는 설명이 안 되고, 잘생긴 외모, 뛰어난 패션 감각 등으로 인한 영향이 더 크다는 것이다. 1960년 초 케네디John F. Kennedy가 리처드 닉슨Richard Nixon을 꺾고 꺾고 미국 대통령 자리에 오른 이유도 마찬가지다. 당시 케네디의 환한 미소와 젊은 패기는 미국 유권자들을 단숨에 사로잡았고, 닉슨은 '내 정치 인생의 가장 큰 핸디캡은 잘생기지 못한 외모'라고 자책했다는 후문도 있다.

그리고 이제는 '자본'이라는 말을 넘어 아름다움에 '상품'이라는 접미사까지 붙는다. 바로 위치재positional goods, 상급재superior goods

와 같은 용어들이다. 위치재는 그 가치가 남들이 소비하는 다른 재화와의 비교에 의해 결정되는 재화를 말한다. 1990년대 중반 사라 솔닉Sara Solnick과 데이비드 헤멘웨이David Hemenway가 실시한 설문결과를 보면, 사람들은 '자신의 자녀가 매력적이지만 타인의 자녀보다 덜 매력적인 상태'보다 '자신의 자녀가 매력적이지 않아도 타인의 자녀보다 더 매력적인 상태'를 선호하는 것으로 나타났다. 이는 아름다움이 타인과의 비교에 의해 결정되는 위치재라는 것을 잘 말해준다. 또한 상급재는 소득이 높아질수록 더 많이 원하게 되는 상품으로 아름다움도 여기에 속한다. 모두 개인 간의 우열과 성패가 외모에 의해 판가름된다는 외모 지상주의를 반영하고 있다.

그런데 성별, 피부색, 키, 외모 등은 자신이 선택할 수 있는 것이 아니다. 하지만 현실에서 이런 요인들이 적지 않은 차별을 만들어내다 보니 그 해결 방안의 하나로 미인세beauty tax를 부과하자는 주장까지 제기되고 있다. 부자 부모로부터 재산을 상속받을 때 상속세를 물리듯 잘생긴 부모를 만나 아름다움을 물려받는 경우 세금을 물리지 못할 이유가 없다는 것이다. 부자 부모 밑에서 태어나는 것이나 잘생긴 부모 밑에서 태어나는 것이나 모두 '생물학적 속성'이자 '우연'이라는 공통점이 있고, 그 덕분에 평생 유무형의 혜택을 받으며 살 수 있기에 그 주장이 일견 타당해 보이기도 한다.

그런데 아무리 얼굴이 예쁘고 매력적이라고 해도 이를 바라보는 생각은 저마다 다를 수밖에 없다. 2014년 한 미국 여성이 어느 투자회사에 편지를 보내 자신이 세련되고 품위 있는 25살 미인이라고 소개하면서, 적어도 1년에 50만 달러 이상 버는 남자와 결혼하고 싶다고 밝힌 적이 있다. 이에 그 투자회사의 직원은 그 여인에게 경제학적 관점에서 볼 때 이 거래는 돈이 많은 남자에게 불리할 수밖에 없다는 답장을 보냈다. 미모는 날이 갈수록 시들고 언젠가는 사라지지만, 자신의 소득과 자산은 오히려 증식할 확률이 높다는 것이 그 이유였다. 그러면서 현재 여자의 미모는 성장 국면에 있기에 매도에는 좋은 타이밍이지만, 매수에 좋은 타이밍은 아니라는 잔인한 말까지 덧붙였다.

미모를 돈과 대비시켜 경제학적으로 파악하려 한 의도가 조금 냉정해 보이긴 하지만, 외모와 돈의 만남이 순간일 수밖에 없다는 주장은 일견 타당해 보인다.

돈과 권력의
공생관계

다른 사람을 복종시키거나 지배할 수 있는 권리와 힘을 '권력'이라 부른다. 다시 말해, 타인이 특정 행동을 할 수 있도록 만드는 힘이나 영향력이 권력이다. 사장님의 업무 지시뿐 아니라 아무 말이 없어도 그분의 심기를 살피는 것 또한 권력 때문이다. 심지어 권력은 돈도 부린다. 반대로 돈이 권력을 강화시키기도 하며, 때로는 없던 권력을 만들어내기도 한다. 마치 뫼비우스의 띠처럼 돈과 권력이 맞물려 무엇이 먼저이고, 무엇이 나중인지를 따지지 않는다. 권력이 돈을 낳고, 돈이 권력을 뒷받침하는 구조다.

•• 돈과 권력의 결탁 ••

'돈이 있으면 귀신에게 맷돌을 돌리게 한다', '돈 많으면 두억신도 부린다', '돈이면 나는 새도 떨어뜨릴 수 있다', '염라대왕도 돈 앞에는 한쪽 눈을 감는다', 모두 돈의 위력을 말해주는 속담들이다. 영어에도 'Money talks', 'Money makes the mare go', 'A golden key opens every door' 등 돈이면 못할 것이 없다는 뜻을 지닌 표현들이 있다.

특히 자본주의 사회에서 돈은 개인의 사회적인 가치를 인정받기 위한 척도로 작용한다. '돈만 있으면 개도 멍첨지가 된다'는 속담과 같이 돈의 소유가 곧 그 사람의 정체성이 될 수 있기 때문이다. 이를 보여주는 이야기가 있다.

과거 프랑스의 한 도시에 어떤 거지 아이가 나타났는데, 사람들은 그 아이를 '르 갈뢰le galeux'라고 불렀다. '옴에 걸린 사람, 더러운 사람'이라는 뜻이다. 그런데 그 아이는 푸줏간에서 배달을 해서 번 돈으로 고리대금을 시작했고, 이후 재산이 늘어나자 그의 별명은 성姓이 되어 '마르탱 갈뢰'로 불리기 시작했다. 그리고 더 재산이 쌓이자 '마르탱 씨'로 불렸고, 부호가 되자 '마르탱 님'으로 불렸다. 마침내 그가 도시 제일의 부자가 되었을 때 사람들은 '마르탱 나으리'라고 불렀다.

중국의 역사가 사마천司馬遷이 저술한 『사기』에도 비슷한 구절이 있다.

> 재산이 자기보다 열 배가 많으면 그에게 자기를 낮추고, 백
> 배가 많으면 그를 무서워하여 꺼리며, 천 배가 많으면 그에게 부
> 림을 받고, 만 배가 많으면 그의 노복이 된다.

이를 보면 돈이 사회적 신분을 높여주는 마법 지팡이처럼 보인다. 그런데 그 마법과 같은 일이 현실에서는 자주 발생한다. 중세 봉건사회가 붕괴되는 과정에서 도시 상공인들이 축적된 경제력을 바탕으로 자유 시민권을 매수하여 군주나 봉건제후에 대응한 것이나, 조선시대 돈으로 양반 직위를 산 것은 돈이 실제로 신분을 높여준 사례다.

오늘날과 같이 계급이 존재하지 않는 사회도 마찬가지다. 돈만 많으면 그 사람의 사회적 위상이 올라가고 사람들의 시선도 달라진다. 에밀 졸라Emile Zola의 소설 『돈』에는 이를 보여주는 극단적인 사례가 등장한다. 이 소설에는 '아마디외'라는 돈만 많은 멍청이가 등장하는데, 그는 프랑스 중부 광산채굴권에 전 재산을 투자했다가 엄청난 광맥이 발견되면서 운 좋게 거부가 된 사람이다. 특별히 투자에 대한 전문적인 식견이 있어서가 아니라 말 그대로 정말 운이 좋았던 졸부에 불과하다. 그런데 이 소식을 들은 사람들은 도처에서 그에게 투자 조언을 구하러 온다. 그러나 투자에 대해 아는 것이 없기에 아마디외는 어떤 질문에도 인상만 쓰고 별다른 말을 하지 않는다. 그럼에도 불구하고 투자자들은 그의 침묵을 나름대로 해석하는 모습을 보인다. 소

설 속 아마디외의 추종자들이 우습게 보일지도 모르겠지만, 이런 일은 현실에서도 일어나고 있다. 테슬라의 CEO인 일론 머스크Elon Musk가 SNS에 올린 글귀 하나 때문에 비트코인 가격이 급등락하는 것은 단적인 예다.

그런데 문제는 사회적 신분이 높아질수록 그것이 '권력'이라는 모습으로 변신하기 쉽다는 데 있다. 이때의 권력은 대개 자신의 사회적 가치를 높이기 위해 다른 사람의 삶을 수단으로 삼는 방향으로 작용한다. 그리고 이때 권력의 힘을 과시하는 수단으로 주로 '돈'이 활용되곤 한다. 돈만큼 권력을 떠받치는 도구도 많지 않기 때문이다. 로마의 정치인 율리우스 카이사르Julius Caesar도 이를 잘 알았는지 "병사와 돈, 두 가지가 권력을 창출하고 보존하며 확장한다. 돈이 있으면 병사도 생긴다"라고 말하기도 했다. 심지어 당시 사용된 데나리우스 은화에 자신의 얼굴을 새기기까지 했으니, 그는 확실히 돈을 권력의 수단으로 이용한 인물이었다.

이 외에도 돈을 이용하여 살아있는 권력을 움직인 사례는 많고도 많다. 3명의 교황을 배출하고 프랑스 왕실에 2명의 딸을 시집보낸 이탈리아의 메디치 가문이나, 카를 5세를 신성로마제국 황제로 선출하는 데 기여한 아우크스부르크의 푸거 가문은 돈이 어떻게 권력을 움직이는지를 잘 보여준 대표적인 사례다.

미켈란젤로, 라파엘로, 보카치오 등 수많은 예술가들을 후원하며 화려한 르네상스 시대를 연 것으로 칭송받기도 하는 메디치가는 실상 이탈리아 피렌체에서 은행업뿐 아니라 여러 장사를 통해 창출한 막대한 부를 바탕으로 정치, 군사, 외교, 조세 등의 분야를 통제하며 실질적인 권력을 움직인 대표적인 가문이었다. 독일의 푸거 가문도 광산업으로 막대한 부를 축적한 후 합스부르크의 카를 5세가 신성로마제국 황제로 선출될 수 있게끔 뒤에서 자금을 대며 각종 이권을 챙겼다. 심지어 푸거가는 돈을 매개로 교황청과 결탁하여 죄를 사하는 면죄부를 판매하기도 했다.[57)]

이러한 돈과 권력의 결탁은 악어와 악어새처럼 돈독한 공생관계를 유지하며 오늘날에도 이어지고 있다. 대표적인 모습이 정경유착政經癒着이다. 보통 정경유착은 비즈니스를 할 때 반드시 권력의 힘이 필요하다는 믿음에서 비롯된다. 이익을 추구하는 장사와 힘을 추구하는 권력이 합쳐지는 곳에서 이권이 생겨나기 때문이다.

그러나 지나치게 권력에 의존하게 되면 오히려 화를 입을 수도 있다. 열흘 붉은 꽃이 없다는 '화무십일홍花無十日紅'이 뜻하는 것처럼 권력이 영원하지도 않거니와, 한 올의 말총에 묶인 서슬 퍼런 칼이 왕의 머리 위에 매달려 있다는 '다모클레스의 칼'이 시사하는 바와 같이 권력에는 항상 어떤 대가가 뒤따르기 때문이다. 특히나 힘을 빌리고자 했던 그 권력이 교활하고 무자비할 경우 지불해야 할 대가는 더욱 커질 수밖에 없다.

---

57) 메디치가 출신 교황이었던 레오 10세(재위 1513∼1521년)는 성 베드로 성당을 짓기 위해 면죄부를 판매하였다. 당시 면죄부 판매에 앞장섰던 도미니크회 수도사 요한 테첼을 고용했던 마인츠의 대주교 알브레히트는 푸거 가문으로부터 거액을 대출받아 마인츠 대주교직을 샀으며, 푸거 가문은 교황청을 대신해 면죄부를 팔고 그 수익금의 30퍼센트를 교황청이 가져가는 협약을 맺었다.

•• 권력에 빌붙는 뇌물과 갑질 ••

'공자천주孔子穿珠'라는 말이 있다. 어느 날 공자가 아홉 개의 구부러진 곳에 구멍이 있는 진기한 구슬에 실을 꿰려 했지만 번번이 실패했다. 이에 근처에서 뽕을 따고 있는 여인에게 방법을 물었다. 그러자 그 여인은 "밀이사지密爾思之 사지밀이思之密爾", 즉 "조용히 생각하세요. 생각을 조용히 하세요"라고 말했다. 공자는 그 말을 듣고 무엇을 떠올렸는지 개미를 잡아다가 개미 허리에 실을 매었다. 그런 후 구슬의 한쪽 구멍에 개미를 밀어 넣고 다른 쪽 출구가 되는 구멍에 꿀을 발라 개미를 유인했더니, 마침내 허리에 실을 맨 개미가 출구로 나오면서 실이 꿰어졌다. 공자는 아낙이 일러준 '밀密(조용할 밀)'에서 '꿀蜜(꿀 밀)'을 떠올렸던 것이다.

이 이야기에서 유래된 '공자천주'는 문자 그대로 '공자가 구슬을 꿰다'라는 뜻이지만, 자기보다 못한 사람에게 묻는 것을 수치로 여기지 말라는 의미를 내포하고 있다. '세 사람이 길을 가면 그 중에 한 명은 반드시 나의 스승이 있다三人行必有我師'와 같은 맥락이다.

그런데 개미 허리에 실을 매달 경우 개미가 알아서 구멍을 뚫고 나가는 것처럼 많은 이들은 권력의 힘을 빌릴 경우 쉽게 길을 찾을 수 있을 것으로 생각한다. 그러나 이때 개미를 유혹할 꿀과 같은 강력한 미끼가 필요한데, 보통 그 꿀을 우리는 '뇌물'이라 부른다. 권력에 빌붙는 검은 돈이다. 대개 뇌물은 어떤 청탁의 대가로 제공되기에 북한과 중국의 조선족 사회에서는 남에게 꾹 찔러주는 돈이라는 뜻의 '꾹돈'이라 부른다. 우리나라에서는 일을 빨리 처리해달라는 의미에서

'급행료'라 부르기도 한다. 그만큼 뇌물은 원하는 것을 보다 빠르고 쉽게 쟁취할 수 있게 해주고, 잘만 하면 자신의 능력 이상의 것도 얻을 수 있게 해준다. 그래서 극작가 세르반테스Cervantes는 『돈키호테』에서 '뇌물은 바위도 깨뜨린다'고 말하기도 했다. 심지어 '전가통신錢可通神', 즉 돈이 있으면 귀신과 통한다는 말도 뇌물과 관련이 있다.

과거 중국 당나라 때 '장연상'이라는 사람이 고위층과 연루된 비리 사건의 조사를 맡았다. 그런데 다음날 장연상의 책상 위에 돈 3만 관과 함께 사건을 잘 무마해 달라는 쪽지가 놓여 있었다. 그러나 장연상은 이를 무시하고 더욱 수사에 박차를 가했다. 그러자 그다음 날에는 5만 관이, 또 그다음 날에는 10만 관이 놓여 있었다. 결국 장연상은 "10만 관이라는 돈은 귀신과 통할 수 있는 금액이다. 이를 거절했다가 내게 화가 미칠까 두렵다"며 그 사건을 무마하고 말았다.

사실 뇌물은 매춘 다음으로 인류가 가장 먼저 시작한 거래로 꼽힐 정도로 뿌리가 깊다. 기원전 18세기의 함무라비 법전에도 뇌물죄에 대한 처벌 규정이 있고, 우리나라 백제 고이왕(재위 234~286년) 시절의 법전에도 뇌물죄가 등장한다. 또한 삼국지에서는 동탁이 당시 최고의 맹장 여포를 끌어들이기 위해 적토마를 뇌물로 바치기도 했다. 훗날 적토마는 조조의 손에 들어갔다가 관우의 환심을 사기 위해 또다시 뇌물로 쓰였다. 미국의 한 연구에 따르면 오늘날 전 세계에서 한 해 동안 뇌물로 쓰이는 돈이 무려 1조 달러에 달한다고 한다. 이만하면 뇌물이 '세계 공용어'인 셈이다.

그런데 조심해야 할 것은 뇌물에 언제나 낚싯바늘이 들어 있다는 점이다. 그래서 뇌물을 잘못 삼키면 낚싯바늘에 걸려 꼼짝없이 끌려

다니게 된다. 움직이지 않으려고 버티면 버틸수록 그 바늘이 목구멍을 파고든다. 어디 그뿐인가. 뇌물에는 먹지 말아야 할 약도 들어 있다. 그 약이 설사약이면 먹자마자 똥을 싸기에 주변에 냄새가 진동한다. 그러다 설사가 심해지면 죽을 수도 있다. 설사약이 독약이 되는 셈이다. 실제로 뇌물이 적발되어 애꿎은 목숨을 끊는 사례가 신문 지면을 장식하곤 한다.

그렇다면 어떻게 돈에서 낚싯바늘을 꺼내야 할까? 뇌물죄를 판별하는 중요한 기준은 '대가성'이다. 대가성이 없으면 단순한 후원 또는 선물에 불과하다. 과거 영국의 기업윤리연구소IBE가 선물과 뇌물을 구분하는 기막힌 3가지 기준을 제시한 적이 있다. 받고 잠을 잘 자면 선물, 잠을 편히 못 자면 뇌물, 자리를 옮겼는데도 주는 것은 선물, 자리를 보고서 주는 것은 뇌물, 여러 사람 앞에서 주는 것은 선물, 단둘이 있을 때 주는 것은 뇌물이다.

한편 뇌물과 함께 권력에 수반되는 현상이 '갑질'이다. 라면이 설익었다며 항공기 승무원의 머리를 때리고, 견과류 서비스가 마음에 들지 않는다고 비행기를 되돌리며, 건물 안에 있는데 문을 잠갔다는 이유로 경비원을 폭행하는 사장의 행동이 바로 갑질이다. 그런데 최근에는 갑질이 평범한 사람들 사이에서도 나타나고 있다. 좋아하는 자리에 주차하지 못하게 한다며 호텔 직원의 뺨을 때리고, 나이 지긋

한 대리점 주인에게 입에 담기 힘든 욕설을 퍼붓고, 자기 이름을 모른다는 이유로 동사무소 직원에게 무릎을 꿇게 하는 행동들이다. 특히 블랙 컨슈머의 갑질로 인해 서비스업 종사자들은 고객에 대한 무조건적인 맹종을 요구받으며 스마일마스크smile mask 증후군에 시달리기도 한다. 그러니 감정노동 보호를 위해 '반말로 주문하면 반말로 주문받음'이라는 문구가 등장하고, "우리 모두 남의 집 귀한 자식이니 귀하게 여겨 달라"라는 전화 응대 멘트까지 나오는 것이다.

그러나 갑질의 순간, 갑질을 당하는 사람들의 기분은 솔직히 더러울 수밖에 없다. 이는 갑질을 일삼는 자들의 내면에 있는 더러움이 그 기분을 더럽히기 때문이다. 갑질의 행동 원인을 분석한 미국 캘리포니아 대학의 아론 제임스Aaron James 교수의 『그들은 왜 뻔뻔한가』라는 책의 원제목은 'Assholes'이다. 직역하면 '항문'이란 뜻이다. 더러운 똥이 나오는 곳이라는 점에서 갑질을 제대로 상징하고 있다. 그러나 이 말은 대개 '개새끼, 꼴통' 등의 욕설로 많이 쓰인다. 한마디로 진상 또는 또라이인 것이다. 심리학적으로는 남의 상처나 고통을 보고도 감각이 마비된 사이코패스에 가깝고, 타인의 고통에 마음도 머리도 닫혀있는 미개인未開人과 다를 바 없다.

그런데 제임스 교수의 분석에 따르면 권력의 피라미드에 올라갈수록 진상이 될 확률이 높아진다고 한다. 이는 자신이 권력을 가진 위치에 있다는 판단이 서면 뇌의 기능이 바뀌기 때문인데, 실제로 권력에 취할수록 이성적인 판단을 하는 전두엽의 기능이 떨어진다고 한다. 전두엽은 인간을 인간이게끔 만드는 이성의 뇌로 개와 같은 동물에게는 없다. 그래서 전두엽 기능이 저하될 경우 타인의 입장을 이해하지 못하고 폭력적 성향이 나타나기도 한다. 바로 감정의 뇌가 강해지기 때문이다. 대표적인 사례가 다이너마이트 폭발 사고로 철 막대기가 두개골을 뚫고 나가면서 전두엽이 손상된 19세기 초 미국의 철도노동자였던 피니아스 게이지Phineas Gage다. 사고 이후 아내와 아이들에게 다정다감하고 가정적이었던 그의 성격은 육두문자를 입에 달고 살 정도로 포악하게 변했다.

그런데 이러한 권력을 강화시켜주는 주범 가운데 하나가 바로 '돈'이다. 물론 부자라고 해서 모두가 그런 것은 아니지만, 대체로 돈이 많아질수록 사람들이 거만해지는 경향이 있다. 그래서 뭐든지 내 마음대로 할 수 있다고 생각한다. 실제로 미국의 행동심리학자 폴 피프Paul Piff 교수는 우리에게 익숙한 부루마블 게임과 유사한 모노폴리 게임을 통해 돈이 우월감을 유발한다는 사실을 입증해보였다.

그는 게임 참여자들에게 동전을 던지게 하여 특정한 참가자에게 'Go' 칸을 지날 때마다 두 배의 돈을 주고, 한 번에 주사위를 두 개씩 던질 수 있도록 해주었다. 그런데 이렇게 조작된 게임에서 부자가 된 참여자들은 게임에서 승리를 거듭할수록 더 시끄럽게 말을 옮기는가 하면, 간식으로 제공된 과자를 더 많이 먹어 치우는 등 게임판 위에서 군림하는 모습을 보였다. 또한 상대방에게 더욱 무례한 모습을 보이고 자신이 얼마나 잘하고 있는지를 과시하려 들었다. 게임이 끝난 뒤 승리한 이유를 물었을 때 그들은 모두 자신의 노력과 현명한 결정 덕분이라고 대답할 뿐, 그 누구도 자신이 받은 혜택 때문이라고 응답하지 않았다.

이처럼 사람들은 돈이 제공하는 우월적 지위를 맛보게 되면 그것이 모두 자신의 능력인 양 착각하는 경향이 있다. 정작 자신은 어렵게 사다리 끝에 올라와 놓고서는 사다리를 오르고 있는 아래쪽을 경멸하는 모습을 보이는 것이다. 이는 복권에 당첨된 후 어떤 식으로든 자신이 당첨될 자격이 있다고 생각하는 사람들의 모습이기도 하다. 그런데 놀랍게도 복권 당첨자의 3분의 2 정도는 이런 생각을 하고 있다고 한다. 이를 보면 인간의 생활을 윤택하게 하는 도구로서의 돈이 '호모 파베르Homo Faber(도구적 인간)'로서의 인간을 '호모 셰임리스Homo Shameless(뻔뻔한 인간)'로 만들어버리는 주범이 되고 있는 것처럼 보인다.

마르크스는 '존재가 의식을 규정한다'는 유명한 말을 남겼다. 그런데 '돈'이라는 존재야말로 우리의 의식에 매우 큰 영향을 미치는 요소 중 하나다. 그러나 그 의식이 '갑질'이라는 형태로 나타날 때 항상 문제가 발생한다. 그래서 어떤 이들은 갑질을 일삼는 자들을 향해 돈지랄한다고 폄하하기도 한다. 보통 지랄은 인체의 생리기능 조절에 큰 역할을 하는 장기인 지라, 즉 비장이 나빠서 생기는 지랄병을 일컫는 말이다. 그러나 요즘은 느닷없이 쓰러져 입에 거품을 물고 사지가 뒤틀리고 꼬이다가 결국 실신하는 간질 증상을 가리켜 지랄병이라 일컫는다. 그런데 돈에 이러한 지랄병을 붙여 '돈지랄'이라 부르고 있으니 돈도 다루기에 따라 불치의 병원체로 보고 있는 것이다. 특히 갑질을 유발하는 데 있어서는 매우 치명적인 병원체인 셈이다.

그러나 명심해야 할 것은 돈이 부여하는 그 힘이 생각보다 단단하지 않을 수 있다는 점이다. 이는 돈이 부여하는 특권 의식에서 비롯된 갑질이 단지 돈에 기대어 행하는 호가호위狐假虎威와 다르지 않기 때문이다.

그렇기에 돈에 기댄 갑질은 반드시 거덜이 나기 마련이다. 거덜은 임금이나 고관이 행차할 때 그 앞에서 "게 물렀거라, 누구누구 납신다", "쉬이! 물렀거라"와 같은 권마성勸馬聲을 자못 근엄하게 소리치면서 길을 여는 자들을 가리키는 말이다. 자신이 무슨 높은 사람이라도 되는 양 우쭐거리지만, 결국 자신이 모시는 주인의 권세에 기댄 것에 지나지 않기 때문에 이런 거덜의 모습은 호가호위의 대표적인 모습이라 할 수 있다. 심지어 거덜은 제 분수를 모르고 이것저것 집안일까지 개입해 살림을 망쳐놓기도 했는데, 여기서 '거덜 내다'는 말도 생겨났다.

결국 돈에 기대어, 그리고 돈이 만들어낸 권력에 기대어 갑질을 계속하다 보면 반드시 거덜이 나기 마련이다. 비록 경제적인 거덜은 아니더라도 이미 인격적으로는 거덜이 나버린 인생인 것이다.

삶과 죽음을 가르는 돈

2007년 영국의 예술가 데이미언 허스트Damien Hirst는 사람 두개골에 백금을 입히고, 여기에 8,601개의 다이아몬드를 배치한 〈신의 사랑을 위하여For the Love of God〉란 작품을 공개한 적이 있다. 죽음을 상징하는 해골을 가장 화려하고 비싼 보석인 다이아몬드가 빼곡히 뒤덮고 있는 이 작품을 보면 그 대비가 너무 강렬하여 좀처럼 잊히지 않는다. 그는 죽음의 상징을 사치와 욕망의 상징으로 포장함으로써 인간의 끝없는 욕망과 죽음의 관계를 이야기하고자 했다. 사실 인간이 가까이하고 싶은 돈과 멀리하고 싶은 죽음이 공존하는 것이 아이러니해 보이지만, 인간은 돈 때문에 목숨을 잃는 경우가 허다하다. 심지어 영국의 시인 월터 스콧Walter Scott은 "칼에 베어 죽는 육체보다 돈에 맞아 죽는 영혼이 더 많다"라고까지 말했다. 그러나 반대로 때론 돈이 죽음을 막아주는 역할을 하기도 한다. 특히 사회적 죽음을 막는 데 있어 돈은 탁월한 역할을 한다. 그러니 돈은 사람을 살릴 수도 있고 죽일 수도 있는 '활인전活人錢'이자 '살인전殺人錢'인 셈이다.

•• 때론 죽음보다 강한 돈 ••

이덕규 시인이 첫 시집 『다국적 구름공장 안을 엿보다』를 펴내면서 덧붙인 작가의 글에는 다음과 같은 일화가 소개되어 있다.

> 스무 살 가을밤이었다. 어느 낯선 간이역 대합실에서 깜박 잠이 들었는데, 새벽녘 어떤 서늘한 손 하나가 내 호주머니 속으로 들어왔다. 순간 섬뜩했으나 나는 잠자코 있었다. 그때 내가 가진 거라곤 날선 칼 한 자루와 맑은 눈물과 제목 없는 책 따위의 무량한 허기뿐이었으므로. 그리고 이른 아침 호주머니 속에선 뜻밖에 오천 원권 지폐 한 장이 나왔는데, 그게 여비가 되어 그만 놓칠 뻔한 청춘의 막차표를 끊었고, 그게 밑천이 되어 지금껏 잘 먹고 잘 산다. 그때 다녀가셨던 그 어른의 주소를 알 길이 없어…… 그간의 행적을 묶어 소지하듯 태워 올린다.

가난했던 청춘의 한 시절에 갈 곳을 모른 채 기차역에서 쭈그려 있을 때 그 누군가가 말없이 주머니에 돈을 찔러 넣어주었고, 시인은 그 한 푼으로 청춘의 막차표를 구입하여 다시금 길 찾기에 나설 수 있었다고 고백하고 있다. 밥 한 끼 정도밖에 안 되는 단돈 5천 원이 고뇌와 방황에 지친 젊은이에게 값을 따질 수 없는 큰 힘을 준 것이다. 그래서 시인은 그 기적을 베풀어준 분을 가리켜 '어른'이라 부르고 있다. 만일 당시 그 어른이 5천 원을 주지 않았더라면 어쩌면 시인은 죽음을 맞이했을지도 모를 일이다. 결과론적으로 돈이 한 생명을 구한 셈이다.

이 외에도 돈이 생명을 살린 사례는 많고도 많다. 2008년 중국의 쓰촨성 지진 당시 한국인 유학생 5명이 조난을 당했다가 며칠 밤낮을 걸어 안전한 곳으로 피신한 적이 있었다. 그때가 2월이라 밤마다 체온을 유지하기 위해 그들은 주머니 속의 지폐들을 조금씩 태워 땔감으로 사용했다. 조난 상황에서 돈이 청년들의 체온을 유지시켜 주는 열량이 되어 실제로 목숨을 구해준 것이다. 그 상황에서의 지폐는 단순한 종잇조각에 불과했지만, 역설적이게도 그 어떤 때보다 귀한 가치를 발휘했다.

그런가 하면 최인호의 소설 『상도』에는 '이생이사二生二死'라는 이야기가 나온다.

어느 날 임상옥의 집에 나그네 한 사람이 찾아와 거금 5만 냥을 빌려달라고 하자, 임상옥은 그의 인상을 살핀 후 5만 냥을 빌려주고 차용증서를 받는다. 하지만 그가 돌아가자마자 차용증서를 찢어버린다. 놀란 서사가 왜 차용증서를 찢느냐고 물으니, 임상옥은 "만약 내가 5만 냥을 꾸어주지 않았다면 아마도 그도 죽고 나도 죽었을 것일세. 왜냐하면 그 사람 얼굴에 살기가 있었으니까. 내가 만약 돈을 주지 않았다면 그는 나를 죽였을 것이네.

돈이란 무엇인가

그렇게 되면 나도 죽고 그 사람도 죽었을 것이네. 그러나 내가 돈 5만 냥을 꾸어주었으므로 나도 살게 되었고, 그도 공금을 갚고 다시 살아나게 된 것이지. 이 사람아, 이것이야말로 이생이사가 아니겠는가. 나도 죽고 그 사람도 죽는 것보다 나도 살고 그 사람도 함께 사는 것이 훨씬 낫지 않겠는가. 장사를 하다 보면 이익을 보는 수도 있고 손해를 보는 수도 있으니 돈은 별로 중요한 일이 아니네"라고 응답한다.

이 일화에서는 돈이 두 명의 목숨을 살린 셈이다. 한편 정신의학자 빅터 프랭클Viktor Fankl의 『삶의 물음에 '예'라고 대답하라』라는 책에는 다음과 같은 일화가 소개되어 있다.

저자가 진료실에서 만난 한 남자는 사는 것이 너무 고통스러워 시외로 나가 권총으로 자살을 결심했다고 한다. 그런데 그 시간에는 전차가 다니지 않는 늦은 시간이라 택시를 타야만 했다. 그러나 그 순간 갑자기 택시를 타는 데 돈을 낭비하지 말아야지 하는 생각이 들어 자살을 포기했다고 한다.

이러한 사례들을 보면 돈은 죽음보다 더 강한 힘을 발휘하고 있는 듯하다. 언뜻 모든 것을 포기하고 죽겠다는 결심을 한 마당에 과연 '돈 걱정이 들까' 하는 의구심이 들지만, 돈은 그러한 의구심을 가뿐히 넘어서고 있다. 그래서 폴란드의 심리학자 토마스 잘레스키에비즈 Tomasz Zaleskiewicz는 돈이 '실존을 위한 약'이라고 주장한다. 그만큼 돈이 삶의 불안을 잠재우고 인생의 두려움에 맞설 수 있도록 도와준다는 뜻이다.

그는 실험에서 참여자 절반에게 지폐 한 뭉치를 주면서 지폐 위의 숫자를 모두 더하도록 했고, 다른 절반에게는 숫자가 적힌 지폐와 같은 크기의 종이를 주면서 종이 위의 숫자를 모두 더하도록 했다. 그 후 죽음에 대한 질문을 했더니, 돈 위의 숫자를 계산한 사람이 느끼는 죽음에 대한 두려움이 종이 위의 숫자를 계산한 사람들보다 80퍼센트 정도 낮게 나타났다.

그는 반대 순서로도 실험을 했다. 참여자 절반에게는 죽음의 공포에 대한 설문에 답하게 하고, 나머지 절반에게는 치과에 갈 때 느끼는 두려움에 대한 설문에 답하게 한 것이다. 그 후 참여자들에게 동전을 보여주며 그 크기를 물었는데, 전반적으로 죽음을 생각한 참여자들이 치과에서의 두려움을 생각한 참여자들보다 동전의 크기를 더 크게 생각하는 것으로 나타났다. 또한 죽음을 생각한 참여자들은 미래보다 현재에 더 적은 금액을 갖게 되더라도 즉시 돈을 갖는 것을 선호했으며, 운이 좋아 뜻밖의 돈이 생기게 되더라도 그것을 사용하기보다 저축하겠다는 응답이 많았다.

이 실험의 결과는 죽음을 생각하는 사람일지라도 돈을 통해 위안을 받을 수 있다는 사실과 함께 사람들이 죽음의 순간까지 아무 것도 가지지 못한 상태를 두려워한다는 것을 보여준다. 다시 말해, 사람들은 '죽는 마당에 돈이 무슨 소용이야'라는 말을 하곤 하지만, 실상은 그렇지 않다는 뜻이다. '돈이라면 죽어서도 관 속에서 손을 내민다'는 속담이나, 저승 갈 때 보태라고 노잣돈을 주는 풍습은 이러한 사실을 뒷받침해준다. 불교에서는 저승에서 배곯지 말고 풍요롭게 지내라는 뜻에서 '지전紙錢'을 관에 넣어주거나 불에 태우기도 한다.

그렇다면 왜 사람들은 죽는 마당에 돈을 찾는 것일까? 돈이 죽음을 위로라도 해주는 것일까? 물론 그렇지는 않다. 보다 현실적인 대답은 죽음에 상당한 돈이 필요하다는 사실 때문일 것이다. 2020년 부천 국제 판타스틱 영화제에 출품되었던 〈잔칫날〉이란 영화는 그런 현실을 실감 나게 그리고 있다.

이 영화의 주인공인 경만은 무명 MC인데, 그는 아버지의 장례식 날에 잔칫집으로 향한다. 그가 가진 돈으로는 장례식을 제대로 치를 수 없었기 때문이다. 그런데 잔칫집에서 MC를 보던 중 주인공 할머니가 갑자기 쓰러지면서 경만은 뜻밖의 상황에 휘말리고 만다. 결국 경만은 아버지의 죽음을 제대로 기리지 못하고, MC로서 잔치의 흥을 돋우기 위해 억지로 웃을 수밖에 없었던 자신의 얼굴을 마주하며 오열하고 만다. 이 영화는 죽음이라는 슬픔 앞에서조차 현실적으로는 돈이 필요하다는 아이러니를 잘 보여주고 있다. 그래서 이런 아이러니를 피하기 위해 사람들은 상조 서비스에 가입하고, 사후보험과 같은 보험 상품도 구입한다. 비록 죽은 뒤에 보험회사 직원이 저승까지 따라오지는 않겠지만, 죽은 뒤에도 무엇인가를 보장해준다는 말에 귀를 기울이는 것이다.

이를 보면 돈이 확실히 죽음의 공포를 줄여주는 데 효과가 있는 것처럼 보인다. 이는 사람들이 돈을 바라볼 때 현실에서 가장 위협적인 것으로부터 벗어나게 해줄 수 있는 수단으로 보기 때문이다. 그러다 돈이 인간의 생존을 위협하는 것에서 지켜준다는 믿음이 더 강해지게 되면 그것이 마르크스나 프로이트Frued가 말한 '화폐의 물신성 fetishism'이 되기도 한다. 여기서 '물신物神'이란 어떤 물건이 그 소유자에게 주술적 효과를 가져온다는 종교적 개념이다. 쉽게 말해, 돈이 나를 지켜준다는 믿음이다.

그런데 비단 육신의 죽음만이 죽음은 아니다. 돈은 육신의 생명뿐 아니라 사회적 생명의 기반이 되기도 한다. 즉, 돈이 없으면 친교비를 감당하지 못해 친구를 만나지 못하고 여타 사회적 관계도 단절되기 쉽다. 게다가 다른 사람들에게 인정받지 못하고 투명인간 취급받을 수도 있다. 이는 삶에서 엄청난 공포로 작용한다. 특히 사회적 불안정성이 높아지고 미래가 예측 불가능할 경우 그 공포는 더욱 커질 수밖에 없다. 그렇기에 사람들은 돈을 통해 이러한 사회적 죽음의 공포에서 벗어날 수 있는 방법을 찾으려고 한다. 쉽게 말해, 돈을 기반으로 친교를 맺고, 돈을 통해 문화 강좌나 정치활동에 참여하는 것이다. 그러니 돈이 우리의 정체성, 관계 등을 지배하는 견고한 힘으로 여겨지는 것은 당연한 일인지도 모른다.

이는 돈이 단순한 물건이나 수단을 넘어 '사회적 관계의 매개체'라는 것을 의미하기도 한다. 즉, 돈이 사회적 공동체를 더욱 공고하게 만들어주는 것이다. 그래서 미국의 소설가 거트루드 스타인Gertrude Stein은 인간과 동물을 구분하는 것이 바로 '돈'이라고 했다. 애덤 스미스도 『국부론』에서 "어떤 개가 뼈다귀 한 개를 다른 개가 가지고 있는 뼈다귀와 공정하게 숙고한 끝에 교환하는 것을 본 사람은 아무도 없다"고 했다. 오직 사람만이 돈을 매개로 교환 행위를 할 수 있다는 뜻이다. 이는 돈이 인간관계의 고리가 된다는 말이기도 하다.

돈이란 무엇인가

'돈에 대한 욕망과 죽음에 대한 공포가 자본주의를 움직이는 두 가지 축'이라는 말이 있다. 그만큼 돈과 죽음은 서로 밀접하게 결부되어 있다. 데미안 허스트의 작품이 상징하는 바도 이와 같다. 따라서 돈을 단순한 물질이나 도구 정도로 볼 것만은 아니다. 인간의 경제적 토대와 문화적 상부구조를 이어주는 것이 돈이고, 더 나아가 사람과 사람을 이어주는 매개체가 돈이고, 개인과 세계를 묶어주는 시스템이 바로 돈이다.

•• 죽은 돈과 산 돈 ••

비단 인간만이 죽음을 맞이하는 것은 아니다. 돈도 죽음을 맞이한다. 지폐나 주화의 물리적 훼손으로 돈이 폐기되는 것은 물론이고, 돈이 제 기능을 다하지 못하는 것도 '돈의 죽음'이라 할 수 있다. 어딘가에 묻혀 있어 돈을 사용하지 못하는 경우도 마찬가지다. 일례로, 서기 79년 베수비오산 폭발로 땅속에 묻혀 있던 고대 로마의 도시 폼페이를 발굴하던 중 발견된 한 유골이 들고 있던 돈은 죽은 돈에 불과하다. 그는 살아생전 상당한 부자였는지 한 손에 금화를, 다른 한 손에 은화를 꼭 쥐고 있었다. 하지만 그에게 있어 그 돈은 죽은 돈에 불과하다. 돈이 살아있는 생물이 아니기에 '죽었다, 살았다'라는 표현을 쓰는 것이 이상할 수 있지만, 명백히 돈을 활용할 수 없다는 점에서 그 돈은 죽은 돈이다.

그런데 오늘날에도 폼페이의 유골과 같이 돈을 움켜쥐고 죽는 이들이 꽤 많다. 특히 구두쇠들이 그런 성향이 강하다. 어떤 구두쇠는 친구의 부추김에 못 이겨 로또 복권 2장을 샀는데, 그중 1장이 당첨되어 버렸다. 하지만 기쁜 내색 하나 없이 "내가 미쳤지, 다른 한 장은 왜 샀을까?"라고 한탄했다고 한다. 그만큼 구두쇠들은 돈 쓰는 것을 두려워한다.

비단 구두쇠만 그런 것이 아니다. 통계적으로 중산층의 경우에도 자기 재산의 30퍼센트 정도만 쓰고 죽는다고 한다. 그래서 한 고등학교 동창들은 '다쓰회'라는 모임을 만들기도 했다. 이들은 '다 쓰고 죽자'를 모임의 목적으로 삼고 매년 친구들과 부부 해외여행을 다니는 등 노후생활을 즐기는 것에 목숨을 건다고 한다.

재정설계사인 스테판 폴란Stephen Pollan도 『다 쓰고 죽어라』라는 책에서 자신이 죽으면 가족들이 어떻게 살까 걱정하지 말고 가진 돈을 모두 쓰고 죽으라고 이야기하고 있다. 그는 자기 자신을 위한 일에 돈을 쓰지 못하고 자녀들을 위해 아껴두는 것은 삶의 질보다는 죽음의 질을 먼저 생각하는 태도라고 비판한다. 그러면서 자칫 자녀가 자신의 미래를 상속에 의존하다가 결국은 사랑하는 사람이 죽기를 기다리게 만들어 자식의 영혼까지 망칠 수 있다며, 내가 죽으면 아내와 자식들이 어떻게 살까 걱정하지 않아도 된다고 말한다. 자신이 죽고 3년만 지나면 대부분이 부모의 존재를 까맣게 잊고 잘 산다는 것이다.

2018년에 개봉한 〈웨이크필드〉라는 영화에도 비슷한 이야기가 나온다. 『큰 바위 얼굴』, 『주홍글씨』로 유명한 너새니얼 호손Nathaniel Hawthorne의 소설을 바탕으로 만들어진 이 영화의 주인공 웨이크필드는 아내와 자녀를 두고 남부러울 것 없이 사는 잘 나가는 변호사다.

그러던 어느 날, 스스로 행방불명이 되어 자신 없이 살아가는 가족을 관찰해보기로 결정하고는 아무도 모르게 창고에서 가족들의 삶을 지켜본다. 그런데 예상과는 달리 자신이 없어도 가족들이 잘 사는 모습을 보고 충격을 받는다. 결국 이 사건으로 인해 그는 자신의 삶을 되돌아보게 되는데, 그 결과 지금까지 가족을 위해 살아왔을 뿐 스스로 존재한 적이 없었다는 것을 깨닫게 된다.

그렇다면 스테판 폴란의 주장대로 자신이 원하는 삶을 위해 돈을 다 쓰고 죽는 것이 정답일지도 모른다. 흔히 얘기하듯이 사람이 죽을 때 돈을 싸 들고 가는 것도 아니지 않는가. 아일랜드의 속담처럼 수의에는 주머니가 없는 법이다. 결국 행복한 죽음보다는 마지막 순간까지 행복한 삶을 추구하는 것이 더 중요한 것이다. 자신의 장례식을 화려하게 장식해줄 돈이 아무리 많다고 하더라도 그것을 사용하지 못하고 죽는다면 그것은 행복한 죽음이 아닐 수도 있기 때문이다. 따라서 살면서 욕심을 조금만 내려놓으면 우리는 충분히 죽은 돈을 살릴 수 있게 된다. 구두쇠처럼 욕심과 탐욕으로 돈을 움켜쥐기만 하고 제대로 쓰지 못할 때 돈은 죽어버리기 때문이다.

그리고 돈이 죽어버리는 또 다른 경우는 경제에 병이 들었을 때다. 몸의 혈관이 막히는 동맥경화가 육신의 죽음을 초래하고 고약한 변비가 고통을 유발하듯, 소비나 투자에 투입되지 않는 자금경색은 돈을 죽게 만들고 경제적 고통을 유발한다. 자금경색은 불확실성으로 인해 경제주체들의 경제심리가 위축될 때 주로 나타난다. 그러나 경제가 다시 활성화되면 돈이 다시 돌기 시작하며 죽었던 돈이 살아난다. 죽은 사람은 다시 살아날 수 없지만, 죽은 돈은 언제든지 부활될 수 있는 것이다. 그런데 그렇게 돈이 살아나면 사람들도 활기를 되찾는다.

그런가 하면 금융 상품을 통해서도 죽은 돈을 살릴 수 있다. 바로 사망채권과 같은 생명 보험 전매제도가 존재하기 때문이다. 사망채권은 투자 은행들이 생명 보험을 모아 만든 자산담보부증권[58]으로, 생명 보험을 투자 은행에 판 개인은 자신이 죽은 후에 받아야 할 보험금의 일부를 살아있는 동안 미리 받을 수 있다. 반대로 투자 은행들은 보험 가입자가 사망할 때까지 매월 보험료를 지급해야 한다. 하지만 가입자가 사망하면 모든 보험금을 투자 은행이 거머쥐기 때문에 보험 가입자가 빨리 죽을수록 투자 은행과 사망채권 투자자의 수익은 커지게 된다. 따라서 투자자들은 보험 가입자가 빨리 죽기만을 학수고대하는 아이러니가 펼쳐진다. 어떻게 보면 이 제도는 죽음을 돈으로 바꾼 것이자 죽어서야 지급될 '죽은 돈'을 살아있을 때 쓰게 만들어 '산 돈'으로 만든 것과 같다.

이를 보면 인간의 삶과 죽음만큼이나 돈의 삶과 죽음에도 이해하지 못할 것으로 가득 차 있는 것처럼 보인다.

---

58) 금융 회사나 기업이 보유하고 있는 부동산, 회사채, 외상매출채권 등 각종 자산을 기초자산으로 발행하는 증권을 말한다.

돈의 한계

　영어에 'Money talks'라는 표현이 있다. 직역하면 '돈이 말한다'는 뜻인데, 여기서 talk은 '유효하다', '뭐든지 다 된다'는 의미로 해석된다. 그렇다면 돈이 꽤 능력 있는 존재인 셈이다. 우리나라의 Mnet에서 방영되는 인기 힙합 프로그램에 'Show me the money'가 있었다. 이는 〈제리 맥과이어〉라는 영화에서 삼류 미식축구 선수가 스포츠 에이전시 매니저 제리에게 좋은 계약을 따내라고 불평하면서 했던 말이다. 즉, '나에게 돈을 보여줘'라는 이 말은 '너의 능력을 보여줘'라는 뜻이다. 그렇다면 돈이 어떤 능력을 대변해준다는 말이다. 그만큼 돈이 미치는 영향력이 크다고 할 수 있는 것이다. 그래서 돈이 때로는 도깨비방망이 같기도 하고, 어떤 경우에는 전지전능한 신처럼 여겨지기도 한다. 그러나 분명한 것은 돈에 그 한계가 분명히 존재한다는 점이다.

•• 자신의 영역을 점점 확장하는 돈 ••

바둑은 얼마만큼 많은 집을 확보하느냐에 따라 승부가 결정된다. 바둑에서 이기기 위해서는 상대방보다 더 많은 집을 확보해야 한다. 따라서 상대방의 돌을 잡기도 하고, 상대방의 집을 침범하여 그 영역을 파괴해야만 한다. 그런데 이러한 바둑판 위의 세상이 자본주의 사회에서도 펼쳐진다. 현실 곳곳에 '돈'이라는 바둑돌이 놓이면서 돈의 영역이 확장되는가 하면, 돈이 점점 많은 것들을 침범하고 있기 때문이다. 2012년 하버드대학의 마이클 샌델Michael Sandel 교수가 아산정책연구원과 공동으로 수행한 '사회정의 인식조사' 결과만 보더라도, 한국인의 91퍼센트, 미국인의 85퍼센트는 '돈이 삶을 지배하고 있다'고 응답할 정도로 사람들은 돈을 인생의 바둑돌처럼 생각하고 있다.

그만큼 돈이 인간이 소유하고 사용하는 재화와 서비스를 넘어 인간의 삶 전반에 영향을 미치고 있기 때문이다. 감히 돈으로 사고팔 수 없을 것 같은 것들이 너무나 쉽게 돈으로 매매되는 현실은 이를 방증해준다. 한 예로, 일반 입장료의 두 배를 내면 테마파크 놀이기구의 맨 앞줄에 서는 패스트 트랙 서비스나, 일등석과 비즈니스석을 구매한 승객이 전용 카운터를 이용하여 먼저 심사를 받는 것은 이미 일반화된 일이다. 이러한 줄서기 경제가 지금은 대치동 유명 강사의 수업을 듣기 위해 새벽 찬바람을 맞으며 대신 줄을 서주고, 유명 유치원 입학에 필요한 대기표를 받거나, 청약을 받기 위한 모델하우스에서 대신 줄을 서는 아르바이트로 확장되고 있다. 심지어 2021년에는 '오픈런 갓바타'라는 줄서기 대행서비스업체까지 등장했다. '오픈런

돈이란 무엇인가

open run'이란 원하는 물건을 사기 위해 매장 앞에서 미리 기다리다가 문이 열리자마자 뛰어 들어가는 행동을 말한다. 그래서 이 업체는 고객을 대신한 아바타가 되어 전날 밤이나 이른 새벽부터 매장 앞에서 줄을 대신 서주다가 매장 오픈 직전 고객이 도착하면 자리를 교대해준다.

이 밖에도 대가를 지불하고 신약에 대한 임상 시험을 하는 일명 마루타 알바도 있으며, 심지어 혈액이나 신장을 돈으로 사고팔 수도 있다. 그런가 하면 결혼식에서 주례나 하객을 대행해주는 서비스, 의뢰자의 부모에게 선물과 안부 메시지를 주기적으로 보내주는 효도 대행 서비스도 있으며, 심지어 의뢰인을 대신해 사과나 양해를 해주고 연인 간의 이별 통보를 해주는 감정 대행 서비스도 있다. 이른바 감정의 외주화이다. 그러다 보니 생각지도 못한 기발한 대행 서비스가 등장하기도 한다. 한 예로, 중국에서는 원하는 문구를 눈 위에 대신 써주고 사진을 찍어 보내주는 '대신 눈 위에 글씨 쓰기' 서비스가 판매되는가 하면, '대신 살찌기'도 당당히 상품으로 등장하기도 했다.

심지어 돈으로 죽음을 사고팔기도 한다. 돈만 있으며 멸종 위기에 있는 동물을 죽일 권리를 얻을 수 있고, 유명 인사의 사망 시기를 추측하면서 돈을 걸고 내기를 하는 '데스풀Death Pool'이라는 도박 게임도 있다. 이쯤 되면 가히 돈으로 못할 것이 없어 보인다. 이렇게 돈의 영역이 확장되는 모습을 보고 있으면, 돈이 도깨비방망보다는 외려 자신의 뜻대로 모든 것을 이룰 수 있는 여의봉如意棒에 가깝다는 생각도 든다.

그렇다면 돈이 온갖 영역을 파고드는 이러한 현실을 어떻게 보아야 할까? 우선 자유로운 경제활동이 보장되는 자본주의 사회에서 자신의 돈으로 필요한 것을 사고파는 것을 뭐라 탓할 수 없다는 지적이 있다. 공공의 이익이나 타인의 권리를 침해하지 않는 한, 돈으로 원하는 것들을 자유롭게 사고파는 것은 개인의 자유이기 때문이다. 게다가 구매자와 판매자 모두 거래로 인해 만족감이 높아지기라도 한다면, 그것은 더욱 바람직한 거래가 된다. 예를 들어, 돈을 지불하고 줄서기 아르바이트를 고용한 사람은 줄을 서지 않고도 원하는 것을 얻어 만족할 수 있고, 줄을 서서 돈을 번 사람도 행복을 느낀다면 누이 좋고 매부 좋은 것이 아니겠는가. 이처럼 서로에게 윈윈이 되어 경제적 효용이 증가하는 데 무엇이 문제냐는 것이다.

게다가 '시간이 돈이다'라는 말이 의미하는 것처럼 이러한 거래는 현대인들의 바쁜 시간을 절약해주는 측면에서도 정당화될 수 있다. 그만큼 현대인들은 시간의 소중함을 잘 알고 있기 때문이다. 따라서 생활 리듬이 점점 빨라지는 현대 사회에서 각종 대행 서비스는 새로운 이익 창출은 물론, 삶의 만족감을 높이는 데 기여한다고 평가되기도 한다. 소비자 입장에서는 비싼 가격을 지불하더라도 그 시간을 효율적인 곳에 쓰고, 서비스 제공자 입장에서도 남는 시간을 수익으로 바꾼 것이니 서로가 남는 장사인 셈이다. 즉, 눈앞의 돈만 보는 것이 아니라 자투리 시간을 아껴 효용을 극대화하는 것이다. "동짓달 기나긴 밤, 한 허리를 잘라내어 필요한 중요한 순간에 굽이굽이 꺼내 쓰고 싶다"라고 말한 황진이라면 이런 견해를 적극 지지했을 것이다.

•• 돈이면 정말 다 된다는 착각 ••

하지만 돈의 영역이 확장되면서 뭐든지 사고팔 수 있는 현상을 경계하는 목소리도 있다. 특히 도덕, 노력과 같이 보이지 않는 가치를 중요시하는 사람들은 돈으로 무엇이든 매매가 되는 것이 바람직하지 않다고 주장한다. 이들은 자신의 노력으로 충분히 무엇인가를 이룰 수 있음에도 불구하고 대행 서비스를 이용하는 것 자체가 게으름일 수 있으며, 자꾸 남에게 의존하게 되는 모습이 사회의 발전을 제약할 수 있다는 생각을 가지고 있다. 또한 '공정'이라는 관점에서 보더라도 돈으로 새치기 권리를 사는 것을 허용하게 되면 줄서기에 돈을 지불할 만한 경제적 여유가 없는 사람들을 상대적으로 차별하는 것이 될 수 있다고 비판한다.

그런데 더 큰 문제는 돈의 확장이 공공의 이익과 질서의 영역을 파고들 때다. 예를 들어, 돈으로 악질 기업인을 사면하는 것이 허용될 경우 사기나 횡령과 같은 범죄가 조장될 수 있고, 장기 매매를 법으로 허용할 경우 인신매매와 같은 범죄가 늘어날 수 있으며, 돈을 통한 특례 입학을 허용할 경우 대학에 가기 위해 열심히 노력한 학생들을 좌절시킬 수도 있다. 이처럼 인간관계의 기본이 되는 도덕적 가치나 사회 규범에 돈이 개입하는 것은 오히려 역효과를 불러일으킬 수 있다.

타인에게 호의를 베푸는 경우도 마찬가지다. 마음에서 우러나온 호의가 돈으로 거래되는 경우 호의의 본질이 퇴색하고, 그로 인해 인간관계가 틀어져 버릴 수도 있다. 실제로 한 주부가 아들의 소풍 날, 아들 친구의 도시락까지 애써 챙겨주는 호의를 베풀었다. 그 친구의 엄마가 너무 바빠 아이의 도시락까지 챙겨줄 여유가 없다는 사정을 전해 들었기 때문이다. 그런데 며칠 후 그 엄마가 고맙다며 도시락 값으로 천 원을 보내왔다. 이때 주부는 몹시 당황스럽고 언짢았다고 한다. 이는 자신이 챙겨준 도시락에는 돈으로 환산할 수 없는 사랑과 배려가 담겨 있음에도 불구하고 그 가치가 단지 도시락 재료비로 환산되어 되돌아왔기 때문이다. 이처럼 호의와 같은 도덕적 가치가 돈으로 거래되는 것에 사람들은 강한 거부감을 갖는다.

이후 그 주부는 다시는 도시락을 싸주는 호의를 베풀지 않았을 것이다. 이 사례가 보여주는 것처럼 돈은 도덕적 행위를 축소시키는 측면이 있다. 비슷한 사례로 미국 퇴직자협회가 가난한 퇴직자를 위한 법률 서비스를 변호사들에게 요청한 적이 있었다. 그런데 그들에게 무료로 서비스를 요청했을 때는 대부분의 변호사들이 기꺼이 승낙했지만, 시간당 30달러로 서비스해줄 것을 요청했을 때는 모두 거절하였다. 이는 도덕적인 행위에 가격표가 붙자 변호사들이 이익이 남는지를 따져보았기 때문이다.

심지어 도덕적이고 규범적인 행위에 돈이 개입하게 되면 다시 원래의 상태로 되돌아갈 수 없게 되기도 한다. 1998년 이스라엘의 한 탁아소에 아이를 맡긴 부모들을 대상으로 진행된 경제학자 유리 그니지Uri Gneezy 교수와 알도 러스티치니Aldo Rustichini 교수의 벌금 부과 실험은 이를 잘 보여준다.

이들은 아이를 탁아소에 보낸 부모가 정해진 시간에 아이를 데리러 오지 못할 경우 벌금을 내도록 했다. 그러자 예상과는 달리 지각하는 부모들이 오히려 늘어났다. 사실 이전에는 지각한 부모들이 늦게

돈이란 무엇인가

까지 자신의 아이들을 돌보는 보육교사들에 대한 미안한 감정 때문에 최대한 늦지 않도록 노력했다. 보육교사에 대한 미안함이 일종의 사회 규범으로 작용했기 때문이다. 그러나 벌금이 부과되자 이러한 미안한 마음이 벌금으로 해소되면서 부모들은 마음의 짐을 덜고 좀 더 여유 있게 지각할 수 있었던 것이다.

그런데 더 큰 문제는 이후 벌금 제도를 다시 폐지했음에도 불구하고 부모들의 지각 횟수가 더 늘어났다는 점이다. 그것은 벌금에 길들여진 부모들이 오히려 공짜 거래를 즐기기 시작했기 때문이다. 이는 돈에 한 번 길들여진 경우 되돌리기 쉽지 않다는 것을 보여준다.

이처럼 돈의 개입은 어떤 가치의 본질을 변질시키는 측면이 있다. 특히 금전적 인센티브가 내재적 인센티브를 손상시킬 때 더욱 그렇다. 예를 들어, 좋은 성적을 거둔 아이들에게 돈으로 보상해 줄 경우 그 보상이 자칫 공부를 잘하게 하려는 본래의 의도를 사라지게 만들 수 있다. 공부뿐 아니라 우정, 사랑과 같은 다른 덕목들도 마찬가지다. 그래서 철학자 칸트는 "가격이 있는 것은 동일한 가격의 다른 것으로 대체될 수 있는 상대적 가치를 지닌다. 그러나 존엄성이 있는 것은 가격을 초월한 것으로서 대체 불가능한 가치를 지닌다"라고 말하기도 했다.

여기서 우리는 인간의 가치와 도덕, 규범과 같은 성격을 가지는 재화나 서비스를 돈으로 구매하게 하면, 거기에는 반드시 부작용이 따른다는 교훈을 얻을 수 있다. 그래서 세계보건기구WHO도 헌혈의 대가로 금전을 지급하지 말라고 경고하는 것이다. 돈을 지급할 경우 헌혈이 자선 행위가 아닌 판매 행위가 되어 헌혈자의 수가 줄어들 수 있기 때문이다. 실제로 영국의 사회학자 리처드 티트머스Richard Titmuss는 헌혈자에게 대가를 지불할 때 헌혈자 수가 감소할 수 있고, 혈액의 안전성도 위태로워질 수도 있다고 경고하고 있다. 실제로 상업적인 거래가 가능하고 수익을 추구하는 혈액은행이 많은 미국에서 거래되는 혈액의 질이 자발적 헌혈 제도를 운영하는 영국보다 훨씬 더 나쁘다는 조사 결과도 있다. 간염, 성병에 걸린 사람들이나 마약 중독자들이 자신의 혈액을 팔아서 돈을 마련할 수 있다는 것만 생각해보아도 이는 쉽게 이해가 된다.

비단 혈액뿐만이 아니다. 돈을 중심으로 의료체계가 돌아가는 미국의 경우 병원은 환자를 받는 곳이 아니라 단지 돈을 내고 서비스를 받는 곳이라는 인상을 준다. 미국의 의료시스템을 고발한 마이클 무어Michael Moore 감독의 다큐멘터리 영화 〈식코〉를 보면, 일을 하다 중지와 약지가 절단되어 접합 수술을 받으려 병원에 찾아간 목수가 6만 달러에 중지 접합수술을 받을 것인지, 1만 2천 달러에 약지 접합수술을 받을 것인지 선택해야 하는 장면이 등장한다. 돈이 없었던 그 목수는 결혼반지를 껴야 한다는 핑계를 대며 80퍼센트 더 저렴한 약지 접합수술만 받는다.

물론 노력과 성과에 대한 보상은 필요하며 돈도 분명 중요한 보상수단 가운데 하나다. 하지만 때와 장소를 가리지 못하는 돈은 배려,

돈이란 무엇인가

도움, 공정, 우정, 사랑과 같은 인간사회의 가치를 무너뜨리는 독이 될 수도 있다. 물에 빠진 사람에게 밧줄을 던지는 선한 행위에 돈을 지불하는 것은 보상이 아니라 오히려 모욕에 가깝다. 이웃과 작은 도움을 주고받는 것이나 낯선 이의 목숨을 구하는 행동은 그 값을 매길 수 없을 만큼 귀한 행동이고, 또 사회적으로 장려되어야 하는 가치다. 이러한 가치로 다져진 공동체는 장기적으로 더 커다란 이익을 가져다준다. 그러나 경제적 효율과 자유를 근거로 보이지 않는 가치에 자꾸 값을 매기려 든다면, 오히려 역효과가 나타날 수밖에 없다. 바둑 게임에서 바둑돌의 영역이 커질 때 그만큼 잡아먹히는 돌이 많아지는 것처럼 현실에서도 돈의 영역이 커질 때 그만큼 잡아먹히는 가치가 많아지는 것이다.

때문에 돈이 때론 전지전능한 존재처럼 보이기도 하지만, 결국 그것은 우리의 소중한 가치를 희생한 표면적 현상일 수도 있다는 점을 인식할 필요가 있다. 돈으로 식당에서 음식을 살 수는 있어도 그 돈으로 우리의 입맛을 좋게 할 수는 없고, 돈으로 멋진 집을 살 수 있어도 단잠을 잘 수는 없는 것처럼 분명히 돈의 한계가 있는 것이다. 그러나 "돈으로 살 수 없는 것이 있긴 하다. 그러나 요즘 그 개수가 많지 않다"고 말한 마이클 샌델 교수의 말처럼 돈의 영역은 지금도 조금씩 확장되고 있는 것은 엄연한 사실이다.

| 네 번째 질문 |

돈은 어떻게
인간의 생각을
지배하는가?

경제적 풍요를
꿈꾸게 하는 돈

　이런 우화가 있다. 옛날 희소성 속에서 사는 한 남자가 있었는데, 경제학을 통해 많은 모험과 오랜 여행을 한 끝에 '풍부한 사회'라는 여자를 만났고, 결국 그들은 결혼하여 많은 '욕구'를 낳았다. 이 우화는 빈곤을 벗어나 풍요로운 상태가 되어도 그것에 만족하는 것이 아니라 더 많은 욕심을 부리게 된다는 사실을 말해준다. 그런데 이를 함축적으로 보여주는 말이 바로 '풍요 속의 빈곤'이다. 이는 부유한 사회가 소비보다 저축을 더 하려는 경향으로 인해 도리어 빈곤해질 수 있다는 의미로 경제학자 케인즈가 처음 사용한 말이다. 하지만 이후 경제성장에도 불구하고 양극화가 심화되면서 극빈층이 늘어나는 현상을 일컫는 말로 사용되기도 하고, 우화에서처럼 물질적으로 부유함에도 불구하고 만족을 얻지 못하는 상황에 사용되기도 한다. 그러나 때로는 물질적 풍족함이 더 많은 자유와 정신적 풍요를 낳는 풍요 속의 풍요가 펼쳐지기도 한다. 반대로 물질적 부족함이 정신적 빈곤을 낳기도 한다. 그만큼 돈은 우리의 마음을 뒤흔든다. 그러나 현실적으로 돈을 바라는 가장 큰 이유는 돈이 자유와 힘을 가져다주기 때문이다.

•• 풍요와 빈곤에 좌우되는 마음 ••

인생을 살다 보면 보이는 돈이 보이지 않는 우리의 생각을 좌우할 때가 많다. 특히 돈이 넉넉할 때와 부족할 때의 상황은 우리의 생각과 행동에 많은 영향을 미친다.

우선 가진 돈이 넉넉하고 충분할 경우에는 마음 씀씀이부터 달라진다. 제2차 세계대전 당시 유럽에서는 수천 명이 들키면 사형에 처한다는 사실을 알면서도 용감하게 유대인들을 숨겨준 사람들이 있었다. 이에 캘리포니아대학의 미첼 호프만Mitchell Hoffman 교수는 유대인에게 가장 많은 도움을 준 상위 20개국의 평균 소득을 비교해 보았다. 그 결과 평균적으로 부유한 국가에서 유대인이 많이 살아남은 반면, 형편이 어려운 나라에서는 그렇지 못했다. 평균적으로 소득이 10퍼센트 증가할 때 구조된 유대인의 수는 20퍼센트 늘어나는 것으로 나타났다. 이 외에도 경제학자 아서 브룩스Arthur Brooks의 분석에 따르면 수입이 많을수록 사람들은 더 많은 기부를 하는 것으로 나타났다. 평균적으로 수입이 1달러 늘어날 때마다 기부 금액은 0.14달러씩 올라갔다.

또한 돈이 넉넉할 경우에는 남에게 의존하고자 하는 마음이 줄어

돈이란 무엇인가

들면서 독립성이 강화되기도 한다. 사실 인간은 생존 과정에서 타인의 보호와 도움이 절대적으로 필요한 존재다. '인간은 사회적 동물'이라는 말에서 알 수 있듯이 태생적으로 타인은 나의 부족을 메워주는 존재다. 하지만 인류가 돈을 사용하면서부터 인간의 나약함을 보완해주고 생존을 보호하는 장치가 하나 더 생겨났다. 바로 '돈'이다. 즉, 예전에는 먹을 것이 떨어졌을 때 사냥 잘하는 친구가 필요했지만, 이제는 돈을 가지고 시장에 가면 그만이다. 어떤 때는 사람보다 돈을 더 찾기도 한다.

이 때문에 돈에 대한 의존이 커질수록 사람에 대한 관심이 줄어드는지도 모른다. 미네소타대학의 심리학자 캐슬린 보스Kathleen Vohs의 실험은 이를 잘 보여준다. 그는 돈에 점화된 사람들이 어떤 행동을 보이는지를 관찰해보았다. 점화priming란 사람들의 선택과 행동을 바꾸도록 특정한 생각이나 연상 작용을 활성화시키는 것을 말한다. 예를 들어, '먹다'를 뜻하는 'eat'을 본 후 'so_p'을 채우라고 하면 'soap'보다는 'soup'을 만들고, 노화와 관련된 철자 맞추기 게임을 했을 때 걸음걸이가 느려지거나, 월스트리트 같은 단어에 경쟁 심리가 자극되는 것처럼 어떤 이미지나 단어를 보고 무의식적으로 그것에 영향을 받는 것이 점화다.

보스 교수는 컴퓨터 화면 보호기를 통해 일부 학생들에게는 바닷속에 물고기가 떠다니는 모습을 보여주었고, 나머지 학생들에게는 돈이 떠다니는 모습을 보여주었다. 그 후 타인이 이들에게 도움을 요청하게 했는데, 물고기를 본 학생들은 148초의 시간을 할애한 반면, 돈을 본 학생들은 68초의 시간만을 썼다. 또 일부러 해답이 없는 어려운 과제를 풀도록 한 후 17분 동안 몇 퍼센트의 참가자들이 남에게 도움을 요청하는지 관찰했는데, 돈을 본 학생은 30퍼센트 미만이, 물고기를 본 학생은 60퍼센트 정도가 도움을 요청했다. 즉, 거의 무의식적으로 돈을 생각만 해도 다른 사람을 덜 도우려 했고, 남의 도움 또한 받지 않으려 했던 것이다. 돈의 존재감이 커지는 만큼 사람의 존재감이 작아진 것이다. 이 실험은 돈이 사람들에게 일종의 자기충만감을 준다는 사실, 즉 돈이 있으면 '너희가 없어도 난 혼자 살 수 있어'와 같은 느낌을 준다는 사실을 보여주었다.

반대로 돈이 부족하여 경제적 압박을 받는 상황에서는 시야가 좁아져 단기적인 문제에 집착하게 될 수도 있다. 즉, 결핍이 사람들로 하여금 바로 눈앞에 있는 것에만 집중하게 하여 큰 그림을 보지 못하게 만드는 것이다. 사실 결핍은 무언가를 열심히 할 의욕을 심어주어 내 삶을 성장하게 만들 수 있다. 이른바 '헝그리 정신'을 고취시키기 때문이다. 다시 말해, 가난 때문에 가난을 벗어나겠다는 의지가 강화되어 더 노력하게 되는 것이다.

미국의 시인 에이미 로웰Amy Lowell은 "가난 때문에 곤경에 굴하지 않는 의지, 무슨 일이든 가리지 않고 할 수 있는 용기, 참을성, 적은 것도 감사하게 생각하는 마음, 어려운 사람을 도울 수 있는 마음이 생긴다"며 가난을 '위대한 상속'이라 표현하기도 했다. 또한 경영의 신

돈이란 무엇인가

으로 추앙받는 일본의 마쓰시타 고노스케松下幸之助는 "나는 하늘로부터 가난한 것, 허약한 것, 못 배운 것 3가지 은혜를 받았다. 가난 때문에 부지런해졌고, 허약한 몸 때문에 건강에 힘썼으며, 초등학교 중퇴 학력 때문에 세상 사람들을 모두 스승으로 여겨 배우는 데 애썼다"고 회고하기도 했다. 그런가 하면 프랑스의 사상가 루소Rousseau는 가난한 집 아이와 부잣집 아이 중 누구를 가르치겠느냐고 물으면, 자신은 부잣집 아이를 가르치겠다고 했다. 왜냐하면 가난한 집 아이는 이미 인생의 많은 것을 알고 있는 반면, 부잣집 아이는 그렇지 못하기 때문이라고 했다.

때론 가난이 창의성에 도움이 되기도 한다. 미국 일리노이대학의 라비 메타Ravi Metha 교수와 존스홉킨스대학의 멩 주Meng Zhu 교수는 실험 참가자들을 두 그룹으로 나눈 후 한 그룹에는 어린 시절의 풍족했던 경험을 쓰게 하고, 다른 그룹에는 무언가 부족했던 경험을 쓰게 했다. 이후 이들의 창의성을 측정해본 결과, 어릴 때 경험이 부족했던, 즉 자원이 부족했다는 느낌을 떠올린 사람들이 더 창의적으로 과제를 수행한다는 사실을 발견했다. 이는 자원이 부족하다는 생각을 하게 되면 자연스럽게 기존 방식으로는 문제를 해결하기 어려워진다는 사고가 촉발되기 때문이다.

하지만 지나친 결핍은 오히려 사람들의 생각을 좁게 만들어버린다. 일례로, 제2차 세계대전 당시 독일 점령지를 탈환한 연합군은 오랫동안 굶주린 사람들을 발견하고는, 그들에게 어떻게 하면 건강에 무리가 가지 않게 영양을 공급할 수 있을지를 고민했다. 그 답을 찾기 위해 미네소타대학의 연구팀은 장기간 굶은 사람들의 신체 반응을 보면서 음식물의 양을 조절하는 실험을 진행했다. 그런데 실험에서 굶주림을 경험한 사람들은 실험이 끝난 뒤에도 음식과 관련된 것에 강한 집착을 보였다. 음식점에서 줄을 서서 기다려야 하는 상황을 참지 못하기도 하고, 요리책에 관심을 갖는가 하면, 식당 주인이 되겠다고 결심하는 사람도 있었다.

『결핍의 경제학』의 저자 센딜 멀레이너선Sendhil Mullainathan과 엘다 샤퍼Eldar Shafir는 위와 같은 현상을 '터널링tunneling'이라는 단어로 설명했다. 배고픔이 오직 먹을 것에 집중하게 만드는 것처럼, 어떤 것에 집착하면서 시야가 좁아지는 것을 빗댄 용어이다. 아마 어두운 터널을 빠른 속도로 달릴 때 터널의 출구만 동그랗게 보이고 주변이 온통 깜깜해지는 것을 느껴보았을 것이다. 그렇게 되면 눈앞의 상황에만 집중하게 되고 주변 상황을 잘 보지 못하게 된다. 터널링 현상의 대표적인 사례 중 하나가 미국 소방관들이 화재 현장으로 급히 가다 교통사고로 사망하는 경우다. 불을 꺼야 한다는 생각에 집착한 나머지 안전벨트를 매지 않았기 때문이다.

마찬가지로 돈에 있어서도 터널링 현상이 발생하면 돈을 당장 써야 하는 상황이 계속 머릿속에 맴돌면서 다른 생각을 방해하는 일종의 '회상억제[59]'가 나타나게 된다. 이 때문에 현재만 생각하는 좁은 시야가 장기적으로 생각하는 폭넓은 시야를 가리게 된다. 쉽게 말해, 숲을 보지 못하고 나무만 보게 되는 것이다. 시인 고은은 〈그 꽃〉이라

---

59) 사람들에게 미국의 모든 주 이름을 말해보라는 퀴즈를 내면서 일리노이주와 텍사스주와 같은 힌트를 주면 힌트를 주지 않은 경우보다 더 어려워한다. 이는 힌트로 주어진 일리노이주와 텍사스주가 머리에서 계속 맴돌면서 다른 주의 이름을 떠올리는 것을 방해하기 때문이다. 이것이 회상억제retrieval inhibition다.

는 시에서 "내려갈 때 보았네. 올라갈 때 보지 못한 그 꽃"이라 노래하고 있다. 힘들게 산에 오를 때는 보이지 않던 흔한 야생화가 여유롭게 하산할 때 보이는 것처럼 돈이 없어 힘들 때는 돈 외에는 아무것도 보이지 않다가도 여유가 생기면 다른 것이 보이게 된다. 마찬가지로 당장 필요한 돈을 한시라도 빨리 손에 쥐기 위해 사람들은 나중에 갖게 될 부담을 생각하지 못하게 된다.

그런데 문제는 돈의 부족으로 인한 결핍과 돈에 대한 걱정이 잘못된 의사결정으로 이어질 수 있다는 데 있다. 돈이 없는 상황, 즉 어떤 결핍이 있는 상황에서는 그 압박감으로 인해 비합리적이고 단기적인 결정을 내릴 가능성이 높아지기 때문이다.

심리학자 아누즈 샤Anuj Shah 교수는 실험을 통해 이를 보여주었다. 그는 프린스턴 대학생들을 A그룹과 B그룹으로 나눈 후, A그룹에는 가능한 많은 답을 생각할 수 있도록 긴 시간을 주었고, B그룹은 엄격하게 시간을 제한하여 시간에 쫓기게 한 후 퀴즈를 풀게 하였다. 그러자 시간에 쫓기는 B그룹의 학생들은 시간적인 압박을 받았지만, 그만큼 문제 풀이에 더 집중했기 때문에 두 그룹은 거의 비슷하게 퀴즈를 풀었다. 그 후 B그룹에게 필요하면 추가 시간을 빌릴 수 있는 기회를 주었다. 다만 어떤 문제를 푸는 데 추가적으로 1초를 빌리게 되면 전체 문제 풀이 시간은 2초가 줄어들게 했다. 그러자 B그룹은 전체적으로 두 배의 시간을 잃어버린다는 장기적 문제가 있음에도 불구하고 당장 몇 초를 더 얻는 단기적 생각에 매몰되어 시간을 빌리기 시작했다. 그렇다고 B그룹이 단기적으로 더 나아진 성과를 낸 것도 아니었다.

심지어 돈에 쪼들릴 경우에는 인지능력이 저하되기도 한다. 하버드대학의 경제학자 센딜 멀레이너선 교수는 돈 걱정을 많이 하게 되면 밤을 새운 사람의 상태와 80퍼센트 정도 비슷해진다는 사실을 밝히기도 했다. 누구나 밤을 새우고 나면 다음 날 제대로 생각하기가 힘든 경험이 있을 것이다. 그런가 하면 경제적 어려움이 아이의 두뇌 발달을 저해한다는 연구도 있다. 미국 세인트루이스에서 3~6세 아이들의 뇌를 매년 촬영해 본 결과, 가난한 가정에서 자란 아이들의 뇌 발달이 더 늦는 것으로 나타났다. 또한 가난한 지역의 아이일수록 부유한 지역의 아이보다 동전 크기를 더욱 크게 판단한다는 연구도 있다.

지금까지의 논의를 종합해 보면 돈이 많은 것이 정신 건강에 좋고 그렇지 않은 경우 정신 건강에 해로운 것처럼 느껴진다. 하지만 돈이 풍족해질 경우 오히려 마음이 교만해지고 타인을 무시하는 행위를 보이는 사례도 적지 않다. 또한 정신적인 가치보다 물질적인 가치를 우선시하다 오히려 삶이 피폐해질 수도 있다. 또다시 풍요 속의 빈곤에 처하게 되는 것이다.

●● 돈이 부여하는 자유와 힘 ●●

2011년 인지신경학자 크리스 프리스Chris Frith 교수와 우타 프리스 Uta Frith 박사는 재미있는 실험을 진행했다. 실험 참여자들에게 6.5초 가량의 짧은 동영상을 시청하게 했는데, 모든 동영상에는 같은 여성이 지폐를 쥐고 있었다. 첫 번째 영상에서는 60파운드 지폐를, 두 번째 영상에서는 12파운드 지폐였지만, 세 번째 영상에서는 진짜 지폐와 동일한 크기의 종이였다. 이후 여성은 손에 쥔 지폐와 종이를 의도적으로 찢었다. 그러자 실험 참가자들은 그 여성이 종이를 찢을 때는 아무런 반응을 보이지 않다가 진짜 지폐를 찢을 때는 불쾌해했고, 고액권일수록 더욱 큰 불쾌감을 보였다.

그런데 재미있는 것은 화폐가 찢어지는 모습을 보았을 때 활성화된 뇌 부위가 정신적 고통을 느낄 때 반응하는 부위가 아니라 사용 목적이 있는 도구를 인식할 때 활성화되는 부위였다는 점이다. 이는 사람들이 돈을 일종의 도구로 인식한다는 것을 보여준다. 때문에 사람들은 화폐가 소각되거나 찢어질 때 돈이 가진 유용성과 가능성을 잃어버린다고 느끼게 된다. 이 실험이 시사하는 바와 같이 돈은 삶 속에서 하나의 가능성으로 작용하는데, 주로 사람들에게 더 많은 기회와 여유를 주는 방향으로 작용한다. 그래서 사람들에게 왜 돈을 벌고 싶어 하는지를 물어보면 대부분 돈이 많으면 자유롭게 살 수 있기 때문이라고 대답한다. 돈이 많으면 직장과 가까운 곳에 집을 얻어 출퇴근 시간을 단축할 수 있으며, 좋아하는 취미도 자유롭게 할 수 있고, 어느 날 갑자기 여행을 가고 싶으면 훌쩍 떠날 수도 있다. 돈이 충분히 많으면 직업에 얽매일 필요도 줄어든다.

심지어 미국의 대중문화에는 'Fuck You Money(FU Money)'라는 말도 있다. 이는 누군가 자기가 하고 싶은 것을 하지 못하게 하거나 하기 싫은 것을 자꾸 시킬 때 "꺼져!"라고 외치는 데 드는 비용을 말하는 것으로, 더 이상 돈 때문에 불편한 일을 참지 않아도 되는 돈의 액수를 가리킨다. 그만큼 어느 정도 돈이 있으면 자신이 하고 싶은 일을 자유롭게 할 수 있다는 것을 상징적으로 보여주는 말이다. 우리나라의 경우 직장인들이 상사에게 가장 하고 싶은 말 중에 "저 복권에 당첨되었습니다. 안녕히 계세요"라는 말이 있다는데, 이때의 복권당첨금이 바로 FU Money에 해당한다. '파이어족[60]'도 하루빨리 FU Money를 벌어 인생을 자유롭게 살고 싶어 하는 사람들인 셈이다.

또한 경제적 여유가 있을 때에는 심리적으로 안정이 되면서 일이더 잘 풀리기도 한다. 한 예로, 창업을 할 때 회사를 그만두고 창업을준비하는 것보다 회사를 다니면서 준비하는 경우 실패 확률이 33퍼센트 더 낮다는 조사도 있다. 이는 기본적으로 위험 관리에 더욱 신경을 쓴 탓이지만, 실패를 하게 되더라도 돌아갈 곳이 있다는 심리적 효과 때문이기도 하다. 그만큼 돈은 인간의 노고를 줄여주고 심리적 안정을 가져다주면서 상대적으로 자유를 부여해준다.

하지만 돈이 아무리 많아도 개인이 무한한 자유를 누릴 수 있는 것은 아니다. 일반적으로 자유는 억압이나 제약이 없는 상태, 자신이 마음대로 할 수 있는 상태 외에도 빈곤이나 무지 등 원하지 않은 것으로부터 벗어난 상태를 말한다. 여기에는 종교의 자유, 직업 선택의 자유와 같이 개인이 사회의 간섭으로부터 구속받지 않을 사회적 자유도포함된다. 따라서 개인의 자유를 무제한으로 허용할 경우 개인 간 충돌로 인해 사회적 자유가 제약받을 수 있기 때문에 사회는 어느 정도개인의 자유를 제약하곤 한다. 쉽게 말해, 개인에게 맘껏 주먹을 휘두를 수 있는 자유는 보장하되 타인의 턱 앞에서만큼은 그 주먹이 멈추

---

60) 파이어FIRE는 'Financial Independence Retire Early'를 줄여 만든 말로, 금전적 자유를 얻고 빨리 은퇴하고 싶은 사람들을 가리킨다.

도록 하고 있는 것이다.

그런가 하면 영국의 역사가인 이사야 벌린Isaiah Berlin은 자유를 소극적 자유와 적극적 자유로 구분하기도 했다. 소극적 자유란 신앙의 자유, 사상의 자유, 집회결사의 자유와 같이 어떤 속박이나 굴레에서 벗어나는 것을 말하며, 적극적 자유란 자신이 선택한 인생의 목표를 추구할 수 있는 자유를 말한다. 따라서 돈이 충분히 많다는 것은 적극적인 자유를 누릴 수 있는 여유가 생기는 것을 의미할 뿐, 소극적 자유까지 보장해주는 것은 아니다.

한편 대부분의 사람들은 자유롭게 살기 위해 돈을 벌려고 하지만, 오히려 자유를 박탈당하는 역설에 갇히기도 한다. 쉬운 예로, 급여를 많이 주는 직장에 다니면 많은 돈을 벌기에 자유를 더 많이 누릴 수 있을 것으로 생각하지만, 그만큼 더 많은 일을 해야 하기 때문에 자신의 시간을 자유롭게 쓸 수 없는 상황에 처할 가능성이 높다. 현대경제연구소가 제시한 불안지수는 이러한 역설을 잘 보여준다. 불안지수를 계산하는 공식은 다음과 같다.

불안지수 = 10 - (행한 일의 가짓수 ÷ 하고 싶거나 해야 하는 일의 가짓수 × 10)

이 계산법에 따르면 해야 할 일이 많지 않고 시간적 여유가 있을 때 불안지수가 낮아진다. 예를 들어, 해야 할 일이 5개이고 일정한 시간 내에 4개를 끝낼 수 있다면 불안지수는 10 - (4 ÷ 5 × 10) = 2에 불과하다. 그러나 해야 할 일이 많아지고 점점 더 복잡해지는 현대인들의 불안지수는 8~9까지 치솟는다. 과거에 비해 상대적으로 독립적이고 자유로우며 물질적으로 풍요로운 세상이 되었지만, 역설적으로 이러한 자유가 현대인들로 하여금 경쟁에서 이기기 위해 쉴 새 없이 움직이게 만드는 것이다.

이를 보면 자유는 '시간'이라는 개념과 분리해서 생각할 수 없는 가치라는 것을 알 수 있다. 즉, 자유는 우리가 마음대로 사용할 수 있는 시간의 양인 셈이다. 따라서 아무리 돈이 많아도 그것을 누릴 시간이 없으면 자유롭지 않게 된다. 하지만 그러한 시간을 누릴 돈이 없으니 우선은 시간적 자유를 일정 부분 포기해서라도 돈을 벌어야만 한다. 그리고 그렇게 번 돈으로 다시 시간적 자유를 누리고자 한다. 자유와 돈의 서글픈 악순환이 반복되는 셈이다.

이 때문에 어떤 이들은 돈에 너무 얽매일 필요가 없고 돈에 대한 욕심을 내려놓으라고 말하기도 한다. 한 미국 래퍼가 부른 〈Mo Money Mo Problems〉이라는 노래 제목처럼 돈이 늘어날수록 문제도 많아진다고 생각하기 때문이다. 앞에서 언급한 시간적 문제뿐 아니라 돈을 가진 만큼 신경 쓸 것이 많아져 스트레스로 작용한다는 얘기다.

하지만 돈이 뒷받침되지 않고서는 어떤 성과를 이루기 힘든 것이 엄연한 현실이다. 역사적으로 위대한 성과를 낸 사람들도 생계를 위해 돈을 벌어야만 했다. 일례로, 그리스의 철학자 탈레스, 아테네의 개혁가 솔론, 수학자 히포크라테스는 모두 상인이었고, 철학자 스피노자는 철학 연구를 위해 안경알을 갈았으며, 식물학자 린네는 가죽 신발을 만들면서 연구를 했고, 셰익스피어는 극장 지배인으로 성공한 사람이었다.

뿐만 아니라 수많은 예술가들도 경제적 후원이 있었기에 예술적 성과를 낼 수 있었다. 대개 사람들은 예술을 매우 고상하게 여기기 때문에 돈에 얽매인 예술가들을 비난하고 경멸하기도 한다. 이는 순수한 열정이 아닌 돈벌이 수단으로 이용된 예술에는 영혼이 담겨 있지 않을 것이라는 생각 때문이다. 그러나 알고 보면 순수 예술작품들도 금전적 동기로 인한 것들이 부지기수다. 르네상스 시대의 뛰어난 그림들 대부분은 부유한 후원자들이 제공해 준 돈으로 그려졌다. 만일 레오나르도 다빈치Leonardo da Vinci가 돈을 받고 초상화를 그리지 않았다면 〈모나리자〉는 존재하지 않았을지 모른다. 미켈란젤로Michelangelo도 '돈은 내가 이루어낸 업적의 동인'이라고 말할 정도였고, 20세기 현대미술의 거장인 피카소도 '미술은 돈'이라고 공언하기도 했다. 이런 현실에서 미술품의 가격을 집계한 미술품 가격지수나 미술시장의 가격 변동 예측치인 미술시장 신뢰지수가 등장하는 것은 어쩌면 당연한 일일지도 모른다.

시인 김광균의 〈생각의 사이〉라는 시를 보면 다음과 같은 내용이 나온다.

시인은 오로지 시만을 생각하고 경제인은 오로지 경제만을
생각한다면 이 세상이 낙원이 될 것 같지만, 사실은 시와 경제의

사이를 생각하는 사람이 없으면 다만 휴지와 폐지 종이 두 장만 남을 뿐이다.

그만큼 돈이 예술을 뒷받침해준다는 말이다. 스포츠 스타의 경우도 정기적인 후원이 없는 경우 제대로 경기를 펼치기가 어렵다. 유명한 골프 선수 리 트레비노Lee Trevino의 "배고플 때는 퍼팅도 직선으로 할 수 없다"는 말은 이 같은 현실을 상징적으로 표현하고 있다.

그런가 하면 러시아의 작가 푸쉬킨Pushkin은 〈서적상과 시인의 대화〉라는 시에서 "이 강철의 시대에 돈이 없으면 자유도 없습니다"라고 노래했고, 도스토예프스키는 『죽음의 집의 기록』에서 "돈은 주조된 자유다. 그래서 자유를 박탈당한 사람들에게 돈은 열 배나 더 소중한 것"이라며 노골적으로 돈을 칭송했다. 사실 도스토예프스키는 낭비벽이 심해 돈을 흥청망청 쓴 인물로 유명하다. 그래서인지 "문학은 돈이 아닐지 모르지만, 원고는 확실히 돈이다"라고 말할 정도로 돈에 유난히도 집착했었다.

이를 보면 돈이 뒷받침되지 않고서는 결국 아무리 고상한 가치라도 현실에서 이루기 힘든 것처럼 보인다. 그러나 아무리 돈이 없더라도 자신의 꿈을 지레 포기할 필요는 없다. 돈이 없어도 꿈을 이루고자 하는 열망이 있으면 꿈도 이루고 돈도 따라올 수 있기 때문이다.

미국 하버드대학의 마크 알비온Mark Albion 교수는 MBA 졸업생 1,500명을 대상으로 돈과 꿈의 우선순위에 대한 생각을 물어, 우선 돈부터 벌고 생계 문제를 해결한 뒤에 내가 하고 싶은 일을 하자는 A그룹과 꿈을 쫓아 하고 싶은 일을 하다 보면 돈은 자연스럽게 따라온

돈이란 무엇인가

다는 생각을 가진 B그룹으로 나누었다. 꿈보다 돈이 먼저인 A그룹은 1,254명(83퍼센트)이었고, 돈보다 꿈이 먼저인 B그룹은 255명(17퍼센트) 밖에 되지 않았다. 그리고 20년 후 1,500명 중 모두 101명의 백만장자가 나왔는데, 놀랍게도 꿈보다 돈을 쫓았던 A그룹 출신은 단 1명이었고, 돈보다 꿈을 쫓았던 B그룹 출신은 100명이나 됐다. 즉, 꿈을 쫓았지만 돈까지 얻은 사람들이 훨씬 더 많았던 것이다. 이를 보면 돈보다 꿈을 꾸는 것이 무조건 옳다고는 말하지 못해도 적어도 돈 때문에 꿈을 포기할 이유가 없다는 것은 자명해 보인다.

하지만 돈이 뒷받침될 때 자신의 꿈을 더 쉽게 이룰 수 있는 것이 엄연한 현실이다. 이는 시간을 마음대로 쓸 수 있는 자유가 돈과 연결되어 있기 때문이다. 쉽게 말해, 돈이 충분히 많을 경우 내가 해야 할 일을 다른 사람에게 시킬 수 있기 때문에 그만큼 나의 시간을 절약할 수 있는 것이다. 그래서 현대인들은 자신이 원하는 만큼의 시간을 쓰기 위해, 그리고 자신이 원하는 것을 이루기 위해 점점 더 돈에 대한 열망을 키우고 있다. 『탈무드』에 나오는 '부는 요새이며 빈곤은 폐허'라는 말처럼 부를 통해 자신만의 요새를 짓고 있다고나 할까.

돈이 많으면 행복할까

　'곳간에서 인심 난다'는 말이 있다. 당장 내가 먹고살만 해야 남을 챙길 여력도 생긴다는 뜻이다. 그렇다면 곳간에서 행복도 나올까? 곳간이 크고 가득 찰수록 우리는 더 행복해질 수 있을까? 예전에 방영된 KBS 다큐멘터리에서 많은 사람들이 행복을 위해 가장 필요한 것이 무엇이냐는 질문에 '돈'이라고 대답했다. 그리고 많은 이들이 어떤 일이 생기면 행복할 것 같으냐는 질문에 '로또 당첨'을 이야기한다. 그만큼 사람들은 돈을 좋아하는 것을 넘어 행복의 필수요소로 여긴다. 그렇다면 과연 돈으로 행복을 살 수 있는 것일까?

•• 돈과 행복의 역설 ••

인간의 모든 경험은 뇌에서 만들어진다. 예를 들어, 빨갛게 익은 사과를 보고 군침을 흘릴 경우 그것은 '색깔'이라는 속성이나 '사과'라는 사물 자체 때문이 아니라 그 사람의 머릿속에 있는 빨간 사과와 관련된 어떤 '경험'이 작용하기 때문이다. 마찬가지로 우리가 돈 때문에 행복을 느끼는 것도 돈으로 인해 행복을 느꼈던 경험 때문이다.

이처럼 빨간 사과나 돈으로 인해 행복했던 경험이 있을 경우 이때의 빨간 사과나 돈은 행복을 유발하는 강화물로 작용한다. 보통 심리학에서는 특정한 행동이나 반응을 유발하거나 증강시키는 자극을 '강화물'이라고 한다. 쉬운 예로, 어떤 동물이 특정한 행동을 하도록 훈련시키기 위해 주는 먹이가 바로 강화물이다. 동물들이 먹이를 받아먹을 때 특정한 행동을 반복하는 것은 그 먹이로 인해 뇌에서 유발되는 쾌감 혹은 즐거움이 있기 때문이다. 돈이 행복을 가져다주는 프로세스도 이와 비슷하다. 동물에게 사용된 먹이와 같은 역할을 인간 사회에서 돈이 수행하는 것이다. 즉, 돈이 뇌의 특정 부위를 흥분시켜 행복한 감정을 만들어내는 것이다.

그렇다면 도대체 얼마만큼의 돈이 있어야 우리는 행복할 수 있을까? 2018년 미국 퍼듀대 심리학과 루이스 테이Louis Tay 교수진이 164개국 170만 명을 대상으로 분석한 결과에 따르면 삶을 평가하는 측면에서 이상적인 소득 수준은 연간 9만 5천 달러(약 1억 원) 정도라고 한다. 하지만 그 수준은 지역별로 달랐다. 호주와 뉴질랜드에선 12만 5천 달러, 북미에선 10만 5천 달러, 서유럽에선 10만 달러, 동남아시아는 7만 달러 정도였다. 또한 남성보다 여성이, 저학력자보다 고학력자가 만족을 느끼는 소득 수준이 더 높았다.

이를 볼 때 돈이 어느 정도 행복에 영향을 주는 것은 사실이지만, 그 수준은 개인과 나라마다 다르다는 것을 알 수 있다. 그것은 행복이 주관적인 감정이기 때문이다.

그리고 돈과 관련해 우리가 제기해볼 수 있는 질문은 '과연 돈이 많아질수록 행복도 그에 비례하여 증가하는 것일까'라는 점이다. 이 질문에 대한 대답으로 가장 유명한 것은 1974년 리처드 이스털린 Richard Easterlin 교수의 주장이다. 그는 1946년부터 30개 빈곤 국가와 부유한 국가의 행복을 연구했고, 그 결과 소득이 행복과 관련된 것은 맞지만 장기적으로 소득 증가가 행복 증대로 이어지지는 않는다고 결론지었다. 대체로 소득이 높아질수록 행복도 증가하지만, 1인당 국민소득이 일정 수준을 넘어서면 행복이 소득과 비례하지 않는다는 것이다. 이를 '이스털린의 역설Easterlin Paradox'이라 부른다.

프린스턴대학의 앵거스 디턴Angus Deaton과 대니얼 카너먼Daniel Kahneman 교수도 2008~2009년 미국인 45만 명을 대상으로 한 소득과 행복 간의 상관관계 조사에서 연 소득 7만 5천 달러까지는 소득과 행복이 비례하지만, 그 이상에서는 행복과 돈이 별 상관이 없다고 주장했다.

실제로 현대그룹의 정주영 회장은 "몇백만 원 생길 때는 너무 좋았는데, 나중에는 돈이 뭔지 모르겠다"고 회고하기도 했으며, 어느 부동산 개발업자는 "1억 3천만 원을 벌었을 때는 6달 동안 내내 기뻤고, 13억 원을 벌었을 때는 하루만 기뻤고, 130억 원을 벌었을 때는 전혀 기쁜 줄을 몰랐다"고 토로하기도 했다.

물론 이에 대한 반박도 있다. 2008년 펜실베니아대학의 벳시 스티븐슨Betsey Stevenson과 저스틴 울퍼스Justin Wolfers 교수가 132개국의 통계 자료를 분석한 결과를 보면, 소득이 높아질수록 행복감이 계속 커지는 것으로 나타났다. 이는 개인뿐 아니라 국가 차원에서도 마찬가지였다. 이러한 결과를 바탕으로 스티븐슨과 울퍼스 교수는 소득이 늘어날수록 선택의 기회가 많아지고, 더 자유로워지며, 건강해질 수 있기 때문에 돈이 가져다주는 행복의 포화점은 없다고 주장했다.

또한 돈이 많을 경우 이혼 가능성이 줄어든다는 측면에서도 사람들의 행복에 기여한다고 할 수 있다. 그것은 이혼이 부모님을 여의는 고통에 비견될 정도로 엄청난 스트레스로 작용하기 때문이다. 실제로 2014년 노동연구원에 따르면 남편의 근로소득과 이혼 위험은 반비례하는 것으로 나타났다. 남편의 월 소득이 300만 원인 경우 이혼 위험은 소득이 전혀 없는 경우의 3분의 1에 지나지 않았고, 월 소득이 1,000만 원인 경우에는 이혼 위험이 거의 0으로 떨어졌다. 이를 보면 돈이 이혼 가능성을 줄이고 행복한 결혼 생활을 지속하는 데 도움이 된다는 점을 유추해볼 수 있다. 물론 불행한 결혼 생활을 지속하는 것보다 차라리 이혼하는 것이 더 행복하다고 주장할 수도 있겠지만, 불행한 결혼 생활과 이혼에 영향을 미치는 요소가 '돈'이라는 점은 변치 않는 사실이다.

그런가 하면 돈의 액수에 상관없이 돈이 늘어나는 비율이 커질수록 행복해진다는 연구도 있다. 예를 들어, 1백억 원의 재산을 가지고 있는 사람에게 1천만 원의 증가는 0.1퍼센트 증가로 별로 티가 나지 않지만, 1백억 원이 추가로 증가하게 되면 100퍼센트 증가하는 것이 되어 그만큼 행복감도 올라간다는 것이다. 이 경우에도 돈이 가져다주는 행복의 포화점은 없다.

한편 돈과 행복의 관계를 거꾸로 생각해볼 수도 있다. 지금까지 우리는 행복을 결과로만 바라보았다. 일찍이 아리스토텔레스는 행복을 무엇인가를 얻기 위한 수단이나 도구가 아닌 인생의 최종 목표로 보았다. 그 관점이 빚어낸 행복의 모습이 2천 년간 이어져 오다 보니 오늘날에도 행복을 인생의 결과로 바라보는 시각이 강하다.

하지만 때로는 행복을 결과가 아닌 원인으로 바라볼 필요도 있다. 즉, '돈이 많으면 행복할까'라는 질문보다 '행복하면 돈을 더 많이 벌수 있을까'라는 생각도 해보아야 하는 것이다.

실제로 많은 심리학 연구들은 돈과 행복 사이에 양방향 관계가 존재함을 밝히고 있다. 즉, 돈이 많으면 행복해질 가능성이 큰 것이 사실이지만, 행복해야 돈을 많이 벌 수 있는 것도 사실인 것이다. 마찬가지로 즐거우면 웃게 되지만 반대로 웃으면 즐거워지고, 인간관계가 좋아야 행복하지만 역으로 행복하면 인간관계도 좋아지는 법이다.

이런 양방향 관계는 미국 일리노이주립대학 심리학자인 에드 디너 Ed Diener 교수가 수행한 연구에서도 잘 드러난다. 그는 대학 신입생들을 대상으로 현재 그들이 얼마나 쾌활한지를 평가하고, 이후 그들이 30대 직장인이 되었을 때의 수입과의 관련성을 조사해 보았다. 그 결과 대학 1학년 때의 쾌활함 정도와 16년 후의 연소득 간에는 긍정적인 관계가 나타났다. 대학을 졸업한 후 직장을 구하지 못하고 백수로 보낸 시간도 쾌활한 학생일수록 더 짧았다. 미국의 경영학자인 배리 스토Barry Staw 교수의 연구에서도 긍정적인 직장인일수록 급여 인상 폭이 더 큰 것으로 나타났다. 또한 행복도가 높을수록 미혼자들의 결혼 확률이 높아지고, 결혼 생활이 지속될 확률이 커진다는 연구도 있다.

이러한 결과는 행복할수록 돈을 더 잘 벌 수 있다는 사실을 뒷받침해준다. 하지만 여전히 사람들은 행복의 전제가 '돈'이라고 믿는다. 돈이 행복 방정식의 독립변수라고 생각하는 것이다. 하지만 독립변수와 종속변수는 언제든지 뒤바뀔 수 있으며, 이스털린의 역설에서도 알 수 있듯이 행복 방정식에서의 돈의 계수가 지극히 작을 수도 있다.

행복 방정식의 한 예로, 2002년 영국의 심리학자 로스웰Rothwell과 상담 전문가 코언Cohen이 만든 방정식이 있다. 이 방정식은 행복 지수를 산출하기 위한 것으로, 그 공식은 'P+(5×E)+(3×H)'이다. 여기서 P는 개인의 가치관이나 사고방식 등 개인적인 특성을, E는 건강, 돈 등 생존에 필요한 조건을, H는 야망, 자존심과 같은 고차원적인 가치를 말한다. 이 공식에서는 돈의 행복계수가 개인적인 가치보다 5배나 크게 설정되어 있다. 하지만 이 공식을 모든 사람에게 일괄적으로 적용하기는 쉽지 않아 보인다. 사람에 따라 그 가중치가 다를 수 있기 때문이다.

•• 돈의 행복계수가 낮은 이유 ••

이제 돈이 행복의 독립변수라고 가정하고, 왜 그 계수가 작은지 생각해보자. 다시 말해, 이스털린의 역설이 일어나는 이유를 살펴보는 것이다.

우선 생각해볼 수 있는 것은 '한계효용 체감의 법칙'과 같이 일정 규모 이상의 부는 그 느낌을 무디게 만드는 측면이 있다. 다시 말해, 돈의 양이 일정한 수준을 넘어서면 그 돈은 더 이상 돈이 아니라 단순한 숫자가 되는 것이다. 이러한 감정의 쇠퇴는 비타민이나 물을 지나치게 섭취할 경우 그 효과가 줄어드는 것과 비슷하다. 즉, 비타민 결핍으로 몸에 여러 문제가 생기다가도 적정량 이상을 섭취하게 되면 더 이상의 유익이 없어지고, 생수 한 병이 당장의 갈증을 없애 줄지는 몰라도 갈증이 가신 사람에게 물을 더 마시게 하는 것이 오히려 물고문에 가까울 수 있는 것과 같은 이치다.

시인 천상병은 〈나의 가난은〉이라는 시에서 '오늘 아침을 다소 행복하다고 생각하는 것은 한 잔 커피와 갑 속의 두둑한 담배, 해장을 하고도 버스 값이 남았다는 것'이라고 노래하고 있다. 이처럼 행복은 부족한 무엇인가를 채워주는 순간 가장 커지는 감정이기에 수입이 적은 상태에서의 돈은 행복의 원천으로 작용한다. 먹을거리, 입을 옷, 거주 공간 등 생존에 필요한 조건을 구비하는 데 돈이 사용되기 때문이다. 특히 절대 빈곤 상태에 있는 사람들에게는 돈이야말로 절대적인 행복의 요소가 된다. 따라서 '행복은 오직 마음속에 있다'라는 명제가 아무리 옳다고 여겨져도 빈곤한 처지에 있는 사람들에게는 그러한 표현을 가려 쓸 필요가 있다. 그 말이 그들에게 가시 돋친 말이 될 수도 있기 때문이다.

또한 인간의 빠른 적응력 역시 한 이유가 된다. 사실 우리의 감정은 어떤 자극에 지속적으로 반응을 하지 않는 속성이 있다. 즉, 아무리 감격스러운 사건이 발생하더라도 어느 정도 시간이 지나면, 어느새 그 감격은 자연스러운 일상이 되어 희미해져 버린다. 즉, 처음에 소소한 것에 기쁨을 느끼다가도 점점 더 강한 자극과 보상을 원하는 쾌락 적응이 인간이 지닌 특징 가운데 하나인 것이다. 한 예로, 2002년 월드컵 당시 안정환 선수의 기적과 같은 골에 우리 모두의 심장은 멎어버렸지만, 그 전율이 지금까지 남아 있지는 않다. 복권도 예외가 아니다. 미국의 심리학자 필립 브릭먼Philip Brickman 교수의 조사에 따르면 복권 당첨자들은 일반인들, 신체가 마비된 사람들과 비교할 때 1년 뒤 행복감에서 별 차이가 없는 것으로 나타났다. 이러한 적응력 덕분에 인간은 좌절과 시련을 겪고 다시 일어나기도 하지만, 다른 한편으로 기쁨과 즐거움이 쉽게 퇴색되기도 하는 것이다.

또한 우리는 화려한 변신의 순간에만 주목하지 그 뒤의 시간에 대해서는 미처 생각하지 않는 경향이 있다. 그래서 복권에 당첨되면 당연히 행복해질 것이라 기대하지만, 실상 살아보면 행복에 큰 변화가 없다는 사실을 뒤늦게 깨닫게 된다. 이는 우리가 행복의 지속성을 놓치고 있다는 의미이기도 하다. 어쩌면 행복의 본질은 순간의 행복이 아닌 지속되는 행복에 있다. 하지만 우리는 신데렐라가 왕자를 만나 왕비가 되는 순간에만 주목할 뿐, 그 이후의 삶을 그려보지는 않는다. 왕비가 된 신데렐라의 삶이 그 이후로도 계속 행복할지는 아무도 모른다. 따라서 오직 신데렐라와 같이 무엇이 되는 것에만 행복의 초점을 맞출 경우 그 행복은 순간의 행복이 되어버릴 가능성이 높다. 아이스크림이 잠시 입을 즐겁게 해줄지는 몰라도 반드시 녹아내리는 것과 같은 이치다.

그리고 어떤 극단적인 경험을 겪게 되면 감정이 반응하는 기준선이 변하게 되는 것도 한 이유다. 보통 고깃국을 한 번 맛보면 예전의 콩나물국이 왠지 밋밋해지는 것처럼 사람들은 어떤 극단적인 감동을 느낀 후에는 어지간한 일에 감흥을 잘 느끼지 못하는 경향이 있다. 이는 감정의 기준선이 변했기 때문이다. 그래서 복권 당첨자들은 친구들과의 식사, 쇼핑과 같은 일상에서 이전과 같은 즐거움을 느끼지 못하는 경우가 많다. 커다란 자극을 받아 생긴 일종의 감정적 후유증인 셈이다. 한 연구에서는 돈 한 장을 슬쩍 끼워놓은 설문지를 작성하게 했을 때 그렇지 않은 경우보다 초콜릿을 덜 음미하는 것으로 나타났다. 돈이 일상의 소소한 즐거움마저 마비시킨 것이다.

그래서 사람들은 절대 빈곤 상태를 넘어선 단계에서의 행복은 돈 자체 보다는 돈이 우리에게 얼마나 중요한 가치를 가지느냐에 의해 결정된다고 말한다. 즉, 먹고 살기 힘들 때에는 '사느냐 죽느냐'가 중요하기에 수입이 늘면 그만큼 더 행복해질 수 있지만, 어느 정도 욕구가 충족되고 여유로워지면 '어떻게 사느냐'와 같은 가치들이 더 중요해진다는 것이다. 이는 돈이 풍요로운 관계를 만들고 유지하는 데 사용될 때, 그리고 자신이 소중하게 생각하는 가치들을 실현하는 데 사용될 때 행복감을 줄 수 있다는 뜻이다.

이는 행복의 원천은 돈이 아니라 그것을 다루는 사람들의 인격에 달려 있다는 점을 말해주기도 한다. 그래서 돈을 제대로 이해하고 가치 있게 사용하는 사람에게는 돈이 행복의 좋은 수단이 될 수 있는 반면, 아무리 돈을 많이 벌어도 그것을 가치 있게 사용하지 못하면 행복은 남의 일이 될 수밖에 없다.

중국 속담에 '한 시간 행복하려면 낮잠을 자고, 하루 행복하려면 낚시를 하고, 한 달 행복하려면 결혼을 하고, 일 년 행복하려면 유산을 받아라. 그리고 평생 행복하려면 네 주위의 가난한 사람을 도우라'는 말이 있다. 그만큼 남들에게 베풀어야 진정한 행복이 찾아온다는 말이다.

그러나 이러한 사실을 잘 알면서도 실제로 이를 실천하기는 매우 어려운 것이 사실이다. 구호 전문가 한비야 씨도 사람들이 다들 머리로는 가난한 사람을 도와야 한다는 생각을 하면서도 막상 가슴으로는 그것을 잘 느끼지 못한다면서 "머리에서 가슴까지의 거리가 멀고, 가슴에서 다시 손까지의 거리는 더 멀다"라는 말을 하기도 했다. 가슴이 울린다 해도 바로 지갑으로 손이 가지 않는다는 말이다. 그래서 한계효용이 체감하는 것을 '법칙law'이라고 부르면서 이스털린의 이론에는 '역설paradox'이라는 이름을 붙이는지도 모르겠다.

한편 돈이 많아져도 그것이 행복으로 이어지지 않는 중요한 이유는 우리가 '타인과의 비교'라는 사회적 관계를 중요시하는 삶을 살고 있기 때문이기도 하다. 이는 행복이 부의 절대적 수준이 아닌 상대적 수준에 의해 결정된다는 점을 말해준다. 그래서 아무리 나의 경제적 상황이 나아졌다 해도 타인의 소득이 나보다 더 증가하면 나의 행복감은 오히려 줄어들 수도 있다. 경제학 용어로 말하자면 절대소득은 증가했지만 상대소득이 감소한 것이고, 속담으로 말하자면 '사촌이 땅을 사서 배가 아픈 것'이다.

2014년 한국개발연구원의 자료에 따르면 한국인 100명 중 36명은 주변 사람과 생활 수준을 비교하는 것을 중요하게 여긴다고 한다. 심지어 화투 게임에서도 자신의 몫보다 경쟁자의 몫에 더 관심을 기울인다고 한다. 이는 기본적으로 사람들이 다른 사람들과의 비교를 통해 상대적 우월감을 느끼고 싶어 하기 때문이다. 그래서 가끔은 상대의 불행에서 기쁨을 느끼기도 한다. 독일어에는 이런 감정을 뜻하는 '샤덴프로이데Schadenfreude'라는 단어도 있다. 이는 손해를 뜻하는 '샤덴Schaden'과 기쁨을 뜻하는 '프로이데freude'가 합쳐진 말로 우리말로는 '쌤통' 정도로 번역할 수 있다. 특히 상대방이 평소 부러움을 느끼는 대상이고, 또한 상대방의 성공이 돈과 관련되었을 때 그러한 감정이 더욱 커진다. 실제로 한 실험에서는 사람들이 지나가는 차로 인해 도로의 물이 튀는 바람에 옷이 흠뻑 젖은 노부인에게는 안타까움을 느낀 반면, 부유한 사업가가 똑같은 일을 당했을 때에는 기뻐하는 모습을 보이기도 했다.

이 때문에 내가 하루를 일해 10만 원을 벌어도 옆 사람이 20만 원을 벌 경우 만족스럽지 못한 느낌이 드는 것이다. 그런가 하면 자신의 절대적 수입이 늘어나더라도 동시에 비교 집단의 수준이 덩달아 높아질 경우 여전히 2퍼센트 부족함을 느끼기도 한다. 이러한 상대적 박탈감 때문에 사람들은 옆 사람이 잘되는 꼴을 참지 못하고, 자신이 손해를 보는 한이 있더라도 남들의 행복을 내버려두지 않으려 하는 심리를 보이기도 한다. 이러한 심리를 잘 보여주는 것이 영국 워릭 대학의 대니얼 지조Daniel Zizzo 교수와 앤드루 오즈월드Andrew Oswald 교수의 실험이다.

그들은 실험 참여자들 모두에게 일정한 금액의 돈을 나누어 주면서 일부 참여자들에게는 무차별적으로 더 많은 돈을 지급했다. 그런데 이들이 어떤 특별한 자격이 있어 상금을 더 지급받은 것이 아니었기에 돈을 덜 지급받은 사람들은 매우 억울해했다. 이때 연구팀은 실험 참여자들에게 자신의 돈을 지불할 경우 다른 사람의 돈을 차감할 수 있다는 솔깃한 제안을 했다. 그러자 실험 참여자의 3분의 2가 이 제안에 응했고, 이로 인해 결국 참여자들은 평균적으로 처음 받은 돈의 절반 정도만 갖게 되었다. 실험 참여자들은 이 제안에 응하기 위해 자신의 돈을 지불해야 했기에 경제적으로 손해였음에도 불구하고 상대방이 돈이 줄어들어 괴로워하는 모습에 만족감을 느꼈다. 심리학에서 말하는 '크랩 멘탈리티crab mentality' 효과가 나타난 것이다. 어부에게 잡혀 뚜껑 없는 양동이에 던져진 바다의 게들을 보면 큰 발로 기어올라 양동이를 탈출할 수 있을 것 같지만, 그렇게 기어오르는 게를 다른 게들이 아래에서 잡아당기기 때문에 쉽게 탈출하지 못하는 것을 볼 수 있다. 이처럼 남이 잘되는 꼴을 보지 못하는 심리가 크랩 멘탈리티다.

그런데 실험 참여자들이 이러한 행태를 보인 이유는 기본적으로 그 실험이 공평하지 못하다고 생각하는 데 있다. 그래서 상대적으로 불공평한 대우에 대한 보복심리가 작용한 것이다. 이처럼 불공평을 싫어하는 심리는 1982년 독일 훔볼트대학의 사회학자 베르너 구스 Werner Guth 연구팀이 개발한 최후통첩 게임을 보면 잘 알 수 있다.

게임 방법은 아주 간단하다. A와 B가 나눠 가질 총금액이 정해져 있고, 총금액 중 일부 금액을 A가 제안하면 B가 이를 받아들일지 말지를 결정한다. B가 A의 제안을 받아들이면 A의 제안대로 금액이 배분되지만, 거부하게 되면 두 사람 모두 한 푼도 받지 못하게 된다. 예를 들어, 10만 원 중 A가 자신이 7만 원을 갖고 3만 원을 B에게 주겠다고 제안했을 때 B가 이 제안을 받아들이면 A는 7만 원, B는 3만 원을 갖게 된다. 하지만 B가 A의 제안을 받아들이지 않을 경우 A와 B 모두 한 푼도 갖지 못한다. 제안은 딱 한 번만 가능하기 때문에 '최후통첩 게임'이라 부른다.

이 실험을 산업 사회에 살고 있는 사람들을 상대로 실시해보면 대부분 50대 50의 몫을 제안한다. 그러나 대체로 20퍼센트 이하를 제안했을 경우에는 절반 이상이 거부당한다. 물론 이런 결과는 '경제적 합리성'이라는 관념에 명백히 어긋나는 행동이다. 예를 들어, 제안을 받는 B가 10만 원 중 1만 원만 받더라도 한 푼도 못 받는 것보다는 낫기 때문에 A의 1만 원 제안을 받아들이는 것이 합리적인 사고다. 액수가 0원만 아니라면 무조건 제안을 받아들여야 하는 것이다. 하지만 사람들은 그냥 받으면 공돈이 생기는 데도 불구하고 단지 불공정하다는 이유만으로 제안을 거부한다.

이 게임은 인간의 의사결정과 행동이 경제적 합리성 외에도 매우 다양한 요인에 의해 결정된다는 것을 말해준다. 즉, 인간은 단지 이기적인 동기에 따라 행동하는 존재가 아니라 때로는 이익을 포기하는 한이 있더라도 공정함을 기준으로 행동하는 존재인 것이다.

이 대목에서 우리는 행복의 비결 하나를 엿볼 수 있다. 그것은 바로 쓸데없는 비교를 피하는 것이다. 이는 행복이 자신의 소유를 어떤 기준에서 바라보느냐에 달려 있다는 뜻이기도 하다. 그래서 독일의 시인 라이너 마리아 릴케Rainer Maria Rilke는 "너의 일상이 초라해 보인다고 탓하지 말라. 풍요를 불러낼 만한 힘이 없는 너 자신을 탓하라"고 말하기도 했다. 또한 미국의 유머 작가 에반 에사르Evan Esar도 "당신이 갖고 있는 것과 갖고 싶은 것을 비교하면 불행해진다. 당신이 갖고 있는 것과 가져 마땅한 것을 비교하면 행복해진다"고 말했다. 이는 내 삶의 주인이 타인이 아닌 자신이 되어야 행복할 수 있다는 말이며, 타인과의 비교가 자칫 독이 될 수 있다는 경고이기도 하다.

그러나 여전히 많은 사람들은 세상을 자신의 눈으로 보려 하기 보다는 남의 눈을 통해 보려고 한다. 그래서 장 보드리야르는 그의 저서 『소비의 사회』에서 도시화가 진행될수록 욕구는 욕망에 의해서가 아니라 경쟁에 의해서 비약적으로 증대한다고 했다. 그렇다면 타인과의 비교는 현대 사회의 발전과 함께 나타나는 자연스러운 현상인지도 모른다. 그러나 그 순간부터 행복의 걸림돌은 피할 수 없게 된다.

한 연구에 따르면 내가 다른 사람들의 눈에 얼마나 아름답게 보이느냐 하는 것은 자신이 느끼는 행복감과 관련이 없지만, 자기 스스로 생각하는 아름다움의 정도는 행복과 관련이 있는 것으로 나타났다. 외모뿐 아니라 건강이나 돈과 같은 다른 삶의 조건과 행복의 관계도 마찬가지다. 즉, 객관적으로 얼마나 많이 가졌느냐보다는 이미 가진 것을 얼마나 좋아하느냐가 행복과 더 관련이 깊은 것이다.

그렇기에 경우에 따라서는 거지라도 자기 삶에 만족할 수 있다. 과거 10년 동안 구걸을 통해 천만 위안(약 12억 원)을 모아 화제가 되었던 대만의 '샤오라오다'라는 거지는 사람들의 시선에 아랑곳하지 않고, 거지가 자신의 적성에 맞는 직업이라며 자신의 삶에 만족하는 모습을 보여주었다. 심지어 그는 자신의 타고난 구걸 능력과 비법을 전수해주기 위해 제자를 모집하기까지 했다. 이때 그는 재미있는 조건을 내걸었는데, 목욕 횟수를 1년에 두 번으로 제한하고, 추운 날씨에도 거리에서 잠을 잘 수 있으며, 몸에 상처가 났을 경우 상처가 곪을 때까지 약을 사용하지 말아야 한다는 것이었다. 이러한 조건을 충분히 감당할 수 있는 사람을 수제자로 삼겠다는 그의 포부로 보건데, 그는 단연코 자신의 삶에 만족하는 행복한 삶을 산 거지였다.

한편 행복에는 소득 외에도 건강, 교육, 대인 관계, 환경, 고용, 소비 등 이루 말할 수 없는 다양한 요소들이 영향을 미친다. 일례로, 1970년 노벨경제학상을 받은 폴 새뮤얼슨은 소비를 욕망으로 나눈 것이 행복이라고 했다. 그의 정의대로라면 소비는 유한하고 욕망은 무한하기에 행복감은 결국 줄어들 수밖에 없다.

그리고 사람에 따라 행복이 돈이 아닌 다른 요인에 의해 결정된다고 믿는 생각의 차이가 있을 수도 있다. 과거 막대한 부를 지녔던 고대 리디아 왕국의 크로이소스 왕의 경우에도 돈이 많은 자신이 세상에서 가장 행복한 사람이라고 생각했지만, 주변의 생각은 달랐다. 아테네의 현인 솔론이 그를 방문했을 때 크로이소스 왕은 지금까지 세상을 여행하면서 만난 사람들 중 가장 행복한 자가 누구인지를 물었다. 솔론이 세상에서 가장 부자인 자신을 지목할 것으로 생각했기 때문이다. 하지만 솔론은 아테네의 '텔루스'라는 남자가 가장 행복한 자라고 말했다. 그러면서 그 이유로 그가 평생토록 성실한 사람이었고, 상속을 받을 훌륭한 자식들을 두었으며, 고향 땅을 지키기 위한 전투에서 용감하게 싸우다 영예로운 죽음을 맞았다고 언급했을 뿐이었다.

언젠가 영국의 신문 「더 타임스」에서 가장 행복한 영국인 4명을 뽑아 보았더니 1위는 바닷가에서 멋진 모래성을 완성한 어린이였고, 2위는 아기를 목욕시킨 후 아기의 맑은 눈동자를 바라보는 어머니였으며, 3위는 멋진 공예품을 완성하고 손을 터는 예술가였고, 4위는 죽어가는 생명을 수술로 살려낸 의사였다. 그 어디에도 돈이 개입하지 않고 있다.

그런데도 우리가 행복을 느끼지 못하는 것은 아마도 스스로 의식하지 못하는 행복은 행복이 아니라고 생각하기 때문인지도 모른다. 예를 들어, 아기가 새근새근 잠을 자고 있거나 개가 음식을 먹고 있는 것을 보면서 우리는 가끔 그들이 행복할 것이라고 생각할 때가 있다. 하지만 그들은 과연 자신이 행복하다는 것을 알고 있을까? '넌 네가 지금 얼마나 행복한지 몰라서 그래', '복에 겨워서 하는 소리야'와 같은 말들은 어쩌면 그렇게 말하는 사람에게만 의미가 있는지도 모른다. 마찬가지로 타인이 보기에 내가 아무리 행복해 보여도 나 스스로 그것을 인식하지 못한다면 나는 행복을 느끼지 못하고 있는 것이다. 따라서 돈이 아무리 많더라도 행복을 스스로 인식하지 못할 경우 그 돈은 무용지물이 되고 만다.

일찍이 칸트는 사람의 희망과 욕망은 다르기 때문에 행복이 무엇인지를 보편적으로 정의하기 어렵다고 했다. 그렇다면 돈이 행복을 가져다준다는 사실 자체가 어불성설일 수도 있다. 돈으로 인한 희망과 욕망이 서로 다를 수 있기 때문이다. 하지만 돈이 있으면 어쩐지 행복할 것 같은 마음이 계속되는 것은 부인할 수 없는 사실이다.

이성을 마비시키는
돈 욕심

입으로는 / 줄여야지 / 비워야지 하는데 //

속에서는 / 욕심이 마구 자라 / 기어 올라온다 //

잘라도 / 또 자라고 / 잘라도 / 또 자라난다 //

이놈의 욕심 / 제초제를 / 확 뿌려볼까나.

이문조 시인의 〈욕심〉이라는 시다. 이처럼 욕심은 자라나는 풀처럼 우리 마음속에서 계속 자라나는 습성을 지니고 있다. 특히 돈에 대한 욕심은 끊임없이 자라나며, 그것은 마치 마치 뱁새에게 끊임없이 먹이를 달라고 아우성을 치는 뻐꾸기 새끼와도 같다. 그러나 그렇게 자라난 욕심은 어느 순간 뱁새 새끼를 몰아내고 둥지를 차지한 뻐꾸기 새끼마냥 멀쩡했던 내 마음을 밀어내 버린다. '사람은 재물 때문에 죽고 새는 먹이 때문에 죽는다'는 의미의 '인위재사 조위식망人爲財死

鳥爲食亡'란 말이 있다. 먹이 때문에 죽는 새와 같이 돈에 대한 지나친 욕심 때문에 인간은 죽을 수도 있다.

•• 돈에 대한 끝없는 욕심 ••

미국이 영국으로부터 독립하기 전인 18세기 초 미국 펜실베니아 주를 개척한 윌리엄 펜William Penn이 죽자, 그의 두 아들은 펜실베니 아주 델라웨어강 지역에 살고 있는 인디언 추장에게 '하루 반 동안 걸어 돌아올 수 있는 땅'을 자신들에게 팔라고 제안했다. 땅에 대한 소유, 매매의 개념이 없었던 인디언 추장은 그 제안을 대수롭지 않게 수락했지만, 두 형제는 달리기 선수 14명을 고용하여 하루 반 만에 281 킬로미터를 걷게 하여 무려 4,860제곱킬로미터의 땅을 차지해 버렸다. 훗날 사람들은 이를 '도보 구매walking purchase'라 불렀다.

하지만 미국이 독립할 때까지 그렇게 차지한 땅에 대한 소유권은 영국 국왕에게 있었다. 독립 이후에야 비로소 미국인들은 토지를 소유할 수 있게 되었는데, 이때 미국 정부는 서부개척을 독려하기 위해 방대한 땅을 싼 값에 개척자들에게 불하하는 정책을 취했다. 특히 미국 캘리포니아 골드러시 이후 서부의 땅을 둘러싼 갈등[61]이 심해지

---

61) 한 예로, 1854년 미국 14대 대통령 프랭클린 피어스Franklin Pierce는 워싱턴 주에 살고 있던 인디언 '시애틀Seattle 추장'에게 땅을 팔 것을 종용했다. 백인들이 땅을 차지하는 대신 인디언들이 안전하게 살 수 있는 보전지구를 정해 주겠다는 제안이었다. 제안을 거절한다 해도 결국 땅을 빼앗길 것을 알고 있었던 시애틀 추장은 피어스 대통령에게 편지를 보냈다. 오늘날 '시애틀 추장의 선언'으로 알려진 이 편지는 '인간과 자연이 원래 한 몸'이라는 인디언의 오랜 믿음을 담고 있다. 이 편지에 감동한 피어스 대통령은 그 지역의 이름을 '시애틀'로 명명했다.

자 미국 정부는 땅에 대한 소유권 정리를 위해 1862년 '홈스테드법 Homestead Act'을 제정하여 1인당 160에이커(약 20만 평) 한도 내에서 거의 공짜나 다름없는 가격에 땅을 불하해주었다.

이때 정부는 마치 육상 경기와 같은 방법을 사용했다. 출발선에서 신호와 함께 출발한 사람들 중 미개척지 땅에 깃발을 먼저 꽂는 사람에게 땅을 불하해준 것이다. 1889년 오클라호마주 일대 188만여 에이커의 땅에서 처음으로 시행된 이 방법은 일종의 선착순 땅 불하 정책이었다. 역사는 이를 '랜드런land run'이라 부르는데, 인디언들의 터전을 잠식한 랜드런은 일회성에 그치지 않고 20세기 초반까지 이어지며 남한 면적의 33배 규모에 달하는 약 2억 7천만 에이커의 땅을 200만 명에게 나누어주었다. 이때를 배경으로 만들어진 영화가 톰 크루즈와 니콜 키드먼이 주연을 맡았던 〈파 앤드 어웨이〉다. 이 영화를 보면 수백 마리의 말들이 장관을 이루며 먼저 땅에 꼽혀져 있는 깃발을 차지하기 위해 달려 나가는 장면이 등장한다. 이 때문인지는 몰라도 오클라호마주 주민들은 'the sooners(먼저 차지한 사람들)'라 불리기도 한다.

그런데 이 두 이야기를 섞어놓은 것 같은 이야기가 톨스토이Tolstoy의 소설에도 등장한다. 바로 『사람에게는 얼마만큼의 땅이 필요한가』라는 단편에서다. 이 소설에 등장하는 '파흠'이라는 농부는 자신의 가축이 근처 사유지로 들어가 사고를 치는 바람에 그 땅 소유주에게 벌금을 내야 하는 것에 불만을 품고 있었다. 그러던 차, 그 토지 소유주가 땅을 팔 것이라는 소문을 듣고는 돈을 빌려 땅을 매입한다. 다행히 풍작이 들어 파흠은 빌린 돈을 모두 갚고 지주가 된다.

하지만 지주가 된 이후에도 파홈은 자신의 땅에 만족하지 못하고 점점 더 많은 땅을 사들인다. 그러다 어떤 상인으로부터 크고 좋은 땅을 가지고 있는 순진한 바시키르 부족에 관한 이야기를 듣게 된다. 이에 파홈은 바시키르 부족을 찾아가 자신이 땅을 살 수 있는지를 묻는다. 부족의 촌장은 파홈이 하루 동안 밟을 수 있는 모든 땅을 단돈 1천 루블에 가질 수 있다고 제안하면서, 다만 파홈이 해가 질 때까지 출발지로 돌아오지 못하면 그의 돈은 몰수되고 한 조각의 땅도 가질 수 없다고 말한다. 촌장의 말에 너무 기뻐 흥분된 마음에 잠까지 설친 파홈은 아침 일찍 출발하여 자신만만하게 걸어간다. 그러나 내리쬐는 강한 뙤약볕에 파홈은 점점 더 숨이 막혀간다. 하지만 땅을 더 많이 차지할 욕심에 파홈은 걷고 또 걷는다. 어느덧 해가 기울기 시작하고, 해가 지기 전에 돌아가야 한다는 급한 마음에 파홈은 출발지를 향해 온 힘을 다해 뛰어간다. 그렇게 하여 가까스로 해가 떨어질 무렵 출발선에 도착하지만 기쁨도 잠시일 뿐, 그는 곧바로 피를 토하며 죽어버린다.

그리고 톨스토이는 '사람에게는 얼마나 많은 땅이 필요한가'라는 질문에 명답을 던진다.

머슴은 삽을 들고 파홈의 무덤을 판 뒤 거기에 그를 묻었다. 머리끝에서 발끝까지 그가 차지할 수 있었던 땅은 정확히 3아르신(약 210센티미터) 밖에 되지 않았다.

땅에 대한 지나친 욕심이 부질없음을 보여주는 이야기다. 그러나

돈이란 무엇인가

현대인들은 파흡과 같은 욕심을 계속 부린다. 그 대상이 땅이 되었든 건물이 되었든, 결국은 돈에 대한 욕심으로 귀결된다. 그러한 욕심을 끊어버릴 수 없기에 불교 경전은 '히말라야 산맥 전체를 황금으로 바꾸고, 또 그것을 두 배로 한다 해도 한 사람의 갈애를 만족시킬 수 없다'고 지적하고 있으며, 철학자 쇼펜하우어Schopenhauer도 "돈은 바닷물과 같아서 마시면 마실수록 점점 목마르게 된다"고 일갈하기도 했다.

이처럼 인간이 먹고 또 먹는 아귀마냥 끊임없이 돈에 욕심을 부리는 것은 근본적으로 돈이면 무엇이든지 다 할 수 있다는 극단적인 믿음 때문이다. 특히 돈이 부족하여 세상살이에 찌들고 근심에 시달리는 사람일수록 돈은 괴로운 삶을 벗어날 유일한 돌파구처럼 보인다. 심할 경우 돈이 일종의 종교로 발전하기도 한다. 천국의 행복은 죽은 다음에 확인이 가능하지만 돈은 현재의 행복을 약속해준다고 믿는 것이다. 이 경우 우리는 돈에서 단순히 종이 이상의 것을 보게 된다. 이는 교회의 십자가에서 금속 이상의 것을 보고, 나무로 된 불상에서 나무 이상을 보는 것과 마찬가지다. 이것이 바로 종교성인데, 쉽게 말해 돈에다 정신을 넘어서는 힘을 부여하는 것이다. 이 때문에 독일의 사회학자 게오르그 짐멜Georg Simmel은 "돈이 자극하는 감정은 종교적 감정과 심리학적 유사성을 지니고 있다"고 말하기도 했다.

이 단계에 이르면 많은 이들이 돈을 자신과 동일시하게 된다. 즉, 돈을 정체성의 일부로 인식하고, 돈을 통해 자신의 힘을 표현할 수 있다고 믿게 되는 것이다. 그래서 돈에 대한 집착과 강박관념이 생겨나고, 어느새 자신을 발전시키는 기준은 '더 많이'가 되어 버린다. 즉, 돈이 곧 자신이기 때문에 돈의 증식은 내 힘의 증식이 되어버리는 것이다. 이는 돈이 더 이상 삶의 수단이 아니라 그 자체로 목적이 되는 이유이기도 하다.

하지만 주의할 점은 이렇게 자신과 동일화된 돈이 사라져버리기라도 하면 자신도 함께 붕괴될 수 있다는 점이다. 영국의 사회 사상가 존 러스킨은 폭풍우에 조난을 당한 한 남자가 금이 가득 들어있는 가방을 들고 바다로 뛰어들 경우 그가 금을 소유한 것인지, 아니면 금이 그를 소유한 것인지 알 수 없다고 했다. 이처럼 돈과 일체된 상황으로 치닫는 욕심은 생명에도 해를 끼칠 수 있다. 지나친 과식이 소화불량이나 비만을 유발하는 차원을 넘어 죽음에 이르게 하는 것과 마찬가지다. 그리스 신화에서도 금을 너무 좋아한 나머지 자신이 만지는 모든 것을 금으로 만들어 줄 것을 소원했던 마이더스 왕의 딸 '제오Zoe'가 금 덩어리가 되는 이야기가 나온다. 제오는 '생명'이라는 뜻을 가지고 있으니, 결국 금이 생명을 앗아간 셈이다.

•• 돈 중독을 경고하는 돈 ••

강에서 악어가 다리를 물었다고 생각해보자. 이때 악어에서 벗어나기 위해 발버둥을 치면 칠수록 악어에게 노출되는 신체 범위가 커지면서 더 많은 부위를 물리게 된다. 따라서 악어에게 다리 한쪽을 물렸을 때 살아서 도망칠 유일한 방법은 다리 하나를 희생하는 것이다. 이것이 '악어의 법칙'이다. 그런데 돈에 대한 인간의 집착에는 이러한 악어의 법칙이 좀처럼 적용되지 않는다. 이미 충분한 돈이 있음에도 불구하고 더 많은 돈을 갖으려는 욕심으로 돈에 집착하기 때문이다. 때론 그 모습이 마치 돈에 중독된 모습처럼 보인다.

보통 중독은 알코올 중독, 마약 중독, 니코틴 중독에서와 같이 특정 성분으로 인해 발생하거나, 스마트폰 중독, 게임 중독, 쇼핑 중독과 같이 특정한 행위를 계속하고 싶은 심리적 이유 때문에 발생한다. 돈에 중독되는 것도 돈에 대한 심리적 반응을 일으키는 뇌의 호르몬 때문이라고 할 수 있다. 2000년 노벨 생리의학상을 받은 뇌 과학자 에릭 캔델Eric Kandel은 그의 저서 『통찰의 시대』에서 황금색이 뇌의 쾌락 회로를 활성화시켜 도파민 분비를 일으킬 수 있다고 했다. 그만큼 사람들은 황금을 좋아한다. 오죽하면 한자에서 '금金' 세 개를 모아놓고 기쁠 '흠鑫'이라고까지 했을까. 하지만 그 기쁨이 지나쳐 인간의 정신을 마비시킨다는 점에서 돈의 중독도 다른 중독과 다를 바 없다.

돈에 대한 중독의 일종으로 볼 수 있는 쇼핑 중독만 보더라도 의학계에서는 일종의 정신병으로 보고 있다. 그래서 쇼핑 중독을 속된 말로 '지름신이 내렸다'라고 표현하기도 한다. 여기서 지름신이란 뒷일을 생각하지 않고 물건을 산다는 의미의 '지른다'라는 속어에다 순간 이성적 판단력을 잃고 자신의 의지와 무관하게 행동한다는 의미가 담긴 '신이 내리다'라는 비유가 결합된 표현이다.

그래서 쇼핑 중독에 빠지면 어떤 가치를 위해서가 아니라 단지 하지 않음으로 인해 발생하는 불안을 극복하기 위해 소비하게 된다. 이 때문에 쇼핑 중독에 걸리면 대개 필요하지 않은 물건을 마구 사들인 뒤, 자기가 무엇을 샀는지 기억하지 못할 뿐만 아니라 쇼핑을 못할 경우 불안, 우울증 등의 증상을 겪기도 한다. 자신이 사들인 물건을 한 번지 제대로 사용하지 못하면서도 뭔가를 새로 샀다는 것에만 만족하는, 이른 바 '나는 쇼핑한다. 고로 나는 존재한다'라는 상태에 빠지고 마는 것이다.[62] 영국의 유명한 등산가 조지 맬러리George Mallory는 "왜 에베레스트산에 오르느냐"는 질문에 "그것이 거기 있기 때문 because it is there"이라고 답했다. 마찬가지로 쇼핑 중독도 물건이 거기 있기 때문에 사들이는 '에베레스트 쇼핑'과 다를 바 없다. 더구나 쇼핑 중독이 심해져 끝도 없이 물건을 집안으로 끌어들이면서도 단 한 개도 버릴 줄 모르는 저장 강박증에 걸리기라도 하면, 쇼핑한 물건이 에베레스트산처럼 높이 쌓이기도 한다.

그런데 중독은 어느 날 갑자기 나타나는 것이 아니고 자신도 모르게 서서히 진행되는 특성을 지닌다. 에스키모인들은 늑대를 사냥할 때 날카로운 칼날에 늑대가 좋아하는 피를 가득 발라 얼려 놓는다. 그러면 그 유혹을 못 이긴 늑대가 아이스크림과 같은 신선한 피를 핥다가 어느 순간 날카로운 칼끝을 핥고 있다는 사실조차 잊어버리고, 어느새 칼에 찢겨 흐르는 자신의 피로 그칠 줄 모르는 갈증을 채우다가 서서히 힘이 빠져 죽음에 이르게 된다.

이처럼 중독은 자신도 모르게 진행되는 측면이 있다. 게다가 돈에 중독될 경우 늑대와 같은 짐승이 될 수도 있다. 돈에 빠져 자신의 삶

---

62) 쇼핑 중독은 자존감의 결여가 원인이 되기도 하는데, 같은 조건에서 부정적인 피드백을 많이 받은 사람일수록 소비를 통해 자신의 자존감을 만회하려는 경향을 보인다. 또한 스트레스 등으로 인해 부정적 감정이 커질수록 쇼핑 욕구가 증가하기도 한다. 이는 우울하거나 슬픈 감정이 들수록 자신의 가치를 평가 절하하는 경향이 강해지기 때문에 고가의 물건을 구매함으로써 자신의 가치를 높이려는 보상심리가 작용하기 때문이다.

돈이란 무엇인가

뿐 아니라 사람 사이에 지켜야 할 기본적인 계명과 도덕을 무너뜨리기 때문이다. 즉, 돈 때문에 양심과 몸을 파는 것을 아무렇지도 않게 여기고, 돈을 벌기 위해 경제적 약자를 이용하며, 극단적으로 돈 때문에 살인을 저지르기도 한다. 『베니스의 상인』에 나오는 샤일록과 같은 악인들이 바로 이런 늑대의 모습이다. 이때의 돈은 인간을 파괴하는 주체가 되어 프랜시스 베이컨Francis Bacon의 말처럼 최선의 종이 아닌 최악의 주인이 되어 버린다.

그러나 사람들은 돈에 대한 탐욕을 '개같이 벌어도 정승처럼 쓰면 된다'며 정당화하기도 한다. 하지만 언제부터인가 돈을 잘 쓰는 것보다는 돈을 많이 버는 것 자체가 절대적 목표가 되어가고 있는 것이 현실이다. 우리 내면에서 욕심의 사이렌[63]이 계속 노래를 부르고 있기 때문이다. 그 유혹에서 벗어나려면 귀를 막고 자신의 몸을 돛대에 묶은 오디세우스처럼 우리의 욕망을 붙들어 매야 하건만, 어쩐지 그 노래 소리에 사람들이 점점 더 중독되어 가는 것처럼 보인다.

그래서 현자들은 돈에 대한 지나친 욕심을 경계한다. 『성경』에도 "돈을 사랑함이 일만 악의 뿌리가 되나니 이것을 탐내는 자들은 미혹

---

63) 사이렌Siren은 그리스 신화에 나오는 마녀로 절반은 새, 절반은 사람의 모습을 하고 있다. 사이렌은 아름다운 노래로 뱃사람들을 유혹하였는데, 배를 타고 집으로 돌아가던 오디세우스는 사이렌이 활동하는 지역에 다다랐을 때 밀랍으로 선원들의 귀를 틀어막고 자신의 몸을 돛대에 묶어 그 위험에서 벗어났다.

을 받아 믿음에서 떠나 많은 근심으로써 자기를 찔렀도다"(디모데전서 6장 10절)와 같이 돈에 대한 욕심을 경고하는 구절들이 많이 있다.

하지만 이러한 문구가 아니더라도 돈 자체에 이미 경고의 의미가 담겨져 있다. 돈을 가리키는 한자 '전錢'을 보더라도 쇠 '금金' 변에 창을 뜻하는 '과戈' 자 2개가 붙어 있어, 쇠로 만들어진 창과 창이 대결하는 형상이다. 돈 때문에 다툼과 살인까지 일어나게 된다는 암묵적 경고를 담고 있는 것이다.

뿐만 아니라 돈을 뜻하는 독일어 'Geld'도 복수, 형벌 등의 뜻을 가진 고대어에서 유래했으며, Money의 어원이 된 'Moneta'라는 단어에도 경고의 의미가 담겨져 있다. 모네타는 여성과 혼인[64]을 상징하는 로마의 여신 주노(헤라의 별칭)를 모신 신전이었다. 그런데 기원전 4세기경 켈트족이 몰래 공격해왔을 때 이 신전을 둘러싸고 있던 기러기 떼가 요란한 울음소리로 이를 알려주었다. 이때부터 주노 여신의 이름에 '경고'라는 뜻을 지닌 라틴어 'monere'가 붙었고, 그 후 '주노 모네타Juno Moneta'로 불렸다. 그리고 Moneta로부터 오늘날 화폐 주조소[65]를 뜻하는 'mint'와 돈을 뜻하는 'money'가 유래했으니 'money'라는 단어 자체에 이미 경고의 의미가 담겨있는 셈이다.

그런가 하면 경성전환국 시절인 1886년 발행된 1환짜리 은화 뒷면에는 영문으로 '1warn'이 표기되어 있었다. 당시만 해도 '환'을 '원'

---

64) 6월을 뜻하는 June은 주노Juno에서 유래했다. 플루타르코스Plutarchos의 『모랄리아』에 의하면 로마인들은 5월에는 결혼을 하지 않았는데, 이는 4월이 비너스, 6월이 주노의 달이었기 때문이었다. 두 여신 모두 결혼을 상징하는 달이다.

65) 로마 시대에는 경제가 집안일, 특히 여성의 일로 간주되었기 때문에 로마인들은 주노 여신이 화폐를 관장한다고 여겼다. 그래서 모네타 신전에서 화폐가 주조되었으며, 기원전 269년 로마인들이 만든 데나리우스 은화에는 주노 여신의 모습이 새겨지기도 했다.

돈이란 무엇인가

으로 읽는 것이 일반적이었기 때문에 사실 warn은 '원'을 영문으로 표기한 것이었다. 그러나 '돈을 조심하라'는 의미로 읽히기도 했다.

이러한 돈의 경고를 되새겨볼 때 어떤 때는 돈이 없는 것이 오히려 축복이 되기도 한다. 사실 지나침이 부족함보다 못할 때가 많다 보니 현자들은 계영배戒盈杯처럼 지나침을 경계하는 삶의 자세를 강조하기도 한다. 계영배는 '넘침을 경계하는 잔'이라는 뜻으로, 잔에 70퍼센트 이상의 술이 채워지면 나머지가 모두 밑으로 흘러내리도록 설계되어 있다. 이 잔은 고대 중국에서 끝없는 욕심을 경계하기 위해 만들어진 잔으로 조선시대의 거상 임상옥도 계영배를 늘 옆에 두고 솟구치는 욕구를 다스렸다고 한다. 계영배와 비슷한 것이 제사에서 쓰였던 의기欹器다. 의기는 '기울어진 그릇'이란 뜻으로 가득 차면 뒤집어지고, 비었을 때는 기울어지며, 가운데에 이르면 바로 서는 그릇이다.

계영배와 의기는 돈의 크기가 나의 그릇보다 커질 경우 그 돈에 휘둘려 내 삶이 기울어질 수 있음을 가르쳐준다.

투기가 부르는
탐욕의 종말

『서유기』를 보면 불법을 구하러 인도에 가는 현장법사의 고기를 먹기 위해 잡귀들이 달려드는 장면이 나온다. 현장법사의 고기는 '당나라 스님의 고기'라는 뜻으로 '당승육唐僧肉'이라 불린다. 이 때문에 오늘날 당승육은 누구나 먹으려고 몰려드는 먹을거리에 비유되곤 한다. 그런데 어떻게 보면 '돈'도 당승육이다. 서로 많은 돈을 차지하기 위해 사람들이 서로 싸우는 모습이 서유기의 잡귀와 다르지 않기 때문이다. 현실에서 그러한 다툼은 가끔 '투기'라는 형태로 나타난다. 미국의 월스트리트를 보더라도 원래 곰, 인디언들의 습격으로부터 가축과 정착민을 보호하기 위해 만들어진 담장이었지만, 지금은 황소와 곰, 늑대로 가득한 우리가 되어버렸다. 그 속에서 자칫 순진한 양들은 여지없이 당승육이 되어버린다.[66]

•• 투기에 빠져드는 이유 ••

1925년 스콧 피츠제럴드Scott Fitzgerald가 발표한 『위대한 개츠비』
는 1920년대의 미국 상황을 거울처럼 반영하고 있다. '20세기 영어로
쓰인 가장 위대한 문학작품'이라는 극찬을 받는 이 소설은 제1차 세
계대전 이후 1920년대 미국의 청춘 세대를 지칭하는 '잃어버린 세대'
가 겪는 사랑과 돈의 관계를 드라마틱하게 묘사하고 있다.

소설 속 주인공 개츠비는 사회적 야망에 사로잡힌 자수성가한 인
물이다. 19세기 투기의 텃밭이었던 중서부에서 태어난 그는 밀주 제
조와 채권 위조 등으로 가난뱅이에서 거부로 성장하였다. 그가 사랑
하는 부잣집 딸 데이지 뷰캐넌의 목소리를 '돈으로 가득 찼다'고 묘사
할 정도로 당시 분위기는 물질주의로 가득 차 있었다. 그만큼 1920년
대는 낙관의 시대였다. 특히 젊은이들은 제1차 세계대전 이후의 우울
함을 잊고 빠른 템포의 재즈 음악에 맞춰 파티를 즐기는 재즈시대를
연출했다. 미국 가정에 보급된 라디오는 이러한 재즈 열풍을 더욱 부
채질했다.

이러한 분위기 속에서 많은 사람들이 전기, 라디오, 자동차와 같
은 새로운 기술과 제품 덕분에 호황만 계속되리라 믿었고, 그러한 믿
음을 바탕으로 아낌없이 주식에 투자했다. 힘들게 일해 어렵게 번 돈

---

66) 황소bull는 '강세'를 뜻하는 독일어 'büllen'에서 유래한 말이다. 하지만 대개 뿔을 위쪽으로
치켜들고 싸우는 황소의 속성 때문에 주식 시장에서 상승장에 비유되며, 곰bear은 아래쪽으
로 머리를 내밀며 공격하기 때문에 하락장에 비유된다. 그리고 늑대wolf는 대규모 자금을 굴
리며 서민들의 이득을 빼앗는 전문 증시꾼을 말하며, 양lamb은 아주 순진한 소액 투자자를
가리킨다.

은 물론이고 은행에서 많은 돈을 빌려가면서까지 주식에 투자했다. 그 시대 미국인들에게 주식은 재즈시대의 정신을 반영한 세속적인 종교와도 같았다. 당시 예일대학교의 경제학과 교수였던 어빙 피셔Irving Fisher도 이러한 흐름에 동참하면서 1929년 "이제 주가는 영원히 지속될 높은 고원에 도달했다"고 선언하기까지 했다. 미국의 캘빈 쿨리지 Calvin Coolidge 대통령도 1928년 12월 퇴임 전 마지막 의회 연설에서 "지금 상황처럼 낙관적인 적은 없었다"며 낙관론을 펼쳤다.

이러한 낙관론은 일견 일리가 있어 보였다. 그만큼 주가가 고공 행진을 하고 있었기 때문이다. 여기저기에서 발표되는 마천루 건설 계획이 그러한 주가의 고공 행진을 상징적으로 보여주는 듯했다. 실제로 1920년대 후반 맨해튼 은행은 현재 트럼프 타워로 불리는 283미터 높이의 빌딩을 건축했고, 이에 질세라 자동차 회사 크라이슬러는 319미터 높이의 크라이슬러 빌딩을 건축했다. 그러나 크라이슬러 빌딩이 완공된 지 1년도 지나지 않아 1931년 뉴욕에는 높이 381미터의 엠파이어스테이트 빌딩이 들어섰다.

재미있는 것은 주가의 고공행진과 함께 여자들의 치마 길이까지 함께 올라갔다는 점이다. 컬럼비아 경영대학의 폴 니스트롬Paul Nystrom 교수는 1919년 미국 여성들의 평균 치마 높이(땅으로부터 높이)는 키의 10퍼센트 수준이었으나, 1920년에는 20퍼센트까지 높아졌고, 증시 호황기였던 1924~1927년 사이에는 무릎까지 올라오는 길이인 25퍼센트로 높아졌다고 했다.

그러나 얼마 안 있어 주식 시장은 붕괴되었고, 치맛자락도 땅에 끌릴 정도로 길어졌다. 이와 함께 계속 올라갈 것만 같았던 그들의 꿈도

바닥을 찍고 말았다. 결국 과도한 주가 상승은 버블로 규정되었고, 그 버블에 올라탄 사람들은 투기꾼으로 매도당했다. 그리고 그들의 삶도 버블과 함께 증발해버렸다.

그런데 투자와 투기를 구별하는 것은 쉬운 일이 아니다. 오스트리아 경제학자 슘페터Schumpeter는 요동치는 주가를 이용해 이익을 얻으려는 의도가 있느냐, 없느냐에 따라 투자와 투기를 구분했다. 또 어떤 사람은 투기란 실패한 투자를 의미하고 투자란 성공한 투기라고 구분하기도 하며, 어떤 이는 "내가 하면 투자고 남이 하면 투기"라면서 내로남불 식으로 말하기도 한다. 하지만 '현명한 투자, 어리석은 투기' 못지않게 '어리석은 투자, 현명한 투기'도 존재한다. 따라서 수익이라는 목표 앞에서 투기와 투자를 구분하는 것은 쥐를 잡는 데 흰 고양이와 검은 고양이를 구분하는 것과 같다. 어떤 정의를 내리더라도 투기와 투자는 종이 한 장 차이이기 때문이다. 그래서 미국 월스트리트 풍자가였던 프레드 슈드Fred Schwed는 사랑에 들떠 있는 10대에게 사랑과 욕망이 다르다고 말해주는 것만큼이나 투자와 투기의 구별이 어렵다고 비유하기도 했다.

그런데 분명한 것은 건전한 투자도 언제든 투기로 변질될 수 있다는 점이다. 시장 참여자의 탐욕과 공포가 만연할 때 특히 그렇다. 그만큼 돈에 눈이 멀게 되면 인간은 이성보다 감정의 동물이 된다. 아무리 이성적으로 행동하려고 해도 그것이 쉽지 않다. '자극과 반응 사이에는 공간이 있다'라는 말이 있지만, 대부분의 사람들은 자극에 본능적으로 반응한다. 배고프면 먹을 것을 찾고, 기분 나쁘면 화를 내고, 좋은 것을 보면 눈을 돌린다. 이처럼 본능적으로 행동하는 우리의 반응에 이성이 끼어들 공간이 없어 보인다. 이를 잘 보여주는 우화가 전갈과 거북의 이야기다.

전갈 한 마리가 강을 건널 방법을 찾고 있었는데, 마침 근처에 있던 거북이를 발견하고는 등에 태워달라고 부탁한다. 그러나 거북이는 전갈이 독침이라도 쏘면 어쩌냐며 전갈의 부탁을 거절한다. 이에 전갈은 독침을 쏘게 되면 자신도 함께 물에 빠지는데 어떻게 독침을 쏘겠냐며 거북이의 말이 논리적이지 못하다고 반문한다. 전갈의 말이 일리가 있었기에 거북이는 전갈을 등에 태우고 강을 건너기 시작한다. 그런데 강을 반쯤 건넜을 무렵 전갈은 본능을 참지 못하고 독침을 쏘고 만다. 거북이가 독에 마비되어 가면서 전갈에게 "자네의 그 훌륭한 논리는 어디로 갔나?"고 따지자, 전갈은 "제 논리는 옳았습니다. 다만 제가 저의 본능과 욕구를 극복하지 못했을 뿐입니다"라고 대답한다.

이것이 바로 투기 국면에서 나타나는 인간의 감정과 행태다. 때문에 인간의 감정이 사라지지 않는 한, 투기는 없어지지 않을지도 모른다. 특히 그 감정이 욕심일 때는 더욱 그렇다. 월가의 격언 중에 '황소도 돈을 벌고 곰도 돈을 벌지만, 돼지는 도살당한다'는 말이 있다. 여

돈이란 무엇인가

기서 돼지는 '탐욕'을 상징하는 것으로, 이 격언은 강세장이든 약세장이든 돈을 벌 수 있지만, 탐욕이 강하면 강세장이든 약세장이든 파산하게 된다는 의미를 담고 있다. 그래서 한 딜러는 "탐욕과 공포 사이에서 균형을 잡아가는 것이 딜러의 운명"이라 말하기도 했다.

그런데 인류 역사에서 기록된 최초의 투기는 기원전 2세기 로마시대였다. 모든 길이 로마로 통하듯 당시 로마는 모든 자본이 집중되는 금융의 중심지였다. 시장이 번성하고, 신용이란 개념이 출현했으며, 도박도 일상화되었다. '투기꾼speculator'이라는 단어는 라틴어 '스페큘라speculare'에서 유래한 말로, 이는 사고 요인을 미리 찾아내는 초병을 의미했다. 그래서 로마의 투기꾼들은 뭔가를 쫓는 사람들을 의미하는 '퀘스터questor'로 불렸다. 당시 퀘스터들은 로마 시민들의 생활 중심지였던 포룸forum에 모여 조세 징수업자들의 조직인 퍼블리카니publicani가 소유한 '파르테스partes'를 사고팔았다. 당시 로마는 조세 징수부터 신전 건립까지 많은 것들을 퍼블리카니에 맡겼는데, 퍼블리카니는 오늘날의 주식처럼 파르테스를 통해 소유권이 다수에게 분산된 법인체였다. 당시 파르테스 거래에는 정치인, 부자들뿐 아니라 일반 대중들도 뛰어들었고, 그 과정에서 많은 이들이 투기에 휘말리기도 했다.

그러나 투기가 본격화된 것은 종교 개혁 이후다. 사실 종교 개혁 이전 가톨릭 시대의 세계관에서는 부의 축적이 죄악으로 간주되었기에 부를 향한 인간의 욕망이 비교적 잘 통제되었다. 따라서 사회 전체가 투기에 빠져들거나 하는 일이 거의 없었다. 그러나 이후 인간의 이윤추구 본능을 자연스러운 것으로 받아들이고 부의 축적이 옹호되기 시작하면서 투기 본능은 본격화되었다. 심지어 18세기 초 버너드 맨더빌Bernard Mandeville은 『꿀벌의 우화』를 통해 "배고픔이 사람들로 하여금 음식을 먹게 하는 것처럼 국가가 번창하기 위해서는 악덕이 필요하다. 미덕만으로는 한 국가를 부유하게 할 수 없다"며 "탐욕과 사치를 위한 소비가 경제활동을 자극한다"는 주장을 펼치기도 했다. 이기심과 악덕이 오히려 사회 전체적으로 매우 이로운 결과를 낳는다는 맨더빌의 주장은 60년 후 애덤 스미스를 통해 '자유 시장'과 '보이지 않는 손'의 원리로 승화되었다.

그러나 결국 이러한 부에 대한 본능은 투기와 버블로 이어지고 만다. 근대 들어 네덜란드가 첫 파고를 겪었고, 이어 프랑스와 영국에도 투기 바람이 휘몰아쳤다. 그리고 지금도 여기저기서 투기와 버블은 계속되고 있다.

•• 눈과 귀를 가리는 버블 ••

보통 상품을 매입하는 수요는 크게 두 가지로 구분된다. 하나는 상품의 사용 가치 또는 소유 가치를 얻기 위한 '실수요'이고, 다른 하나는 가격이 올라 시세 차익을 얻기 위한 '가수요'이다. 실수요의 경우 상품을 소유하거나 그것을 이용하여 수익을 얻으려 하기 때문에 매수한 상품을 쉽게 매도하지 않는다. 그러나 가수요는 시세차익이 목적이기 때문에 매수한 상품을 언제든지 내다팔 수 있다. 이처럼 시세차익을 얻기 위한 가수요로 인해 가격이 적정 수준을 넘어 지나치게 오르는 것을 '버블'이라 한다. 그러나 가수요가 소진되면 가격이 하락하게 되고, 또 가격이 하락할수록 매물이 증가하면서 하락세가 가속화되는데, 이를 '버블 붕괴'라 한다.

따라서 주식 시장에서 기업의 내재가치를 평가하여 투자하기보다 단순히 주가 상승으로 수익을 기대하는 투자가 만연한 경우 조심할 필요가 있다. 특히 그 수요가 마이너스 대출이나 신용 대출과 같은 신용 매수에 기반하고 있다면, 이는 언제라도 쉽게 터질 수 있는 버블의 특징을 갖춘 셈이다. 이때 버블 붕괴는 금융 기관의 대출 억제와 같은 규제로 매수 여력이 소진되거나, 가격이 더 이상 상승하지 않을 것이라는 인식의 전환이 이루어지는 사건이 발생할 때 시작된다. 이 경우 그간 차익을 얻기 위해 매입했던 물량이 한꺼번에 매도 물량으로 나오지만, 이를 받쳐줄 매수가 실종된 상태이기 때문에 드라마틱한 수급의 역전이 일어나고, 이로 인해 가격은 순식간에 급락하게 된다. 이 때문에 손실액이 점점 불어나는 데도 불구하고 사람들은 손실을 보지 않으려는 손실회피 성향 때문에 낮은 금액으로는 절대 팔려고 하지 않는다. 그러나 그럴수록 손해는 갈수록 커지게 되고, 결국 사람들은 그 동안의 가격 상승이 단지 착각이었고 신기루였음을 깨닫게 된다.

그러나 그것을 깨달았을 때 이미 자신은 바보로 전락해 버리고 만다. 즉, 경제학자 케인즈가 제시한 투기 국면의 '더 큰 바보greater fool'가 되는 것이다. 케인즈는 자본시장에서 사람들이 상품의 진짜 가치를 생각하지 않고 비싼 값을 주고 상품을 구매하는 것은 어떤 바보 구매자가 더 높은 가격에 그것을 살 것이라고 예상하기 때문이라고 했다. 다른 말로 하면 '누가 나보다 더 비싼 값에 살 사람이 있겠지'라는

폭탄 돌리기 게임이 진행되는 것이다. 어떻게 보면 신규 투자자의 돈
으로 기존 투자자의 이자나 배당금을 지급하는 '폰지 사기'나 갚아야
할 카드 채무를 다른 카드의 채무로 메우는 '카드 돌려막기'와도 유사
하다. 따라서 중요한 것은 투자 대상의 가치를 예측하는 것이 아니라
자신보다 더 큰 바보가 있는지만 판단하면 된다. 자신이 가장 큰 바보
가 아니기만 하면 이익을 볼 수 있기 때문이다. 물론 더 높은 가격에
사야 하는 바보가 물건을 사지 않을 경우 결국 그 물건을 가진 사람이
가장 큰 바보가 되고 말기에 세상에서 가장 두려운 일은 마지막 바보
가 되는 것이다.

그러나 '바보에게는 항상 그에 대해 감탄하는 더 큰 바보가 있다'
라는 프랑스 속담처럼 마지막 바보는 수없이 반복되는 버블과 함께
역사에서 끊임없이 등장해 왔다. 특히 어떤 상품의 가격이 시장 참여
자들의 비이성적인 믿음이나 기대로 인해 형성될 때는 더욱 그랬다.

그런데 재미있는 것은 그 시작이 화려하게 피어올랐다, 어느 순간
시들어버리는 '꽃'으로부터 시작되었다는 점이다. 그 꽃은 바로 네덜
란드하면 생각나는 '튤립'이다.

사실 튤립에는 애틋한 사연이 담겨져 있다. 과거 한 소녀가 왕자,
용감한 기사, 그리고 부유한 상인의 아들로부터 동시에 청혼을 받았
다. 왕자는 자신과 결혼해준다면 왕관을 머리에 얹어주겠다고 했고,

돈이란 무엇인가

용감한 기사는 대대로 내려오는 보검을 주겠다고 했으며, 부유한 상인의 아들은 금고 속의 황금을 전부 주겠다고 했다. 하지만 소녀는 세 남자의 청혼을 모두 거절했으며, 소녀는 죽은 후 꽃의 여신 플로라에 의해 튤립으로 다시 태어났다. 이 때문에 튤립의 꽃송이가 왕관 모양이고, 잎은 칼처럼 뾰족하며, 꽃의 빛깔이 황금처럼 노랗게 되었다는 것이다. 그러나 튤립은 네덜란드가 아닌 터키가 위치한 중근동 지역이 원산지다. 지금도 터키의 국화는 튤립이다. 튤립이라는 이름은 터키인들이 즐겨 쓰는 터번을 의미하는 '튤리판tulipan'에서 유래했다. 그러나 튤립이 네덜란드의 상징이 된 것은 17세기 네덜란드에서 발생했던 투기 열풍 때문이었다.

당시 동인도 회사를 중심으로 한 해양무역을 통해 많은 부를 축적한 네덜란드인들은 늘어난 부에 취해 점점 더 과시욕을 드러냈고, 더 큰 부를 찾던 그들의 눈에 들어온 것이 튤립이었다. 귀족 부인들은 화장실의 타일 색과 잘 어울리는 튤립을 고르는가 하면, 튤립으로 장식한 마차를 타고 산책을 가고, 어느 가문의 튤립이 더 우아한지를 겨루는 등 튤립은 점점 더 사회적 지위의 상징으로 변해갔다. 문제는 튤립의 인기가 나날이 치솟자 튤립의 가격이 점점 더 뛰어올랐다는 점이다. 평소 원예에 관심이 없던 사람들도 튤립 뿌리를 사들이기 시작했고, 점차 튤립은 돈벌이 수단이 되어갔다. 이런 추세가 지속되면서 급기야 평범한 튤립 한 뿌리가 노동자의 5년 치 연봉 수준까지 치솟았고[67], 점점 더 많은 사람들이 튤립에 열광하기 시작했다. 더구나 줄무늬가 있는 튤립은 바이러스 감염에 의해 발생하는데, 이때 그 색깔과 무늬를 예상할 수 없어 투기의 우연성이 극대화되었다.

사실 1620년대 초기의 튤립 거래는 튤립 애호가들에 의해 거래되었기 때문에 튤립의 사용 가치에 따른 실거래 성격이 강했다. 하지만 가격이 계속 상승할 것이라는 믿음이 커지면서 차익을 남기고 팔려는 가수요가 생겼고, 이내 전형적인 버블 국면으로 접어들었다. 사람들은 집을 담보로 돈을 빌려 튤립을 매수하는가 하면, 미래 시점에 거래를 약속하는 선물 거래까지 차익을 얻는 수단으로 사용했다. 선물 거래는 미래의 일정한 시점에 정해진 종류의 튤립 뿌리를 전달하기로 약속하고, 그 시점에 튤립의 시가와 거래가의 차이를 현금으로 결제하는 식이었다. 시장의 수요가 워낙 많다 보니 튤립 뿌리가 땅속에 묻혀 있어도 미리 거래가 이루어진 것이다.

그러나 부풀어 오를 때로 부풀어 오른 버블은 1637년 2월부터 풍선 터지듯 터지기 시작했다. 튤립이 더 이상 팔리지 않았고, 집을 저당 잡혀가며 일확천금을 노렸던 수많은 사람들이 회복할 수 없는 큰 손실을 입었다. 당시 가장 희소가치가 높았던 튤립은 '브로큰broken'이라는 꽃잎에 줄무늬가 있는 품종이었는데, 그 이름처럼 많은 사람들이 파산하는 사태가 펼쳐졌다. 결국 이 사태는 네덜란드 정부가 매매 가격의 3.5퍼센트만 지급함으로써 모든 채권과 채무를 정리하는 극단적 조치를 취하고서야 진정되었다. 1,000길더에 튤립을 팔기로 했던 사람이 고작 35길더만 받을 수 있었던 것이다.

---

67) 당시 네덜란드인들은 꽃의 색깔에 따라 튤립을 다양하게 분류하면서 군대의 계급과 같은 이름을 붙였다. 최상급 꽃이 '황제'라고 불렀고, 이어 품종 순으로 '총독', '제독', '장군'이라는 이름을 붙였다. 당시 최상급인 황제 튤립은 암스테르담 시내의 집 한 채 값과 맞먹을 정도였으며, 뿌리가 양파같이 둥근 구근 식물인 튤립 하나면 왕이 부럽지 않다는 의미로 '구근球根 왕자'라는 용어까지 등장했다.

버블이 꺼진 후 1637년 네덜란드 예술가 피에터 놀페Pieter Nolpe가 발표한 판화 만화인 〈플로라의 바보모자Floraes Gecks-kap〉란 작품에는 당시 네덜란드의 분위기가 잘 그려져 있다. 그림의 한가운데에 있는 커다란 모자 안에서는 투기꾼들이 가격을 흥정하고 있고, 오른편에는 튤립을 재배한 농부들이 기뻐하는 모습과, 왼편에는 튤립을 운반하는 농부가 그려져 있다. 그러나 모자 오른쪽 뒤편에는 꽃의 여신 플로라가 당나귀를 타고 떠나고 있으며, 왼쪽 뒤편에는 악마가 바보 모자에게 막대기를 휘두르는 장면이 그려져 있다. 버블인 줄 모르고 튤립에 빠진 사람들을 바보로 풍자한 만화다. 이러한 역사 때문인지 18세기 정원과 꽃에 조예가 깊었던 콘스탄티노플의 술탄들이 새로운 품종의 튤립을 개발했을 때 거기에 '파산, 파탄'이라는 뜻을 지닌 '사힙키란Sahipkiran'이라는 이름을 붙이기도 했다.

보통 학자들은 네덜란드 튤립 광풍을 근대 금융 투기의 원조로 본다. 하지만 이런 네덜란드의 광기는 80여 년 뒤 프랑스에서 발생한 투기에 비하면 아무 것도 아니었다.

프랑스에서의 투기와 버블은 1715년 루이 14세가 사망한 후 남겨놓은 막대한 규모의 부채를 해결하고자, 루이 15세의 섭정이었던 오를레앙 공작이 스코틀랜드 출신 존 로John Law를 재정고문으로 임명하면서 시작되었다. 존 로는 프랑스 최초의 은행인 소시에테 제네랄

Societe Generale을 설립한 후 주식을 발행하여 자본금을 모았고, 이를 근간으로 은행권을 발행하였다. 그리고 북미 지역의 토지 개발을 담당하는 미시시피 회사를 인수하고 그 땅을 기반으로 화폐를 발행하였으며, 그렇게 발행된 화폐를 다시 미시시피 회사의 주식 매입에 사용할 수 있도록 했다. 그렇게 돈의 힘에 의해 주가가 급격히 오르면서 투자자들은 큰 수익을 올렸고, 그 결과 파리에는 벼락부자들이 넘쳐나기 시작했다. '백만장자millionaire'라는 말도 이때 생겨났다. 카페와 레스토랑이 주식거래소가 되었고, 가게 주인들은 중개인 역할을 했다. 빅토르 위고Victor Hugo의 『노트르담의 꼽추』에서는 이 기간의 역사를 이렇게 묘사하고 있다.

> 주인공인 꼽추는 캥캉푸아 거리에서 빈둥거리다가 다른 사람들이 주식 구매서를 쓸 때면 자신의 굽은 등을 테이블로 쓰게 했죠.

이때의 분위기를 말해주는 예화로 특히 유명한 것은 존 로의 마부 이야기다. 존 로가 하는 일을 어깨 너머로 보고 따라하여 큰 돈을 번 마부가 다른 마부 두 명을 데리고 나타나, 자신은 이제 은퇴할 테니 다른 마부를 쓰라고 했다. "알겠네만, 두 사람까지는 필요 없다네." 존 로의 말에 전직 마부는 "한 사람은 내 마부요"라고 답했다는 일화다.

그러나 북미 지역의 미시시피 회사가 실질적으로 벌어들이는 수익이 없었기에, 결국 모든 환상은 깨어졌고 주가는 곤두박질쳤다. 수많은 벼락부자들이 졸지에 벼락거지가 되어버렸다. 미국 작가

인 워싱턴 어빙Washington Irving은 「미시시피의 거대한 거품The Great Mississippi Bubble」이라는 작품을 통해 그 당시 파리의 모습을 생생하게 묘사했다.

은행 문 앞과 주변 거리는 순식간에 굶주린 군중들로 가득 찼고, 모두들 10리브르의 은행 화폐를 현금으로 교환하기 위해 아우성이었다. 수많은 사람들이 서로 밀어붙이고 몸부림쳤으며, 몇몇 사람들은 질식하거나 짓눌려 숨을 거두었다. 어떤 사람들은 통치자가 직접 나서서 이 일을 바로잡아 줄 것을 요청했고, 어떤 사람들은 나라를 파탄과 불행으로 몰고 간 사기꾼 존 로를 사형에 처하라고 요구했다.

영국인들은 이를 '미시시피 버블'이라 불렀다. 미시시피 버블의 연출자였던 존 로는 프랑스 국민의 원흉이 되어 버렸고, 이후 여기저기를 떠돌다 1729년 카니발이 열리던 베니스에서 폐렴으로 쓸쓸히 사망하고 말았다. 그의 나이 58세였다.

그러나 몽테스키외가 "존 로는 옷 장수가 옷을 뒤집듯 온 나라를 뒤집어놓았다"고 평할 만큼 미시시피 버블은 많은 후유증을 남겼다. 정치적으로는 그 여파가 프랑스 대혁명의 씨앗으로 자라났고, 경제적으로는 19세기 중반까지 '은행'이라는 말을 사용할 수 없는 분위기가 형성되었다.

한편 이웃 나라 영국에서도 미시시피 버블과 비슷한 사건이 전개되고 있었다. 스페인 왕위 계승 전쟁[68] 등으로 눈덩이처럼 불어나는 전비를 감당할 방법이 없었던 영국 정부는 재정 확보를 위해 국영 복권 사업을 추진했다. 이때 복권 판매를 위탁받아 성공적으로 수행한 사람이 존 블런트John Blunt였다. 그는 영국의 재무장관 로버트 할리 Robert Harley와 함께 회사를 설립하여 주식을 발행한 다음, 1,000만 파운드의 국채를 이 회사 주식과 교환하는 계획을 세웠다. 정부는 거액의 국채를 손쉽게 발행해 자금을 조달할 수 있고, 주식회사는 안전한 국채를 담보로 자본금을 쌓을 수 있으니 서로에게 윈윈이었다.

이 계획에 따라 탄생한 것이 바로 '남해회사'였다. '남해south sea'란 당시 남아메리카 대륙 주변의 대양을 일컫는 말이었다. 남해회사는 남아메리카에 대한 독점 무역권과 노예무역 독점권인 아시엔토asiento 를 부여받았다. 이로써 유럽, 아프리카, 아메리카를 잇는 삼각무역이 시작되었다. 이는 영국에서 생산한 물건을 아프리카로 싣고 가서 노예와 교환하고, 교환된 노예를 아메리카 대륙에 판매한 후, 그 돈으로

---

68) 스페인 왕 카를로스 2세가 죽으면서 프랑스 왕 루이 14세의 손자 펠리페를 왕위 계승자로 임명하자 프랑스에 주도권을 내주지 않기 위해 신성로마제국, 네덜란드, 영국이 동맹을 맺어 1701년 프랑스와 스페인에 선전포고를 하면서 시작된 전쟁이다. 이후 1714년까지 이어진 이 전쟁은 유럽 전역으로 확대되었고, 1713년 위트레흐트 조약과 1714년 라슈타트 조약이 체결되며 끝이 났다. 조약 체결 결과, 영국은 스페인으로부터 아시엔토, 즉 아프리카 노예를 스페인령 아메리카에 공급할 수 있는 허가권을 얻었다. 이때 아시엔토는 750만 파운드를 낸 남해회사로 넘어갔다.

설탕과 사탕수수 같은 상품을 구입해 유럽으로 싣고 오는 구조였다. 영국 정부는 남해무역을 통해 창출된 이윤으로 부실 채권을 정리할 수 있을 것으로 믿었다. 하지만 무역량은 충분치 않았고 잦은 해난사고로 오히려 큰 손실을 입었다.

그러자 위기에 빠진 남해회사는 노예무역 대신 금융으로 눈을 돌렸다. 남해회사는 거액의 주식을 발행하였고, 주가를 올리기 위해 아메리카에서 엄청난 수익이 예상된다는 소문을 퍼트렸다. 그러자 남해회사의 주가는 하늘 높은 줄 모르고 치솟았고, 투자자들은 주식 가격의 고공 행진에 열광하기 시작했다. 급기야 '남해회사 주식을 못 가지면 바보, 해마다 몇 백 퍼센트씩 배당을 받을 수 있는 주식'이라는 소문이 퍼지면서 남해회사 주식에 대한 관심은 열풍을 넘어 광기로 치달았다.

『걸리버 여행기』를 쓴 조너선 스위프트Jonathan Swift는 당시 상황을 이렇게 표현했다.

> 런던에서 온 사람들에게 그곳 사람들의 종교가 무엇이냐고 물으면 남해회사 주식이라고 답한다. 영국 정부의 정책이 무엇이냐고 물으면 역시나 남해회사의 주식이라고 답한다. 영국이 주로 교역하는 상품이 무엇이냐고 물으면 여전히 남해회사의 주식이라고 답한다.

그러나 프랑스와 마찬가지로 그 끝은 파국이었다. 그런데 파국의 시작은 놀랍게도 남해회사 임원들이 다른 버블 회사를 공격하면서 시작되었다. 당시 남해회사 주가가 크게 오르자 덩달아 사업 내용도 없는 주식회사가 200여 개가 설립되었고, 그 기업들의 주가도 함께 치솟았다. 블런트는 이러한 기업들 때문에 남해회사 주가가 떨어질지 모른다고 판단하고 관가의 지인들에게 반 버블법을 제정하도록 압박했다. 결국 의회의 승인 없이는 회사를 설립할 수 없고 기존 기업들도 정관에 명시되지 않은 활동을 할 수 없다는 내용을 담은 '버블법 Bubble Act of 1720'이 제정되었다.

버블법이 통과되자 남해회사 직원은 버블 기업 세 곳의 임원을 체포해달라고 요청했다. 그러나 그들은 이러한 버블 기업 단속이 주식 시장에 패닉을 불러올 줄은 상상도 못했다. 우후죽순으로 치솟던 여러 버블기업의 주가가 하락하기 시작하자 돈을 빌려 이들 기업의 주식을 산 사람들이 대출금을 갚기 위해 남해회사의 주식을 팔기 시작한 것이다. 이로 인해 남해회사의 주가도 급전직하했다.

결국 수많은 이들이 돈을 날렸고, 그들의 얼굴에서는 웃음이 사라져버렸다. 1720년 토마스 보울Thomas Bowles이 그린 〈투기꾼의 거울 : 또는 영국의 어리석음The Bubbler's Mirror : or England's Folly〉이라는 판화를 보면, 돈 주머니를 들고 웃고 있는 한 남자의 모습과 옷과 손수건으로 눈물을 닦고 있는 한 여인이 대조적으로 그려져 있고, 그 주위로 여러 투기회사들의 목록이 나열되어 있다. 버블이 한창일 때 돈에 취해 웃고 있던 모습이 어느새 울고 있는 모습으로 바뀐 것이다.

그런데 투기꾼의 거울에 얼굴을 드러낸 이는 일반인만이 아니었다. 이때의 투자 실패로 많은 빚을 지게 된 『로빈스 크루소』의 저자 다니엘 디포Daniel Defoe는 안식일에 채무자를 체포하지 않는 영국의

돈이란 무엇인가

관습을 이용해 일요일에만 외출한 탓에 '일요 신사sunday gentleman'라는 오명을 얻었다. 또한 아이작 뉴턴도 2만 파운드를 고스란히 날렸다. 고전물리학의 이론을 정립하며 그 누구보다 이성적일 것 같았던 뉴턴도 감정을 가진 인간이었던 것이다. 이후 뉴턴은 South Sea의 'S'자만 들어도 안색이 변했고, "천체의 운행은 계산할 수 있지만, 인간의 광기는 도저히 알 수가 없다"고 심경을 토로하기도 했다.

다니엘 디포와 같은 시대를 살았던 『걸리버 여행기』의 작가 조너선 스위프트는 남해 버블 이후 돈은 머리에 넣고 다니고 절대로 가슴에 품지 말라고 충고하면서 〈거품The Bubble〉이란 시를 썼다. 이 시에서 스위프트는 남해회사의 사기꾼 임원들과 이들에게 쉽게 속아 넘어간 순진한 투자자들을 한껏 조롱하고 있다.

'공기 위에 성을 쌓고, 바닷물 위에 성을 쌓았는데도 아무 생각 없이 그 성을 바라만 보고 있다고.'

역사는 튤립 버블, 미시시피 버블, 남해 버블을 '3대 버블'이라 부른다. 그런데 그 이후에도 거품의 잉태는 반복되었다. 인류는 거품이 터진 후 그 잔해를 제거하는 작업이 얼마나 잔인한지 뻔히 알면서도 당장의 이익에 눈이 멀어 거대한 돈 풍선을 만드는 일을 거듭해왔고, 그로 인해 경제적 위기도 수없이 반복되었다. 그래서 매사추세츠공대의 찰스 킨들버거Charles Kindleberger 교수는 금융위기를 '계속 피어오르는 질긴 다년생화'라고 부르기도 했다. 이는 돈에 대한 인간의 욕망이 얼마나 강한지를 잘 보여주는 표현이기도 하다. 심지어 19세기 미국의 상인이었던 케네Kene는 "인생은 투기이고, 투기는 인간과 함께 탄생했다"라고 단언하기도 했다. 돈에 눈이 먼 사람들은 인류 역사가 보여준 투기와 버블의 교훈을 까맣게 잊어버리거나, 아니면 애써 무시하려고 한다. 그래서 글로벌 금융위기를 겪은 이후 영국의 공인재무분석사협회는 금융위기를 '금융 기억상실증'으로 정의하기도 했다.

그런가 하면 하버드대학의 케네스 로고프 교수는 "금융위기 직전에 경제 호황이 발생하고 반복되는 가장 값비싼 조언은 '이번에는 다르다'였다는 점이다. 그러나 현실은 결코 단 한 번도 달랐던 적이 없었다"라고 말하기도 했다. 이처럼 사람들은 대개 보고 싶은 것만 보고, 듣고 싶은 것만 듣고자 하는 경향이 있다. 특히 투기 국면에서는 이러한 심리가 더욱 강해진다. 때문에 재앙을 경고하는 어떤 말도 카산드라Cassandra의 말처럼 먹히지 않는다.

트로이의 공주였던 카산드라는 아폴론Apollon의 사랑을 한 몸에 받으며 예언의 능력을 부여받았다. 하지만 아폴론의 구애를 거절한 탓에 아폴론은 카산드라가 아무리 진실을 말해도 사람들이 믿지 않게 하는 저주를 걸어버렸다. 그로 인해 카산드라는 그리스 군이 보낸 거대한 목마를 성으로 들여선 안 된다고 절규하지만, 아무도 그녀의 말을 듣지 않았다. 결국 트로이는 목마에서 튀어나온 그리스 군에 의해 멸망하고 만다.

마찬가지로 눈앞에서 치솟는 가격에 환호하는 사람들에게 아무리 그것이 거품이라 말해줘도 인생 역전이 눈앞에 있다는 생각에 사로잡혀 이성과 상식은 마비되고, 함께 환호성을 부르는 군중 속 바보가 되어 버블이라는 경고의 말을 카산드라의 말처럼 여겨 버린다. 그러나 산이 높으면 골이 깊다는 평범한 진실을 잊는 순간, 결국 트로이와 같은 운명에 처해지기 마련이다. 다시 말해, 모든 것을 잃어버리는 처지로 전락하게 되는 것이다.

정신분석학자 프로이트는 "악마가 준 금덩이는 악마가 떠난 뒤 배설물로 바뀐다"는 말을 했다. 이는 꿈에서 깨어났을 때 투기꾼들이 느끼는 분노와 허망함을 대변하는 말일지도 모른다. 대개 버블은 그것이 꺼진 후에야 비로소 버블이었음을 알게 되기 때문이다.

인생 한방을 노리는 심리

이솝 우화에 '야생 나귀와 집 나귀' 이야기가 있다. 산속에서 무서운 천적에게 쫓기고 먹이가 부족해 배를 곯기 일쑤인 야생 나귀는 따뜻하고 안전하게 사는 집 나귀를 항상 부러워한다. 그러던 어느 날, 야생 나귀는 집 나귀가 커다란 짐을 등에 싣고 주인에게 사정없이 채찍질을 당하며 걷는 모습을 보게 된다. 그제야 야생 나귀는 집 나귀의 편안한 생활이 무거운 짐을 나르고 주인의 채찍질을 맞는 대가임을 깨닫는다. 이 우화는 어떤 것을 얻으려면 반드시 그에 상응하는 대가를 치러야 한다는 것을 말해준다. 경제학에서는 이를 '기회비용'이라고 부른다. '공짜 치즈는 쥐덫에만 놓여 있다'라는 러시아 속담이나 '산토끼 잡으려다 집토끼 놓친다'는 우리나라 속담이나 모두 같은 맥락이다. 하지만 여전히 많은 사람들은 무임승차를 꿈꾸고 있다.

돈이란 무엇인가

•• 세상엔 공짜가 없다 ••

『상식 밖의 경제학』의 저자인 댄 애리얼리Dan Ariely는 고급스런 스위스 초콜릿을 15센트에, 평범한 허쉬 초콜릿을 1센트에 팔았다. 그러자 초콜릿의 질과 가격을 고려하여 고객의 73퍼센트는 고급 초콜릿을, 27퍼센트는 평범한 허쉬 초콜릿을 선택했다. 이번에는 두 초콜릿의 가격을 1센트씩 낮추어 고급 초콜릿은 14센트, 허쉬 초콜릿을 공짜로 팔았다. 그러자 허쉬 초콜릿이 인기 상품으로 돌변하면서 69퍼센트의 고객이 허쉬 초콜릿을 선택했다. 반면 고급 초콜릿을 선택한 비율은 73퍼센트에서 31퍼센트로 곤두박질쳤다.

이 실험은 사람들이 '공짜'를 좋아한다는 사실을 잘 보여준다. 인터넷에서 물건을 주문할 때 일정 금액 이상을 주문하면 배송비가 공짜이기 때문에 추가로 물건을 주문한다든가, 박물관 입장료가 그리 비싸지 않음에도 불구하고 무료로 입장할 수 있는 날에 사람들이 몰리는 것도 모두 공짜가 좋기 때문이다. '공술 맛이 더 좋다', '공짜라면 양잿물도 마신다', '공짜에는 트집 잡지 마라' 등 공짜에 관한 속담들도 이러한 심리를 잘 대변해준다. 아마도 길에서 돈을 줍거나 오랜만에 꺼낸 옷에서 지폐가 나오기라도 하면, 그 값어치를 떠나 그냥 기분이 좋아지는 경험을 해보았을 것이다. 그만큼 공짜는 금전적인 이득을 넘어 인간의 감정까지 고양시킨다. 그래서 댄 애리얼리는 '0은 가격의 한 형태가 아니라 감정을 뒤흔들고 비이성적 흥분을 유발하는 뜨거운 버튼'이라 표현하기도 했다.

그렇다면 왜 우리는 공짜를 좋아하는 걸까? 그것은 우리가 본능적으로 손해에 대한 두려움을 가지고 있기 때문이다. 사실 공짜가 아닌 물건을 사는 것에는 잘못된 선택의 가능성이 항상 내재되어 있기 마련이다. 만일 뒤늦게 그것이 잘못된 선택이었음을 알게 되면 그로 인한 금전적인 손해도 손해지만, 항상 심리적인 불편이 뒤따른다. 그런데 공짜는 이러한 손해의 가능성을 근본적으로 차단시킨다. 즉, 공짜는 잘못된 선택으로 인해 손해가 유발될 일이 없기에 우리의 마음을 편안하게 해준다. 그렇기에 사람들이 공짜에 본능적으로 반응하는 것이다.

그럼에도 불구하고 공짜의 달콤함을 경계하는 격언은 많고도 많다. '세상에 공짜는 없다', '뿌린 만큼 거둔다', '공짜 좋아하면 대머리 된다' 등이 대표적이다. 이는 어떤 값도 치르지 않고 당당하게 얻을 수 있는 공짜가 세상에 존재하지 않는다는 말이기도 하다. 경제학자 밀턴 프리드먼이 즐겨 사용하기도 했던 '공짜 점심free lunch'이라는 말도 그렇다. 이는 19세기 미국 서부 개척기에 주점에서 손님을 끌기 위해 점심을 무료로 제공한 데서 유래한 말이다. 그러나 이것도 알고 보면 공짜가 아니었다. 저녁 술값에 공짜로 먹은 점심값까지 얹었기 때문이다.

비단 공짜가 아닌 것은 제품과 서비스뿐만이 아니다. 미국 워싱턴의 링컨 기념관 앞에 있는 한국전 참전비에는 '자유는 공짜가 아니다Freedom is not free'라는 유명한 문구가 새겨져 있다. 즉, 자유 하나도 수많은 희생에서 나왔다는 뜻이다. 참고로 6·25 전쟁 때 미군은 약 180만 명이 참전하여 77만 명 이상의 인적 피해를 보았다. 뿐만 아니라 일상의 많은 부분이 기브 앤 테이크give and take의 원칙을 따르고 있고, 인간관계에서도 내가 마음을 여는 만큼 관계의 장이 생긴다. 또한 골프공을 잃어버리지 않고 골퍼가 될 수 없는 것처럼 무엇인가를 성취하기 위해서는 그만큼의 노력을 기울여야 하는 것이 세상의 이치다.

따라서 너무 공짜를 밝히다 보면 자칫 그 이면을 보지 못할 수도 있다. 공짜가 진실을 감추고 있는 포장지일 수 있기 때문이다. 기업이 나누어주는 공짜 제품만 보더라도 사용자가 그 대가를 지불하는 것은 아니지만, 다른 형태로 비용을 지출하게 되는 경우가 대부분이다. 이는 기업이 어떤 상품을 공짜로 주는 대신 그와 결부되어 있는 다른 상품에서 수익을 창출하기 때문이다. 면도날을 팔기 위해 면도기를 공짜로 배포하거나, 잉크를 비싼 가격으로 팔면서 프린터를 싸게 파는 식이다. 또한 일부 기업들은 특정 서비스를 무료로 제공하면서 '락인효과 lock-in effect'를 노리기도 한다. 통신사들이 가족결합 할인상품이나 '통신-TV-인터넷' 묶음 서비스를 통해 소비자들이 동일 상품이나 서비스를 계속 이용하도록 만드는 것은 좋은 예다. 이 경우 소비자들은 현재 이용하고 있는 기업의 서비스를 계속 이용할 수밖에 없게 된다.

그리고 기업들은 사용자에게 무료로 신문이나 잡지를 제공하고 광고를 게재한 광고주로부터 광고비용을 받는 방식으로도 수익을 창출한다. 또한 사용자가 서비스를 무료로 이용하는 대신 돈이 아닌 평가나 관심과 같은 비금전적인 보상을 제공하게 하는 전략도 사용한다. 2007년 미국의 가수 프린스Prince가 영국의 일간지 「데일리메일」에 신작 앨범 300만 장을 끼워 공짜로 뿌린 적이 있는데, 이로 인해 인세 560만 달러를 날렸지만, 대신 이를 통해 홍보한 콘서트 투어에서 입장권 판매만으로 2,340만 달러를 벌어들이기도 했다.

이처럼 제품과 서비스를 무료로 제공하고, 그 대신 대중의 관심과 평판, 광범위한 사용자를 확보해, 이를 바탕으로 관련 영역에서 새로운 수익을 창출하는 방식은 지금도 위험과 손해를 경계하는 우리의 심리를 지속적으로 파고들고 있다.

그런데 공짜에 너무 맛들이다 보면 자꾸만 힘들이지 않고 무언가를 얻고자 하는 습성이 강해져 오히려 삶에 독이 될 수도 있다. 한 예로, 부모가 물려주는 상속의 경우 비록 어느 정도 상속세를 지불하긴 하지만 세상에 이런 공짜도 없을 것이다. 그래서 돈 많은 부모 아래서 태어나고 자란 금수저들이 한없이 부러울 수 있지만, 다른 한편으로 세상에 태어나느라 수고한 것밖에 없는 상속자들이 부모로부터 물려받은 재산으로 인해 오히려 불행해지기도 한다.

'부자는 3대를 못 넘긴다'는 '부불삼대富不三代'는 그런 배경에서 나온 말이다. 다시 말해, 상속자들이 상속받은 부를 제대로 관리하지 못하는 현실을 꼬집은 것이다. 그래서 중국의 지식인들은 '유산은 몸을 베는 칼'이라며 상속을 경계하기도 했다. 또한 대부호였던 앤드류 카네기Andrew Carnegie는 "상속은 자식들을 망치게 한다"고 역설했으며, 워런 버핏Warren Buffett도 "자녀에게 어떤 일을 할 수 있을 만큼만 돈을 물려주되 아무것도 하지 않아도 될 만큼 물려주지는 말라"고 충고하고 있다. 이는 자손들에게 공짜로 재산을 물려주는 것이 자손들을 무능력하게 만드는 일이 될 수도 있고, '상속은 쟁속'이라는 말이 의미하듯 때로는 상속 재산이 형제 사이의 다툼을 유발하는 요인이 될 수도 있기 때문이다.

•• 로또와 도박의 이면을 보면 ••

    비록 완전한 공짜는 아니지만, 공짜 경제에 가까운 것이 '로또'와 '도박'이다. 로또와 도박에는 가능성이 희박함에도 불구하고 거의 공짜로 거액을 얻으려고 하는 심리가 작용하고 있기 때문이다. 사실 로또에 당첨될 확률은 8,145,060분의 1에 불과하다. 우리나라 인구 5천만 명 가운데 약 6명을 뽑는 확률이다. 욕조에서 넘어져 죽을 확률(801,923분의 1)보다는 10배 이상, 벼락에 맞아 죽을 확률(4,289,651분의 1)보다 2배가량 희박하다. 이를 소수로 표시하면 0.00000012로 거의 0에 가깝다.

    그런데도 사람들이 이렇게나 낮은 확률에 기대를 거는 것은 기본적으로 0퍼센트에 가까운 확률과 거액을 바라보는 심리가 서로 다르기 때문이다. 대개 사람들은 객관적인 확률을 주관적으로 변환하여 생각하는 습성이 있다. 그런데 보통 0에 가까운 희박한 확률일수록 사람들의 주관적 믿음이 더욱 커진다. 특히 돈이 없어 극히 가난하거나 불치병에 걸려 살아날 가능성이 거의 없는 경우에는 더욱 그렇다. 예를 들어, 불치병 환자에게 치료 가능성이 0.1퍼센트만 있다고 말해줘도 그들은 0.1퍼센트의 가능성에 기대어 무슨 일이든 하려 든다. 마찬가지로 814만 분의 1이 수학적으로는 0에 가깝지만, 로또를 사는 사람들에게는 그것이 하나의 가능성이자 희망으로 작용하는 것이다.

    더군다나 매주 평균 5~6명의 로또 1등 당첨자가 나오며, 운이 좋을 경우 약 20억 원에 가까운 큰돈을 손에 쥘 수도 있다. 반면 로또 게임에 참가하는 데 드는 최소한의 금액은 고작 1,000원으로 재산에 큰 변동이 생기는 것도 아니다. 그러니 극히 희박한 확률임에도 불구하고 이탈리아어로 '운명'이라는 뜻을 지닌 '로또lotto'가 자신의 운명을 바꾸어줄 것을 기대하면서 로또 판매점으로 달려가는 것이다. 그러면서 로또 당첨 확률이 '된다, 안 된다' 가운데 하나이기 때문에 '2분의 1'이라는 어처구니없는 평계를 대기도 한다. 또 어떤 이는 현실적으로 로또 상금 10억 원에 당첨될 확률이 일상에서 10억 원을 벌 확률보다 높기 때문에 로또를 산다고 말하기도 한다. 조금 현실적인 평계로 보인다.

이러한 심리로 인해 사람들은 도박에 빠지기도 한다. 예를 들어, 슬롯머신에서 그림 두 개만 같고 하나가 다른 경우 이를 간발의 차이로 여기며 '잘하면 이길 수 있을 것'이라는 생각을 계속 하는 것이다. 하지만 이는 어디까지나 착각에 불과하다. 그래서 승리 확률에 대한 이러한 착각을 '도박사의 오류gambler's fallacy'라 부르기도 한다.

이러한 착각과 오류 때문에 도박꾼들은 '지금까지 졌으니 이젠 이기겠지'하는 믿음을 갖고 계속 게임을 하는데, 사실 각 게임은 모두 독립적이기 때문에 이전 게임의 결과와 앞으로의 결과는 전혀 상관이 없다. 즉, 주사위를 던져 연거푸 6이 나오면 다음에도 6이 나올 확률이 높다고 생각하지만, 어떤 경우에든지 6이 나올 확률은 여전히 6분의 1이다. 만일 6이 또 나오려면 주사위가 지금까지 나온 결과를 스스로 기억하고 있다가 5가 나올 것 같으면 갑자기 몸을 뒤틀어 6이 나오게 해야만 한다. 그러나 안타깝게도 주사위에는 그런 자기교정 능력이 없다. 단지 6이 계속 나왔다는 사실은 주사위를 던진 사람의 기억 속에 있을 뿐이다. "이번에도 딸, 저번에도 딸이었으니 다음번엔 분명 아들일거야"라고 믿는 딸 부잣집 부부의 믿음과 다를 바 없다.

이 때문에 '1-2-3-4-5-6'이라는 조합과 '2-5-9-17-22-41'과 같은 조합이 일어날 확률이 동일함에도 불구하고 사람들은 '1-2-3-4-5-6'과 같은 특정 조합을 배제해버린다. 결국 45개에서 6개를 뽑는 조합이 이론상 814만 개임에도 불구하고 사람들은 그보다 더 적은 숫자를 생각하게 된다. 그러니 사람들이 느끼는 복권 1등 당첨 확률이 객관적 확률보다 항상 높을 수밖에 없다.

그리고 이는 '통제의 환상Illusion of Control'이라는 심리로도 이어진다. 통제의 환상은 자신이 언제든지 자신을 통제할 수 있다고 생각하는 태도 또는 외부환경을 자신이 원하는 대로 바꿀 수 있다고 여기는 과대평가된 심리로, 사람들이 도박에 빠지고 복권을 사는 이유를 잘 설명해준다.

한 심리학 실험에서 사람들은 로또를 살 때 자동으로 번호를 고른 경우에 비해 직접 번호를 고른 경우 그 복권을 팔려고 하지 않을뿐더러, 혹여 팔더라도 8배나 더 비싼 가격에 팔려고 하는 태도를 보였다. 이는 직접 번호를 고른 사람들이 당첨에 대한 자신감이 더 높고 자신의 복권에 더 큰 의미를 부여하고 있다는 점을 보여준다. 또한 주사위를 던질 때에도 정신을 집중하면서 작은 수는 약하게, 큰 수는 세게 던진다.[69] 모두 통제의 환상 때문에 나오는 행동들이다.

또한 통제의 환상과 더불어 '나는 특별하다'라는 일종의 '자기 선택적 편향self-selection bias'도 로또를 사는 또 다른 이유로 작용한다. 객관적 확률을 애써 무시하고 항상 자신에게 운이 더 유리하게 작용할 것으로 생각하는 것이 자기 선택적 편향이다. 그러나 그 특별하다는 생각을 모든 사람이 한다는 것이 문제다. 그러니 로또를 '확률을 모르는 사람에게 매기는 세금'이라고도 부르는 것이 당연한지도 모른다.

그러나 도박의 경우 이러한 착각이 지속되게 되면 무척 위험해질 수 있다. 돈을 자꾸 잃어버리다 보면 점점 더 돈에 집착하게 되고, 어느덧 헤어날 수 없는 도박의 늪에 빠질 수 있기 때문이다. 그렇게 시간 가는 줄 모르고 빠져들게 만드는 것이 도박의 가장 큰 특징이다. 오죽하면 '샌드위치'라는 음식도 도박 때문에 만들어졌을까.[70]

보통 카지노에서 진행되는 모든 게임에는 도박사들이 베팅을 끊지 못할 만큼씩만 이기도록 승률이 조작되어 있다. 이를 '하우스 엣지 house edge'라고 하는데, 게임마다 그 비율이 다르지만 룰렛 게임의 경우 카지노의 승률은 51.4퍼센트, 고객의 승률은 48.6퍼센트다. 따라서 운과 베팅을 통해 간헐적인 승리를 거둘 수 있을지는 몰라도 게임을

---

69) 사람들에게 주사위 2개를 던지게 하면서 주사위의 합이 12 또는 2가 나올 경우 상금을 주겠다고 할 경우 12가 나오기를 바라는 사람들은 주사위를 큰 동작으로 던지는 반면, 2가 나오기를 바라는 사람들은 주사위를 살짝 던진다. 이처럼 사람들은 결과적으로 큰 무언가를 만들어내기 위해서는 표면적으로도 그것과 걸맞은 거창한 행동이 필요하다고 생각하는 경향이 있다.

70) 1718년 영국의 샌드위치 백작 4세 존 몬태규John Montague 4세는 카드놀이를 하면서 식사시간이 아까워 빵 사이에 고기를 끼워 식사로 때웠는데, 다른 귀족들도 이를 따라 하면서 음식명이 '샌드위치'가 되었다. 샌드위치 백작은 모험가인 제임스 쿡James Cook의 후원자이기도 했는데, 이 때문에 제임스 쿡은 1778년 하와이를 발견하고는 '샌드위치 제도'라는 이름을 붙이기도 했다.

돈이란 무엇인가

거듭할수록 대수의 법칙[71]에 의해 카지노의 승리는 점점 현실화되기 마련이다.

이 때문에 카지노는 고객들이 게임에 빠져들도록 시계, 거울, 창을 두지 않는다. 시계가 없어야 게임에 빠진 사람들이 지금 몇 시인지 모르게 되고, 거울이 없어야 탐욕과 절망에 찌들어 초췌해진 자신의 모습을 보지 않게 되며, 창이 없어야 외부와 단절되기 때문이다. 즉, 고객들이 아무 생각 없이 게임에만 몰두하여 도박을 계속하게끔 환경을 만들어야 카지노가 돈을 벌 수 있는 것이다. 게다가 '겜블러의 최후gambler's ruin'라는 수학 모델에 따르면 도박에서 두 사람의 승리 확률이 50대 50으로 같더라도, 결국 자본이 많은 사람이 승리할 확률이 높다. 개인에 비해 카지노가 월등히 많은 자본을 가지고 있음은 두말할 필요가 없다.

그러니 도박이 결국 패가망신의 지름길이 되는 것이다. 불교에서는 술에 취하는 것, 방탕하여 여색에 빠지는 것, 풍류로 악행을 저지르는 것, 나쁜 벗과 어울리는 것, 게으름으로 재산을 없애는 것과 더불어 도박을 여섯 가지 악행 중 하나로 보고 있다. 도박으로 인해 재산이 줄어들고, 도박에 이기더라도 원한이 생기며, 지혜로운 사람이 타일러도 듣지 않으며, 사람들이 그를 멀리하며, 도둑질할 마음이 생기기 때문이다. 인도의 정신적 지도자인 간디Mahatma Gandhi도 '원칙 없는 정치', '인격 없는 지식' 등과 함께 도박과 같이 '땀 흘리지 않고 얻는 부'를 사회악 중 하나로 규정하기도 했다. 그만큼 도박으로 인한

---

71) 각각의 사건은 예측 불가능한 불확실성을 가지고 있지만, 각 사건이 계속 반복될 경우 예측 가능한 수치로 수렴하고, 반복된 수가 더 많을수록 이 수치는 더 정확해지는 것을 말한다.

폐해가 크기 때문이다. 그러나 무엇보다 우리가 잊지 말아야 할 것은 이러한 윤리적 해악을 넘어 도박이 명백히 범죄 행위가 될 수 있다는 점이다.

대개 사람들은 재미로 도박을 시작한다. 그러나 알고 보면 도박의 재미는 금전적 보상에 대한 기대에서 나온다. 그래서 17세기 철학자 파스칼Pascal은 도박꾼에게 판돈이 없는 도박을 하게 하면 흥미를 느끼지 못하고 지겨워할 것이라고 단언하기도 했다. 실제로 몇몇 심리학자들의 실험 결과, 판돈 없는 도박을 한 사람보다 실제 판돈이 걸린 도박을 한 사람의 심장이 더 빨리 뛰는 것으로 나타났다. 그래서 점점 더 도박에 빠져들다 보면 처음 가졌던 쾌감보다는 금전적 보상이 주 목적이 되어 버린다. 그래서 돈을 잃었을 때 돈에 더 집착하게 되고, 어떻게든 잃어버린 돈을 만회하려고 시도하게 된다. 잃어버린 돈을 되찾을 가능성이 조금이라도 있다고 생각되면 잃은 돈의 두 배를 배팅해 이전에 잃은 돈을 만회하려는 전략도 서슴지 않는다.

그러나 이런 행위를 거듭할수록 잃는 돈만 계속 커지게 된다. 그러면 그리스 신화 속 탄타로스Tantalos처럼 영원히 충족되지 않는 욕구에 사로잡혀 마음의 고통만 커지기 마련이다. 탄타로스는 신들의 비밀을 누설한 죄로 영원히 채워질 수 없는 갈증과 허기로 고통 받는 존재다. 그는 목까지 잠기는 강물 속에서 물을 마시려고 고개를 숙이지만, 그때마다 물이 낮아진다. 또한 손이 닿은 곳에 과일들이 달려 있어 손을 뻗어보지만, 그때마다 과일들이 바람에 날아가 버린다. 이처럼 충족할 수 있을 것 같은데 영원히 충족되지 않는 욕구에 사로잡힌 존재가 탄타로스다. 탄타로스에 파생된 영어 단어 'tantalize'가 '감질

나게 하다'라는 뜻도 있지만, '고문하다'라는 의미로도 쓰인다. 어쩌면 도박에 빠진 사람들은 영원히 충족되지 않는 욕구에 사로잡혀 끊임없이 마음의 고문을 당하고 있는지도 모른다.

돈에 대한 위선적인 태도

'돈 싫어, 명예 싫어.' 과거 'DJ DOC'라는 그룹이 불렀던 〈머피의 법칙〉에 나오는 가사다. 그런데 정말 이들이 돈을 싫어했을까? 당시 이 그룹이 불렀던 일부 노래는 '국민가요'라고 불릴 정도로 많은 인기를 누렸기 때문에 이들은 많은 돈과 명예를 쌓았다. 따라서 '돈이 싫다'는 표현은 그저 노래의 가사였을 뿐, 실제 속마음은 아니었을 것이다. 마찬가지로 현대인들은 돈을 악의 화신으로 바라보면서도 돈을 갈구하는 이율배반적인 모습을 보이기도 한다. 그러나 그 이면에는 이솝 우화에서 포도가 너무 높이 있어 못 따먹으니까 "따 먹으나 마나 신 포도야"라고 말하는 여우의 모습이 깃들어 있을 수도 있다. 즉, 돈이 좋은데 못 얻으니까 '황금 보기를 돌같이 하라'고 말하는 것일 수 있는 것이다.

•• 돈에 대한 이중적 사고 ••

돈을 싫어하는 사람들이 좋아할만한 이야기로 다음과 같은 유머가
있다.

여행 중 길을 잃은 유대교 랍비, 힌두교 사제, 펀드매니저가
한 농부의 집을 발견하고 농부에게 하룻밤만 묵게 해달라고 부
탁했다. 하지만 방이 너무 좁아 방에서는 두 사람밖에 잘 수 없
고, 한 사람은 헛간에서 자야만 했다. 그러자 힌두교 사제가 솔선
수범하여 자신이 헛간에서 자겠다고 했다. 잠시 후 랍비와 펀드
매니저가 잠을 청하려는데 누군가 방문을 두드렸다. 힌두교 사
제였다. "죄송합니다. 헛간에 소가 있는 줄 몰랐어요. 소 옆에서
자는 것이 교리에 어긋나지는 않지만 마음이 몹시 불편해서요."

이에 유대교 랍비가 자기가 헛간에서 자겠다고 했다. 그런데
사제와 펀드매니저가 잠을 청하려는 순간, 다시 노크 소리가 들
렸다. 유대교 랍비였다. "죄송합니다. 헛간에 돼지가 있더군요.
돼지와 함께 잠을 자는 것이 교리에 어긋나는 것은 아니지만 마
음이 조금 불편해서요."

그러자 펀드매니저가 약간 짜증을 내며 헛간으로 갔다. 사제
와 랍비가 잠자리에 들려는 순간, 다시 문 두드리는 소리가 들렸
다. 그런데 문을 열어보니 이번에는 펀드 매니저가 아닌 소와 돼
지가 서 있었다.

가축들마저 기피할 만큼 불결하거나 사악한 존재로 펀드매니저가 비난받는 것을 풍자한 유머로 사람들이 돈을 지나치게 밝히는 사람, 돈을 많이 번 부자들을 혐오한다는 사실을 내포하고 있다. 그러다 보니 구두쇠도 자연스럽게 악의 대명사로 여겨지곤 한다. 즉, 돈이 많다는 것은 욕심이 많고 본인만 잘 살고 남을 위해 베풀지 않았다는 의미로 받아들여지는 것이다. 『흥부와 놀부』 같은 전래동화만 보더라도 돈이 많은 놀부를 악으로 연결시키고 있으며, 매년 크리스마스에 터줏대감처럼 방송되는 〈크리스마스 캐롤〉에 등장하는 스크루지는 부자이지만, 인색한 사람, 구두쇠를 뜻하는 대표명사로 쓰이고 있다.

사람들은 대개 돈 많은 사람들이 돈을 부정하게 벌거나 사용한다고 생각한다. 그래서 돈을 가리켜 '냄새나는 돈'이라는 뜻의 '고린전' 또는 '동취銅臭'라고 부르기도 한다. 중국 진나라 때의 왕연은 돈을 더럽다고 여겨 '이 물건'이라는 뜻의 '아도물阿堵物'이라 부르기도 했다. 심지어 일부 정신분석학자들은 돈을 배설물과 결부시키기도 한다. 특히 헝가리의 정신철학자인 페렌지Ferenczi는 화폐를 '빛나게 만들어진, 냄새 없고 건조한 오물 이외의 아무 것도 아니다'라고 표현하기도 했다. 비슷한 사례로, 석유수출국기구OPEC의 창시자였던 페레스 알폰소Pérez Alfonso도 부의 원천이면서도 많은 부정부패와 갈등을 낳았던 석유를 가리켜 '악마의 배설물'이라 불렀다. 어떻게 보면 인간에게 쾌감을 주면서도 동시에 우리를 더럽힐 수 있는 존재가 배설물이라는 점에서 돈의 속성을 잘 표현한 말인지도 모른다. 같은 맥락에서 현대인들도 "이 돈 밖에 모르는 인간 같으니라고", "돈이면 다 될 것 같아?", "그렇게 좋으면 돈하고 살아라"와 같은 말을 내뱉으며 돈과 엮

이는 것을 극도로 꺼리는 태도를 보이기도 한다.

그런데 정말로 사람들이 돈과 부자를 싫어하는 것일까? 혹시 속마음은 돈과 부자를 좋아하는데, 겉으로만 그렇지 않은 척 하는 것은 아닐까?

이를 알아보기 위해 예일대학교의 수잔 호르비츠Suzanne Horwitz는 재미있는 실험을 진행했다. 실험 참여자로 하여금 컴퓨터 화면에 나타나는 특정 단어를 보고 '좋다' 또는 '나쁘다'라는 버튼을 누른 후, 곧바로 '부'와 '빈곤'을 구별하는 버튼을 누르도록 했다. 예를 들어, '복권'이라는 단어를 보고 '좋다' 버튼을 누른 후, 바로 '부' 버튼을 누르는 식이다. 이는 빠른 순발력을 요구하기 때문에 자동으로 본심이 튀어나오게 하는 원리를 적용한 것으로, 만일 '좋다'와 '부'를 누른다면 응답자는 두 단어의 의미를 연결해서 생각하고 있다는 것을 뜻한다. 그런데 실험 결과 대부분의 사람들은 잠재의식 속에서 부자를 좋아하는 경향이 있는 것으로 드러났다.

더 확실한 증거는 2006년 신경과학자 라사나 해리스Lasana Harris 박사와 수잔 피스크Susan Fiske 교수가 프린스턴대학에서 실시한 뇌 촬영 결과다. 그들은 실험 참여자를 뇌 촬영 장치에 눕히고 부유해 보이는 사람의 사진과 극빈층으로 보이는 사람의 사진을 보여주었다. 그러자 부유한 사람의 사진을 보았을 때는 이들과 사이좋게 지내야 한다는 신호를 보내는 뇌 부위가 활성화된 반면, 극빈층의 사진을 보았을 때는 혐오감과 관련된 뇌 부위가 활성화되었다. 비슷한 사례로 가난한 환자를 치료한 기간이 길수록 의사들이 환자를 더 부정적으로 생각하는 경향이 있다는 연구 결과도 있다.

이를 보면 우리는 깨닫지 못하고 있을 뿐, 무의식적으로는 부자를 동경하고 가난한 사람을 무시하는 경향이 있는 것이다. 그래서 가난한 사람보다 부자에게 더 친절하며 자신도 모르게 가난한 사람을 차별하기도 한다. 심지어 가난한 사람을 볼 때 능력도 없고 따뜻한 사람이 아니라고 생각하며 혐오감을 느끼기도 한다. 그러나 겉으로는 돈을 혐오하는 척, 부자를 혐오하는 척한다. 한마디로 이중적인 사고를 하고 있는 것이다.

•• 돈을 싫어한다고 말하는 이유 ••

그렇다면 왜 사람들은 자신의 속마음과 다르게 돈을 싫어한다고 말하는 것일까?

그 이유는 우선 인지 부조화cognitive dissonance 이론으로 설명이 가능하다. 인지 부조화는 자신의 마음이나 태도가 겉으로 표출된 행동과 일치하지 않을 때 심리적인 불편함을 느끼게 되며, 이를 해소하기 위해 다른 사람들이 이미 알고 있는 행동을 바꾸려 하기보다는 자신의 마음이나 태도를 바꾸는 것을 말한다.

이 이론은 1957년 미국의 사회심리학자 레온 페스팅거Leon Festinger의 실험에 의해 처음 제기되었다. 그는 실험에서 아주 지루한 일을 하게 한 후 사람들에게 그 일이 매우 재미있었다고 말해줄 것을 요청했다. 즉, 거짓말을 하게 한 것이다. 그러면서 거짓말의 대가로 한 그룹에게는 1달러를, 다른 그룹에게는 20달러를 지급하였다. 그러자 아주 흥미로운 결과가 나왔다. 20달러를 받은 사람들보다 1달러를 받은 사람들이 그 일이 '진짜로 재미있었다'라고 더 많이 대답한 것이다. 페스팅거는 이러한 결과가 인지 부조화를 해소하려는 심리작용 때문이라고 설명했다. 즉, 20달러를 받은 사람들은 많은 돈을 받았기 때문에 어쩔 수 없이 거짓말을 한 것이라고 자신을 정당화할 수 있었던 반면, 1달러를 받은 사람들은 여전히 마음의 불편이 남아 있어 '실제로 그 일이 재미있었다'라며 아예 생각을 바꾸어버린 것이다.

비슷한 예로, 6·25 전쟁 당시 중국의 포로가 된 미군 병사들이 공산주의 사상으로 세뇌를 당한 과정도 인지 부조화로 설명이 가능하다. 당시 중국은 미군 포로들을 고문하거나 강압적으로 공산주의 사상을 주입하지 않고, 단지 담배나 과자를 주면서 공산주의를 옹호하는 메모를 적도록 했다. 당시 미군들이 그 메모의 대가로 아주 호화로운 포상을 받았다면 포상을 위해 어쩔 수 없이 메모를 적었다는 명분이 성립되어 자신의 신조에 반하는 메모를 적었다는 심리적 압박감에서 벗어날 수 있었겠지만, 그들이 받은 것은 고작 과자나 담배와 같은 소소한 것들에 지나지 않았다. 이에 미군들은 공산주의가 비록 적이긴 해도 몇 가지 좋은 점도 있다고 자신의 신조를 수정함으로써 자신의 행위와 신조 사이에서 발생하는 부조화의 강도를 낮추는 모습을 보였다. 이것이 미군들이 세뇌를 당한 과정이었다.

돈에 대해서도 이러한 인지 부조화가 작용한다. 즉, 우리는 돈을 좋아하는 데도 불구하고 돈을 얻을 수 없는 상황에 처하게 되면 애써 자신은 원래 돈에 욕심이 없고 순수한 사람이라고 자기 합리화를 하게 되는 것이다. 페스팅거 교수의 실험에서 자신의 마음을 바꾼 학생들이나, 공산주의를 옹호하며 자신의 신조를 바꾼 미군들이나, 자신의 착한 마음을 나쁘게 물들인다며 돈을 욕하는 사람들이나 모두 똑같이 자신의 행동을 합리화하기 위한 심리에 지나지 않는다. 즉, 자신의 처지나 행동을 바꿀 수 없을 때 보다 쉽게 바꿀 수 있는 마음을 바꿈으로써 인지 부조화를 해결하고자 하는 것이다.

급기야 사람들은 돈을 아무리 벌려고 해도 잘 벌리지 않을 때 체념을 하게 되고, 그 체념이 돈을 많이 가진 사람들에 대한 시기와 질투로 나타나기도 한다. 사실 남들이 벤츠를 타든 말든 나는 버스를 타면 그만이고, 남들이 랍스터를 먹든 말든 나는 된장에 풋고추를 찍어 먹으면 그만인데, 괜히 남의 행복에 배 아파하는 심리가 작용하면서 애꿎은 돈을 탓하는 것이다. 하지만 이는 소경이 넘어진 후 지팡이를 탓하는 격이자, 아픈 사람이 자신이 아픈 이유를 다른 사람이 건강하기 때문이라고 핑계 대는 것과 별반 다르지 않다.

더 나아가 부자에 대한 불만 누적이 반 부자 정서로 확대되기도 한다. '재떨이와 부자는 모일수록 더럽다'라는 말은 반 부자 정서를 대변하는 대표적인 말이다. 그런데 자세히 보면 이러한 반 부자 정서에는 부의 불평등을 합리화하려는 마음이 내재되어 있다. 대개 사람들은 어떤 사람이 한 영역에서 장점을 가지면 다른 영역에서는 조금 모자라야 공평하다고 믿는다. 그래서 어떤 학생이 공부를 잘하면 최소한 얼굴이 못생기거나 성격이 나빠야지 세상이 공평하다고 말한다. 그러나 공부도 잘하고 얼굴도 예쁘고 성격까지 좋다면 졸지에 얄미운 사람이 되어 버린다. 그래서 '미인박명'이란 말도 나온다. 이런 논리라면 부자들은 불행해야 하고 정직하지 않아야만 한다. '군자유어의君

子喩於義 소인유어리小人喩於利', 즉 '군자는 의를 따르지만 소인은 이를 따른다'는 옛말은 그러한 논리를 뒷받침하기에 안성맞춤이다. 빈부의 격차가 심화되고 계층 간의 갈등이 고조될수록 서민들의 삶이 더욱 조명되고 그 안에 참 행복이 있다고 강조되는 것도 같은 맥락이다.

하지만 이는 세상이 공평하다고 믿고 싶어 하는 심리가 반영된 것일 뿐, 삶에는 큰 도움이 되지 못한다. 부자들의 흠을 잡는 말에 일시적인 위로를 받을 수 있을지는 몰라도 그 말이 장기적으로는 현실에 안주하게 만들고 부자가 되려는 의지를 꺾을 수도 있기 때문이다. 이는 '여자는 약하지만 엄마는 강하다'는 말로 여성들로 하여금 전통적인 엄마 역할에 머물도록 암시하는 것과 유사하다. 이 말에 여성들은 일시적으로 위로를 받을 수 있을지는 몰라도 여전히 여자는 약하다는 한계를 그대로 인정하는 격이다. 결국 아무리 부자를 나쁜 이미지와 연결시키더라도 그것이 가난에서 벗어나는 데 별 도움이 되지 않는 것이다.

한편 부자를 혐오하는 것은 돈을 나쁜 이미지와 연결시켜 생각하는 환경에 많이 노출된 탓도 있다. 이는 '쿨레쇼프 효과Kuleshov effect'를 통해 쉽게 이해할 수 있다.

구소련의 영화감독이었던 쿨레쇼프는 유명 배우 모주힌Mozhukhin의 무표정을 클로즈업으로 촬영한 후 똑같은 클로즈업 장면을 영화 속 세 개의 장면과 연결시켰다. 첫 번째 장면에서는 모주힌의 클로즈업 장면에 이어 책상 위에 놓여 있는 수프 한 접시를 보여주었고, 두 번째 장면에서는 모주힌의 클로즈업에 이어 관 속에 누워 있는 여자를 보여주었으며, 마지막으로 모주힌의 클로즈업 장면에 이어 소파 위에 흰옷을 입고 누워있는 여인의 모습을 보여주었다. 그러자 관객들은 모주힌이 수프를 보고 있을 때는 배가 고파 보인다 생각했고, 관 속의 여자를 볼 때는 슬퍼 보인다고 했으며, 소파 위에 누운 여인의 모습을 볼 때는 욕망의 감정을 이야기했다. 그러나 촬영 내내 모주힌은 한결같이 무표정을 유지했다.

이처럼 쿨레쇼프 효과는 같은 장면이더라도 그 전후에 어떤 이미지를 배치하느냐에 따라 관객이 느끼는 감정이 달라질 수 있다는 것을 보여주는데, 이는 그렇게 보여지는 화면이 관객의 경험을 통해 연상을 일으키기 때문이다. 즉, 일상생활의 경험상 관객들은 관 속에 누워 있는 사람을 볼 때면 슬픈 감정이 연상되고, 소녀가 노는 모습을 보면 유쾌한 감정이 연상되는 것이다. 그러므로 관객이 보는 장면은 사실 연상된 심리가 스스로에게 투사된 것일 뿐이다. 돈도 마찬가지다. 사실 돈은 배우 모주힌처럼 무표정하게 있을 뿐인데, 소설, 문학작품, 영화 등에서 돈에 이어 심술쟁이 부자의 모습, 돈 때문에 살인을 저지르는 장면, 돈 때문에 사랑을 배반하는 장면 등이 배치되다 보니 자신도 모르게 돈에 대해 나쁜 연상을 일으키는 것이다.

그리고 돈에 대한 혐오감을 갖는 또 다른 이유는 알게 모르게 우리가 돈에 대한 미움과 의심을 물려받은 탓도 있다. 우선 종교적으로 돈은 세속적 물건의 대표주자다. 돈의 속물성을 강조하면서 영혼과의 대립관계, 즉 선과 악의 구도 속에서 파악하는 것이 대개의 종교적 관점이다. 서양 문화의 토대가 되어온 『성경』만 보더라도 돈은 구원에 방해가 되는 모습으로 자주 등장한다. '낙타가 바늘귀로 들어가는 것이 부자가 하나님의 나라에 들어가는 것보다 쉽다'는 예수님의 설교

돈이란 무엇인가

라든가, 성전 안에서 장사하는 사람을 내쫓으며 상인들의 의자를 엎어버린 예수님의 행동은 그 의미를 떠나서 적어도 표면적으로는 종교의 영역과 경제의 영역을 분리시키는 것처럼 보인다.

그러다 보니 서구 문화 속에서는 근세에 이르기까지 돈을 벌고 소유하는 것이 죄악시되고 금기시되었으며, 돈을 빌려주고 이자를 받는 고리대금업은 구원을 받지 못하는 유대인들만의 행위로 간주되어 왔다. 고리대금업이 성행하던 중세에는 '돈이 악마의 배설물'이라는 말까지 나돌았다. 우리나라의 경우에는 '어린 녀석이 그렇게 돈만 알아서 뭐해', '황금 보기를 돌 같이 하라'는 식의 경제교육과 뿌리 깊은 유교적 청빈사상으로 인해 돈을 더러운 것으로 보며 천시하는 경향도 한 몫 했다. 이러한 전통과 문화가 이어지면서 우리는 자연스럽게 고결한 영혼이 세속적인 돈과 조화를 이룰 수 없다는 본능적인 저항감을 갖게 되었고, 자연스럽게 돈을 추구하는 삶이 비판받아 온 것이다.

하지만 세대를 거듭할수록 사람들은 돈에 대해 이전과는 다른 태도를 보이고 있다. 현대 사회가 돈을 중심으로 돌아가는 자본주의로 변했기 때문이다. 그러다 보니 놀부나 스크루지와 같은 구두쇠들도 더 이상 나쁜 인간들로 보지 않는다. 과거에는 그들이 '쩨쩨하다'는 평가를 받았을지 모르지만, 어떻게 보면 '쩨쩨하다'라는 말은 상대가 나의 이기적 욕망을 만족시켜주지 않을 때 나오는 평가에 불과할지도 모른다. 심지어 일부 경제학자들은 구두쇠를 '자원절약형 인간'으로 평하기도 한다. 스크루지와 같은 구두쇠는 남들이 일하지 않는 크리스마스 전날까지도 열심히 일했으며, 그렇다고 다른 사람들에게 어떤 피해도 주지 않았다. 게다가 자신이 번 돈을 은행에 예금할 경우 국가 경제 활성화에도 기여할 수 있는 것 아니겠는가.

이처럼 현대 사회에서는 돈을 소유하고 부자가 되고 싶은 욕망이 더 이상 나쁜 욕망으로 간주되지 않는다. 과거 같으면 돈 자랑 한다고 지탄을 받을 것들이 오히려 부러움을 사기도 한다. 한 예로, 연봉 100억 원이 넘는 스타 강사 이지영이 자신에게 1만 원이란 "대학 1학년 땐 하루 두세 끼 사먹을 수 있는 돈이었고, 25살 때는 시급이었고, 28살 때는 분급이었다. 서른이 넘어서 1만 원이란 가만히 있으면 통장에 몇 초면 붙는 돈"이라고 밝혔을 때 SNS는 그녀의 능력을 부러워하는 댓글로 도배가 되기도 했었다.

심지어 이제는 부자가 돈의 노예가 되는 것이 아니라 오히려 가난할수록 돈에 더 집착하게 되는 돈의 노예가 될 수 있다는 주장이 설득력을 얻고 있다. 요컨대, 돈이 없으면 아무 것도 할 수 없는 자본주의 사회에서 돈은 더러운 것도 아름다운 것도 아니며, 인간의 필요에 따라 자연스럽게 생겨난 유용한 도구일 뿐이다. 때문에 삶의 편리성을 더해줄 도구를 갖는 것은 현대 사회에서 자연스러운 일이다.

유대인의 경전 『탈무드』는 사람을 해치는 세 가지로 '근심, 말다툼, 빈 지갑'을 들면서, 그 중 '빈 지갑'이 가장 많은 상처를 준다고 말하고 있다. 또한 '부는 요새이고 가난은 폐허'라며 돈이 사람을 축복해 준다고까지 얘기한다. 이는 결벽증이 있는 사람들처럼 돈에 대해 부정적이었던 중세 기독교에 대비되는 매우 실용적인 관점이다. 실제로 자본주의가 일상화되어 있는 현대 사회에서 돈을 너무 부정적으로 보거나 윤리적으로 돈을 단죄하는 것은 그리 현명한 태도가 못 된다.

그리고 가난한 사람을 보는 시선과 부자를 보는 시선은 서로 독립적이다. 즉, 내가 돈을 좋아한다고 솔직히 말한다고 해서 그것이 곧 가난한 사람을 멸시하는 것이 아니라는 뜻이다. 때문에 돈을 좋아한다고 말하는 것을 너무 두려워할 필요가 없다. 속으로는 돈을 갈망하면서도 겉으로는 안 그런 척하는 태도가 오히려 더 이중적이다.

또한 돈을 혐오하고 돈이 적이라도 되는 것처럼 온갖 나쁜 면을 증명하려 하는 자세도 바람직하지 않다. 상대의 결함을 드러내어 나의 옳음을 증명하려고 하는 것은 정당성이 아닌 비겁함과 초라함만 드러낼 뿐이기 때문이다.

유대인 출신이자 독일의 사회학자였던 게오르그 짐멜이 살던 19세기 말의 유럽에는 '돈이 시작하는 곳에 문화는 끝난다'는 풍조가 만연했었다. 여기에는 돈의 물신성을 비판한 마르크스의 영향도 있었다. 그러나 짐멜은 돈에 기반을 둔 정신문화 양성을 통해 물신주의와 소외로 대표되는 자본주의의 폐해를 메꿀 수 있다고 보았다. 이는 사람들이 돈을 기반으로 친교를 맺고, 문화 강좌나 정치활동에 참여하는 등 돈이 인간관계의 고리가 되어 사회적·문화적 삶을 위한 경제적 토대가 되기 때문이다. 이에 그는 "돈은 개인의 영혼을 눈멀게 하기도 하지만, 또 개인을 영혼으로 돌아가게 한다"고 말하며 돈의 이중적 성격을 인정하였다.

로마의 철학자 세네카Seneca는 "돈은 지혜로운 사람에게는 노예요,

바보에게는 주인"이라고 말했다. 돈은 그것이 다른 재화나 서비스를 향유하기 위한 수단이 아니라 그 자체로 관념적인 목표가 될 때 위험할 뿐이다. 따라서 돈의 유용성과 더불어 그 이면에 존재하는 해로움에 대해 균형 잡힌 시각을 가질 필요가 있다.

돈이 사라진 사회

스타벅스 커피숍의 이름이 유래된 소설 『모비딕』을 쓴 허먼 멜빌 Herman Melville의 첫 작품은 『타이피』이라는 소설이다. 이 작품은 허먼 멜빌이 식인종으로 알려진 타이피족과 함께 1개월 정도 생활한 경험을 바탕으로 쓴 여행기 겸 소설이다. 그런데 이 소설 속에서 그려지는 타이피 사회는 돈이 존재하지 않는다. 유럽이나 미국과 같은 서양인들은 타이피족을 미개인으로 볼지 모르지만, 오히려 타이피는 범죄와 같은 문명사회의 해악으로부터 자유로운 유토피아 사회다. 그렇다면 소설 속 타이피에서와 같이 이 세상에 실제로 돈이 없어진다면 어떤 사회가 될까?

•• 돈 없는 사회를 꿈꾸다 ••

미국의 사회생물학자 레베카 코스타Rebecca Costa는 『지금, 경계선에서』이라는 책에서 다소 충격적인 실험을 소개하고 있다. 한 유명 대학의 대학원생들이 진행한 실험으로, 이 실험은 침팬지들이 인간처럼 화폐를 사용할 수 있는지 여부를 알아보기 위해 진행되었다. 그들은 우리 안에 있는 침팬지에게 일정량의 토큰을 주고, 그 토큰을 사용하여 먹을 음식과 교환할 수 있도록 했다. 몇 번의 시행착오를 겪으면서 침팬지들은 점점 토큰 시스템에 익숙해졌고, 토큰의 양에 따라 침팬지들이 구할 수 있는 음식의 양을 구별할 수 있게 되었다.

그런데 이 실험은 누구도 예상치 못한 상황으로 인해 중단되고 마는데, 그것은 침팬지들이 자신들이 습득한 경제 원리를 다른 영역에까지 사용하면서 우려스러운 일이 발생했기 때문이다. 암컷 침팬지들이 수컷을 유혹하고 성관계의 대가로 토큰을 받는가 하면, 먹이와 토큰이 담긴 쟁반을 내리쳐 내용물을 강탈하는 행위까지 나타냈다. 시간이 더 지나자 매춘과 강도뿐 아니라 물물 교환, 속임수, 비축, 심지어 비싼 먹을거리를 거래하는 원시적 형태의 암시장까지 나타났다.

이 실험은 돈 때문에 인류의 삶이 타락된 것이 아닌가하는 하는 생각을 하게 만든다. 아닌 게 아니라 현실에서도 실제로 그렇게 생각하는 사람들이 적지 않다. 이들은 세상의 모든 악과 범죄가 돈 때문에 발생한다고 여기기 때문에 돈이 없어질 경우 세상이 더 좋게 변할 것이라 생각한다. 실제로 영국의 저널리스트 데이비드 사우스웰David Southwell은 『조폭연대기』라는 책에서 범죄의 원인으로 '가난, 금지,

인간의 탐욕'을 들고 있다. 미국의 마피아도 이민자의 가난과 금주법 같은 국가의 통제 때문에 생겨났다고 기술하고 있다. 그런가 하면 러시아 작가인 막심 고리키Maxim Gorky는 '모든 비열한 행동은 배고픔을 면하기 위해 저질러진다'라고 말했고, 우리나라에도 '사흘 굶고 담 안 넘는 사람 없다', '오이의 씨는 있어도 도둑의 씨는 없다'라는 속담이 있다. 심지어 셰익스피어도 "돈은 독약보다 더 많은 살인을 한다"고 말한 바 있다. 이러한 견해는 범죄 뒤에는 항상 돈이 자리 잡고 있다는 인식을 대변해준다. 실제로 이를 입증하고자 하는 실험도 있었다. 미국 미주리주 정부가 생활 보조비와 식비 지원금을 지급하면서 현금으로 교환해야 하는 수표보다 전자카드로 제공할 때 강도와 폭행 같은 범죄가 현저히 줄어들었던 것이다.

그렇기에 사회악의 근원인 돈이 없어질 경우 보다 행복해질 거라고 생각하는 것도 무리는 아니다. 이러한 생각이 반영된 대표적인 작품이 영국의 신학자이자 철학자인 토마스 모어Thomas More가 집필한 『유토피아』다.[72] 일반적으로 이상세계의 대명사로 쓰이는 유토피아는 화폐가 폐지된 재산공유제에 기반한 사회다. 가공의 섬인 유토피아의 주민들은 화폐를 전혀 사용하지 않는 공동생활을 한다. 소설 속 유토피아에서는 모든 사유 재산이 폐지되고 계급 간 차별이나 차이가 존재하지 않는다. 생필품은 모두 배급되고 누구나 공짜로 원하는 것을 얻을 수 있어 그 누구도 부자가 되려는 생각을 하지 않는다. 유토

---

72) 유토피아utopia는 부정을 뜻하는 그리스어 '오우ou'에 장소를 뜻하는 '토피아topia'를 붙여 만든 말로, 원래 의미는 nowhere, 즉 '어디에도 없는 곳'이란 뜻이지만 이상세계를 대표하는 말로 흔히 사용된다. 이 밖에도 이상세계를 뜻하는 말로 파라다이스, 샹그릴라, 엘도라도, 무릉도원, 엘리시움 등이 있다.

피아 주민들은 아무도 돈을 갖고 있지 않다. 오히려 금과 보석은 경시되고, 다이아몬드는 아이들의 장난감으로 사용된다. 유토피아의 범죄자들은 금으로 된 사슬을 몸에 둘러야 하고 귀에는 금귀고리를 달아야 한다. 이는 가장 수치스럽고 혐오스러운 물건을 지니게 하여 범죄자들을 경멸하기 위한 조치이다.

비단 소설뿐 아니라 현실에서도 화폐 폐기를 주장한 이들이 많았다. 19세기 말 프랑스의 소설가 에밀 졸라는 "화폐는 폐기되어야 하며, 그래서 투기, 도둑질, 도박 등 소유욕으로부터 나오는 어떠한 범죄 행위도 더 이상 있어서는 안 된다"고 주장했으며, 18세기 실학자 이익은 그의 저서 『성호사설』에서 화폐의 유통이 부익부 빈익빈과 사치 풍조를 조장한다면서 돈을 폐지해야 한다는 주장을 펼쳤다. 19세기 마르크스와 프리드리히 엥겔스Friedrich Engels도 산업자본주의 시대에 화폐가 위험물이 되었다고 지적했다. 그들은 화폐로 말미암아 자본가가 노동자를 마음껏 착취할 수 있다고 보았다. 그러자 이러한 주장에 토지나 공장과 같은 주요 생산 수단의 사적 소유를 부정하고 사회적 소유를 통해 사회 전체의 복지를 실현하려는 '집산주의 사상 collectivism'을 주장했던 사람들이 동참했다. 하지만 이들은 돈이 없어진 후 세상에 어떤 일이 일어나게 될지에 대해서는 명쾌하게 대답하지 않았다.

그런데 역사에는 그 결과를 명쾌하게 알려주는 사례가 있다. 실제로 돈을 없애려는 시도가 있었기 때문이다. 대표적인 사례가 영국의 사회개혁 운동가 로버트 오웬Robert Owen의 실험이다.

오웬은 1832년 9월 런던에 '노동 중개소'라는 것을 열었다.[73] 그리고 사람들이 자기가 만든 물건을 아무런 비용도 지불하지 않고 서로 직접 교환할 수 있게 하였다. 대신 물건을 넘겨주는 사람들은 돈 대신 영수증과 노동 증서를 받았는데, 노동 증서에는 그 물건을 만드는 데 소요된 시간이 기록되었다. 사람들은 그 증서를 가지고 중개소의 장부를 통해 그에 알맞은 다른 상품을 가져갈 수 있었다.

사실 처음에는 노동 중개소가 어느 정도 성공한 것처럼 보였다. 런던의 극장까지도 오언의 시간 기록표를 일종의 지불 수단으로 받아들였기 때문이다. 그러나 그 성공은 오래가지 않았다. 중개소 상품이 균형 있게 구비되지 않았기 때문에 일부 물품은 부족해졌고, 어떤 물품은 지나치게 많이 쌓였다. 노동 중개소는 더 이상 이익을 남길 수 없었고, 결국 문을 닫을 수밖에 없었다. 화폐를 없애려고 했던 그의 시도가 2년도 안 돼 실패로 끝나버리고 만 것이다.

비단 돈을 없애려는 시도가 오언과 같이 개인적인 차원에서만 이루어진 것은 아니었다. 1975년 급진적 공산주의 단체인 크메르 루주 Khmer Rouge는 캄보디아의 프놈펜에 입성하면서 자본주의에서 공산

---

73) 로버트 오웬은 1815년 스코틀랜드 글래스고 근처에서 방적공장을 세웠고, 방적공장을 통해 빈곤과 타락과 나태를 추방할 수 있는지를 실험했다. 그는 방적공장에서의 노동시간을 11시간 미만으로 엄격히 통제했고 근로 규칙을 민주적으로 만들어 운영했다. 이 실험은 매우 성공적이었다. 그 후 오웬은 유토피아 건설을 목표로 1824년 미국 인디애나주 해안의 땅을 매입하여 그곳에 '뉴하모니New Harmony'라는 이름을 붙였지만, 사기꾼들이 몰려들면서 재산만 탕진하고 만다. 그리고 런던으로 돌아와 시도한 것이 '노동 중개소'였다.

주의로 바로 뛰어넘기 위해 착취의 상징인 돈을 아예 없애버렸다. 그들은 재산 압수를 선포하고, 사유 재산을 폐지했으며, 은행을 폭파시켜 버렸다. 심지어 학교, 병원, 사원까지 파괴해 버렸다.

그러나 그 결과는 참혹했다. 가장 안타까운 것은 전체 국민의 25퍼센트에 달하는 약 200만 명에 이르는 국민들이 학살되었다는 점이다. 학살의 이유는 매우 다양했다. 고등교육을 받은 사람들은 모두 처형되었고, 집에 TV나 라디오가 있으면 부르주아라는 이유로 처형당했다. 승려들 또한 국민을 교육할 위험이 있다고 처형당했고, 크메르족이 아닌 소수 민족들도 처형당했다. 일종의 우민화 정책이었다. 그러나 아이러니하게도 이러한 학살을 주도한 폴 포트Pol Pot는 프랑스 유학까지 다녀온 엘리트 지식인이었다. 이때 죽은 사람들이 묻힌 장소가 그 유명한 '킬링필드'다. 또한 인간을 지불 수단으로 삼는 일종의 노예제까지 복원되고 말았다. 실제로 크메르 루즈 치하에서 200만 명이 노예로 생을 마감했다.

그뿐만이 아니다. 1921년 레닌Lenin은 '황금 화장실' 이론을 내놓기도 했다. 이는 앞으로 공산주의가 온 세상에 도래하는 날에 황금은 아무런 가치가 없을 것이기 때문에 누구나 이용할 수 있는 공중화장실에 황금 변기를 설치할 것이라는 주장이었다. 사람들이 가장 고귀하고 값비싼 것으로 여기는 금속을 가장 불결한 시설인 화장실과 연계시킨 것은 공산주의 사회에서는 고귀함과 비천함의 구분이 없다는 것을 설명하기 위해서였을 것이다.

하지만 공산주의 사회에서 돈은 없어지지 않았다. 오히려 레닌의 황금 화장실 예언은 엉뚱한 곳에서 이루어지고 말았다. 2014년 미국의 여성 사업가 킴 카다시안Kim Kardashian과 그의 남편이자 유명 래퍼인 칸예 웨스트Kanye West가 미국 로스앤젤레스 자택에 실제로 황금 변기를 설치한 것이다.

•• 돈 없이 살 수 있을까 ••

지금은 코로나19로 인해 개최되고 있지 않지만, 해마다 8월 말이면 미국 네바다 주의 블랙 락 사막에서 버닝맨Burning Man 축제가 열렸다. 1986년 샌프란시스코에서 처음 시작된 버닝맨은 나무로 된 2.4미터 크기의 나무 인형을 태우는 행사를 기원으로 한다. 그 뒤 축제 참가자가 크게 늘면서 이제는 미국에서 가장 큰 규모의 축제로 자리잡았다.

그런데 버닝맨이 특이한 것은 9일의 축제 기간 동안 돈을 사용하지 않고 행사 공간 전체가 물물 교환 체제로 돌아간다는 점이다. 버닝맨은 행사를 위한 광고나 협찬을 일절 받지 않고 참가자들의 자발적 참여를 통해 운영된다. 축제 참가자들은 마술, 음식, 음악, 마사지 등 자신이 가진 다양한 재능을 이용해서 원하는 것을 얻는다. 먼 길을 달려온 참가자들은 스스로 텐트를 설치하고 직접 목공일을 해가면서 임시 거처를 만든다. 돈을 사용하지 않고 기존 제도의 구속을 받지 않는 공간에서 이처럼 돈을 가진 사람들이 극도로 호화로운 생활을 한다는 것이 일견 모순처럼 보이지만, 많은 사람들은 그것이 실리콘 밸리의 사업가들이 궁극적으로 꿈꾸는 세상이라고 말한다.

사실 버닝맨은 일종의 실험의 장으로 로버트 오웬의 노동 중개소와도 비슷하다. 그러나 버닝맨은 단 며칠 동안 소규모 커뮤니티에서 돈 없이 생활하는 것은 가능할지 모르지만, 노동 중개소와 마찬가지로 궁극적으로 현대 사회에서 화폐를 없애는 것이 불가능에 가깝다는 사실을 보여주었다. 실제로 버닝맨에서 돈 많고 시간이 부족한 일부 실리콘 밸리의 부자들이 디자이너와 목수들을 고용해 화려한 거처를 만들고, 뮤지션과 요리사를 동원해 초호화 파티를 열기도 했기 때문이다. 게다가 버닝맨 축제에 참가하기 위해 2,500달러 이상을 쓴 참가자의 숫자가 계속 늘고 있다는 조사도 있다.

　　이는 상품의 생산과 유통이 돈 없이 이루어지기 힘들거니와 돈이 인간의 삶과 너무나 깊이 결부되어 있다는 사실을 말해준다. 그래서 게오르그 짐멜은 인간이 관계적 존재로 존재하는 한, 인간관계를 이어주는 화폐는 절대로 사멸하지 않는다고 역설했다. 이는 화폐가 단순한 도구를 넘어 숙명으로서의 제도란 뜻이기도 하다.

　　또한 돈은 단순한 교환수단을 넘어 경제적 가치를 측정하고 기록하는 수단으로도 사용된다. 따라서 시장에서 돈으로 물건을 거래하지 않더라도 가치를 재는 척도로서의 수단은 존재할 수밖에 없다. 따라서 돈이 사라진다면 재화나 서비스의 가치를 측정하고 비교하는 것이 어려워져 아라비아 숫자의 쓸모가 크게 줄어들 것이다. 또한 재산을 축적하는 것을 목표로 열심히 일하던 사람들이 느끼는 허탈감과 상실감은 이루 말할 수 없이 커질지도 모른다.

　　또한 돈은 사회적 관계의 매개체로 작동하기 때문에 돈을 없애게 되면 마치 언어를 폐기한 것과 같아 문화적 향유를 누리는 것도 불가

돈이란 무엇인가

능해진다. 그러면 일부 돈을 터부시하는 종교인, 예술가, 문학가, 철학자들도 존재하지 못하게 된다. 마르크스조차도 돈을 없애고자 하는 시도에 대해 '마치 교황을 없애면 가톨릭이 없어질 것이라고 믿는 것'과 다를 바 없다고 비판한 바 있다. 이는 우리가 어떤 어려움에 처했을 때 그 어려움의 원인을 없애는 것만이 능사가 아니라는 것을 의미하기도 한다. 중국의 모택동이 실시한 '참새 없애기' 작전도 그러한 사례 가운데 하나다.

이 작전은 1955년 중국에서 한 농민이 제기한 '참새들 때문에 농사를 지을 수가 없다'는 탄원서로부터 시작되었다. 며칠 후 모택동은 쥐, 참새, 파리, 모기를 '사해四害'라고 칭하며 12년 안에 전국의 사해를 소멸할 것을 명했다. 이에 베이징에 지휘 본부가 만들어졌고, 1958년 4월 19일부터 대대적인 참새 소탕전이 전개되었다. 그 결과 하루에 6,412마리를 잡은 사람이 전국적인 영웅으로 추앙되는가 하면, 1958년에는 중국 전역에서 참새 2억 1,000만 마리가 잡히기도 했다.

그러나 생각지도 못한 문제가 발생했다. 바로 참새가 멸종되다시피 하자 농촌과 도시 가리지 않고 해충이 기승을 부린 것이다. 과학자들은 그 원인이 참새 소탕 때문이라고 밝혔다. 결국 모택동은 참새를 사해에서 제외시키고, 대신 바퀴벌레를 집어넣었다. 한편 당시 참새 소탕을 즐겼던 아이들은 10년 뒤 문화대혁명[74] 때 홍위병 완장을 차

---

74) 문화대혁명은 1966년부터 1976년까지 10년간 모택동에 의해 주도된 사회주의 운동으로, 전근대적인 문화와 자본주의를 타파하고 사회주의를 실천하는 것을 명분으로 삼았다. 이 운동으로 전통적인 중국의 유교문화가 붕괴되었고 계급 투쟁을 강조하는 대중 운동이 확산되었다. 뿐만 아니라 중고생과 대학생들을 위주로 한 홍위병 운동을 통해 200만 명이 죽어나갔다. 그 결과 경제는 피폐해졌고 사회혼란과 부정부패가 만연하게 되었다. 문화대혁명은 중국 사회를 30년 퇴보시켰다고 평가되고 있다.

고 정치적 반대파와 지식인 숙청에 동원되기까지 했다. 이만 저만한 부작용이 아니었다.

돈도 마찬가지다. 현대 사회에서 돈이 없어진다면 당장 인간은 물물 교환의 삶으로 돌아가야만 한다. 2000년대 중반 한 캐나다 청년이 물물 교환을 통해 종이에 끼우는 클립 하나로 집을 얻어 화제가 된 적이 있었다. 그는 클립을 펜으로, 펜을 문고리로, 문고리를 캠핑용 난로로 바꾸는 등 여러 번의 물물 교환 과정을 거쳐 결국 집까지 얻게 되었다. 작은 클립 하나가 수만 배로 뻥튀기한 것이다. 이런 사례를 보면서 혹자는 물물 교환에도 장점이 있다고 생각할지 모르지만, 이 청년은 집을 얻기까지 무려 1년 동안 14번의 교환 과정을 거쳐야 했고, 그 과정에서 직업도 내팽개치고 물물 교환에 모든 일과를 바쳐야만 했다.

비록 이 청년은 물물 교환을 통해 더 좋은 것을 얻을 수 있었지만, 그렇게 할 수 있었던 것은 어떤 물건에 대해 생각하는 가치가 저마다 달랐기 때문이다. 그러나 이러한 생각의 차이 때문에 실제로는 물건 간 교환이 꽤 어려울 수 있으며, 게다가 내가 가진 물건을 필요로 하는 사람을 직접 찾아다녀야 하고, 그 물건이 부피가 크고 무겁기라도 하면 교환에 더욱 어려움을 겪을 수밖에 없다.

이를 보면 잠시 동안은 돈 없는 세상이 가능할지 모르지만, 궁극적으로 돈 없는 현대 사회를 상상하기는 힘들다는 것을 알 수 있다. 결국 돈은 자본주의의 궁극적인 귀결인 셈이다.

맺음말

 먼 옛날 입에 풀칠하기도 힘들 정도로 곤궁하던 시절에는 "식사하셨어요?"라는 인사말을 자주 주고받았다. 먹는 일의 어려움과 소중함이 담겨있는 인사말이었다. 먹을 것에 여유가 없던 시절이었기에 '가는 손님은 뒤꼭지가 예쁘다'는 말까지 있었다. 그런데 오늘날에는 많은 사람 들이 "부자 되세요"라는 인사말을 자주 건넨다. 사실 과거처럼 먹는 일을 크게 걱정할 만한 시절이 아닌데도 "부자 되세요"라는 인사말을 반기는 것을 보면 현대인들이 그만큼 돈이 많이 필요한 환경에 살고 있거나, 아니면 돈에 대해 지나친 욕심을 부리고 있는 것이 틀림없어 보인다.

 그런데 문제는 이러한 욕심이 지나쳐 돈이 삶의 전부인 것처럼 여기며 살아가는 데 있다. 심지어 돈이 인간관계와 종교, 지식, 자신의 정체성을 모두 넘어서는 가장 위대한 존재로 여겨지기까지 한다. 그러다 보니 '돈'이라는 활주로만이 '인생'이라는 비행기가 뜨고 내려야 하는 길처럼 보이기도 한다.

하지만 문제는 그 활주로가 '화물숭배'와 같은 잘못된 허상일 수도 있다는 데 있다.

화물 숭배는 제2차 세계대전 후 남태평양의 원주민들이 보여준 모습에서 비롯된 말이다. 제2차 세계대전 중 미군은 일본군을 견제할 목적으로 남태평양 섬 곳곳에 임시 비행장과 활주로를 만들었다. 그리고 원주민들에게 코카콜라, 담배, 초콜릿, 전투식량과 같은 물품을 나누어주었다. 그런데 전쟁이 끝나 미군들이 섬에서 철수한 후, 원주민들은 미군들이 언젠가 다시 돌아올 것이라 믿으며 미군이 주둔했을 당시의 행동들을 모방하는 행동을 보였다. 그들은 대나무와 풀로 비행장을 만들고, 지푸라기로 비행기를 만들었으며, 대나무 총으로 미군의 훈련 모습을 흉내 내면서 미군의 귀환을 빌었다. 그러나 이러한 원주민들의 노력에도 불구하고 코카콜라를 실은 비행기는 다시 돌아오지 않았다. 원주민들은 미군이 왜 그곳에 비행장을 만들었는지를 깨닫지 못하고, 오로지 보이는 활주로를 흉내 내기만 하면 비행기가 착륙할 것으로 믿었다. 즉, 원주민들은 자신들의 머리로 이해되지 않는 것을 나름대로의 종교 의식을 통해 이해해보려 했던 것이다. 하지만 그들의 믿음은 허상을 숭배한 것에 지나지 않았다.

그런데 이러한 원주민들의 믿음이 현대인들이 돈에 대해 갖는 믿음일 수도 있다는 생각이 들 때가 있다. 그만큼 우리는 돈과 부에 대한 맹목적인 판타지를 멈추지 않고 있기 때문이다. 물론 돈을 추구하는 행위가 나쁜 것은 아니다. 하지만 풍부한 돈이 선사해주는 외형적인 모습만 추구하다 보면 돈에 대한 잘못된 숭배사상에 빠져 왜곡된 삶의 활주로가 만들어질 수도 있다. 그 활주로는 오직 돈만이 행복을 가져다줄 것이라는 인식의 활주로일 수도 있고, 오직 돈만을 추구하는 삶의 활주로일 수도 있다.

따라서 우리에게 필요한 것은 돈에 대한 허황된 믿음이 아니라 돈의 실체를 제대로 알고, 제대로 된 삶의 활주로를 만드는 일이다. 그러자면 돈이 삶에서 어떻게 작용하고 있는지를 알아야 하고, 돈이 무엇인지를 깊이 생각해봐야 한다. 한마디로 돈의 행동양식modus vivendi과 존재양식modus essendi을 모두 들여다봐야 하는 것이다. 그래서 이 책은 그런 내용을 다루어보고자 하였다.

물론 이 책을 읽었다고 해서 돈을 한 마디로 정의하기는 힘들 것이다. 그리고 돈에 대한 걱정이 사라지는 것도 아니다. 하지만 나름 돈에 대한 생각을 가다듬는 기회가 되었을 것이라 생각한다. 뿐만 아니라 돈과 얽혀있는 다양한 삶에 대해서도 다시 한번 생각해볼 수 있는 기회가 되었을 것이다. 그 생각들이 앞으로의 삶을 더 풍성하게 해 줄 것이라 믿는다.

마지막으로 이 책이 완성되기까지 항상 함께 해주신 하나님께 감사드리고, 또한 돈에 대해 솔직한 이야기를 함께 나누어 준 아내와 아들(수민), 딸(수연)에게도 사랑과 감사의 마음을 전한다. 그리고 책의 원고를 읽어보고 많은 조언을 해주신 전태영 한국은행 발권국장님께도 깊은 감사의 말씀을 드린다. 아울러 책을 멋지게 만들어주신 21세기북스의 김영곤 대표님, 장지윤 팀장님, 강문형 PM님, 그리고 모든 직원분들께도 깊이 감사드린다.

참고문헌

- 『경제학, 인문의 경계를 넘나들다』, 오형규 지음, 한국문학사, 2013년.
- 『경제학자의 인문학 서재』, 박정호 지음, 더퀘스트, 2020년.
- 『국부론』1~2, 애덤 스미스 지음, 동서문화동판, 2016년.
- 『니콜로 마키아벨리 군주론』, 니콜로 마키아벨리 지음, 후마니타스, 2014년.
- 『그들은 왜 뻔뻔한가』, 아론 제임스 지음, 추수밭, 2013년.
- 『금융 오디세이』, 차현진 지음, 메디치미디어, 2021년.
- 『금융으로 본 세계사』, 천위루, 양천 지음, 시그마북스, 2014년.
- 『금융의 모험』, 미흐르 데사이 지음, 부키, 2018년.
- 『금융의 역사』, 윌리엄 괴츠만 지음, 지식의 날개, 2019년.
- 『금융 투기의 역사』, 에드워드 챈슬러 지음, 국일증권경제연구소, 2021년.
- 『금 인간의 영혼을 소유하다』, 피터 번스타인 지음, 작가정신, 2010년.
- 『나는 남자보다 적금통장이 좋다』, 강서재 지음, 위즈덤하우스, 2004년.
- 『니코마코스 윤리학』, 아리스토텔레스 지음, 숲, 2018년.
- 『다국적 구름공장 안을 엿보다』, 이덕규 지음, 문학동네, 2003년.
- 『다 쓰고 죽어라』, 스테판 폴란, 마크 레빈 지음, 해냄출판사, 2009년.
- 『달러 이야기 : 달러의 탄생과 세계지배의 역사』, 홍익희 지음, 한스미디어, 2014년.
- 『달러패권』, 왕윤종 지음, 프리이코노미북스, 2016년.
- 『도스토예프스키, 돈을 위해 펜을 들다』, 석영중 지음, 예담, 2008년.
- 『돈』, 에밀 졸라 지음, 문학동네, 2017년.
- 『돈과 삶』, 임석민 지음, 펭귄, 2018년.

돈이란 무엇인가

- 「돈 버는 심리 돈 새는 심리」, 최인철 지음, 랜덤하우스코리아, 2005년.
- 「돈, 사회와 경제를 움직인 화폐의 역사」, 펠릭스 마틴 지음, 문학동네, 2019년.
- 「돈으로 살 수 없는 것들」, 마이클 샌델 지음, 와이즈베리, 2012년.
- 「돈의 심리학」, 개리 벨스키, 토마스 길로비치 지음, 한스미디어, 2008년.
- 「돈의 역사와 비밀 그 은밀한 유혹」, 잭 웨더포드 지음, 청양, 2001년.
- 「돈의 인문학」, 김찬호 지음, 문학과지성사, 2011년.
- 「돈의 지혜」, 파스칼 브뤼크네르 지음, 흐름출판, 2019년.
- 「돈의 흐름으로 읽는 세계사」, 오무라 오지로 지음, 위즈덤하우스, 2018년.
- 「돈의 힘」, 클라우디아 해먼드 지음, 위너스북, 2017년.
- 「뒤를 돌아보면서 : 2000~1887」, 에드워드 벨러미 지음, 지식을만드는지식, 2011년.
- 「디지털 화폐가 이끄는 돈의 미래」, 라나 스워츠 지음, 북카라반, 2021년.
- 「머니쇼크」, 클라우스 뮐러 지음, 이마고, 2008년.
- 「문화경제학」, 데이비드 트로스비 지음, 한울아카데미, 2013년.
- 「미래의 부」, 스탠 데이비스, 크리스토퍼메이어 지음, 세종서적, 2000년.
- 「북학의」, 박제가 지음, 서해문집, 2003년.
- 「살아온 기적, 살아갈 기적」, 장영희 지음, 샘터, 2019년.
- 「삶의 물음에 '예'라고 대답하라」, 빅토르 프랑클 지음, 산해, 2009년.
- 「상도」1~3, 최인호 지음, 여백, 2000년.
- 「상식 밖의 경제학」, 댄 애리얼리 지음, 청림출판, 2018년.
- 「성공하는 남자의 옷차림」, 존 몰로이 지음, 황금가지, 2005년.
- 「세계사를 바꾼 돈」, 안계환 지음, 클라우드나인, 2020년.
- 「소비의 사회」, 장 보드리야르 지음, 문예출판사, 2015년.
- 「신곡」, 단테 알리기에리 지음, 민음사, 2007년.
- 「약자를 위한 경제학」, 이정우 지음, 개마고원, 2014년.
- 「50대 사건으로 보는 돈의 역사」, 홍춘욱 지음, 로크미디어, 2019년.
- 「위대한 개츠비」, 스콧 피츠제랄드 지음, 문학동네, 2010년.
- 「음식 경제사」, 권은중 지음, 인물과사상사, 2019년.
- 「조폭 연대기」, 데이비드 사우스웰 지음, 이마고, 2008년.
- 「죄와 벌」, 도스토예프스키 지음, 민음사, 2012년.
- 「죽음의 집의 기록」, 도스토예프스키 지음, 열린책들, 2010년.
- 「지금, 경계선에서」, 레베카 코스타 지음, 쌤앤파커스, 2011년.
- 「지급결제의 주역들」, 안예홍 지음, 한울아카데미, 2021년.
- 「통찰의 시대」, 에릭 캔델 지음, 알에이치코리아, 2014년.

- 『파우스트』, 요한 볼프강 폰 괴테 지음, 문학동네, 2010년.
- 『한국인의 돈』, 김열규, 곽진석 지음, 이숲, 2009년.
- 『현금없는 사회』, 로스 클라크 지음, 시그마북스, 2019년.
- 『화폐의 종말 : 지폐 없는 사회』, 케네스 로고프 지음, 다른세상, 2016년.
- 『Island of Stone Money』, William Henry Furness, 1910.
- ⟨A Fine is a Price⟩, Uri Gneezy, Aldo Rustichini, The Journal of Legal Studies, Vol 29(1), 2000, 1-17.
- ⟨Are People Willing to Pay to Reduce Others' Incomes?⟩, Daniel John Zizzo, Andrew Oswald, Annales d'économie et de Statistique, 2000.
- ⟨Beauty and the Labor Market⟩, Daniel S. Hamermesh and Jeff E. Biddle, The American Economic Review, Vol 84(5), 1994, 1174-1194.
- ⟨Creating When You Have Less : The Impact of Resource Scarcity on Product Use Creativity⟩, Ravi Mehta, Meng Zhu, Journal of Consumer Research, Vol 42(5), 2016, 767-782.
- ⟨Credit Cards as Spending Facilitating Stimuli : A Conditioning Interpretation⟩, Richard A. Feinberg, Journal of Consumer Research, Vol 13(3), 1986, 348-356.
- ⟨Does Economic Growth Improve the Human Lot? Some Empirical Evidence⟩, Richard A. Easterlin, Nations and Households in Economic Growth, 1974, 89-125.
- ⟨Does Higher Income Make You More Altruistic? Evidence from the Holocaust⟩, Mitchell Hoffman, The Review of Economics and Statistics, Vol 93(3), 2011, 876-887
- ⟨Does Money Buy Happiness? A Brief Summary of "High Income Improves Evaluation of Life But Not Emotional Well Being"⟩, Daniel Kahneman and Angus Deaton, PNAS Early Edition, 2010.
- ⟨Economic Growth and Subjective Well-Being : Reassessing the Easterlin Paradox⟩, Betsey Stevenson, Justin Wolfers, Brookings Papers on Economic Activity, Vol 39(1), 2008, 1-102.
- ⟨Employee Positive Emotion and Favorable Outcomes at the Workplace⟩, Barry M. Staw, Robert I. Sutton, Lisa H. Pelled, Organization Science, Vol 5(1), 1994, 51-71.
- ⟨Happiness, Income Satiation and Turning Points around the World⟩, Andrew T Jebb, Louis Tay, Ed Diener, Shigehiro Oishi, Nature Human Behaviour, Vol 2, 2018, 33-38.
- ⟨Is More Always Better? : A Survey on Positional Concerns⟩, Sara J. Solnick, David Hemenway, Journal of Economic Behavior & Organization, Vol 37(3), 1998, 373-383.
- ⟨Lottery Winners and Accident Victims : Is happiness Relative?⟩, Brickman, P., Coates,

D., & Janoff—Bulman, R., Journal of Personality and Social Psychology, Vol 36(8), 1978, 917—927.

- 〈Monetary Theory and the Great Capitol Hill Baby Sitting Co—op Crisis : Comment〉, Joan Sweeney and Richard James Sweeney, Journal of Money, Credit and Banking, Vol 9(1), 1977, 86—89.

- 〈Money and the Fear of Death : The Symbolic Power of Money as an Existential Anxiety Buffer〉, Tomasz Zaleskiewicz, Agata Gasiorowska, Pelin Kesebir, Aleksandra Luszczynska, TomPyszczynski, Journal of Economic Psychology, Vol 36, 2013, 55—67.

- 〈Money Giveth, Money Taketh Away : The Dual Effect of Wealth on Happiness〉, Quoidbach, J., Dunn, E. W., Petrides, K. V., &Mikolajczak, M., Psychological Science, Vol 21(6), 2010, 759—763.

- 〈Money is Memory〉, Narayana R. Kocherlakota, Journal of Economic Theory, Vol 81(2), 1998, 232—251.

- 〈Money Priming Can Change People's Thoughts, Feelings, Motivations, and Behaviors : An Update on 10 Years of Experiments〉, Kathleen D. Vohs, Journal of Experimental Psychology, Vol 144(4), 2015, 86—93.

- 〈Restitution Receipts, Households Savings and Consumption Behavior in Israel : A Case Study of the Effect of Personal Restitution Receipts from West Germany on Savings and Consumption Behavior of Israeli Households〉, Michael Landsberger, 1970.

- 〈Some Consequences of Having Too Little〉, Anuj K. Shah, Eldar Shafir, Sendhil Mullainathan, Science, Vol 388(6107), 2012, 682—685.

- 〈The Benefits of Frequent Positive Affect : Does Happiness Lead to Success?〉, Sonja Lyubomirsky, Laura King, Ed Diener, Psychological Bulletin, Vol 131(6), 2005, 803—855.

- 〈The Economic Organization of P.O.W Camp〉, R.A.Radford, Economica, Vol 12(48), 1945, 189—201.

- 〈The Effects of Poverty on Childhood Brain Development : The Mediating Effect of Caregiving and Stressful Life Events〉, Joan Luby, Andy Belden, Kelly Botteron, Natasha Marrus, Michael P. Harms, Casey Babb, Tomoyuki Nishino, Deanna Barch, JAMA Pediatrics, Vol 167(12), 2013. 1135—1142.

- 〈The Financial Consequences of Too Many Men : Sex Ratio Effects on Saving, Borrowing, and Spending〉, Griskevicius, V., Tybur, J. M., Ackerman, J. M., Delton, A. W., Robertson, T. E., & White, A. E., Journal of Personality and Social Psychology, Vol 102(1), 2012, 69—80

- 〈The Perceived Size of Coins in Normal and Hypnotically Induced Economic States〉, Wayne R. Ashley, Robert S. Harper and Dale L. Runyon, The American Journal of Psychology, Vol 64(4), 1951, 564–572.
- 〈The Rich—love Them or Hate Them? Divergent Implicit and Explicit Attitudes toward the Wealthy〉, Suzanne Horwitz, John F. Dovidio, Group Processes & Intergroup Relations, Vol 20(1), 2017, 3–31.
- 〈The Wizard of Oz as a Monetary Allegory〉, Hugh Rockoff, Journal of Political Economy, Vol 98(4), 1990, 739–760.
- 〈The Wizard of Oz : Parable on Populism〉, Henry Littlefield, American Quarterly, Vol 16(1), 1964, 47–58.
- 〈Time, Money, and Morality〉, Francesca Gino, Cassie Mogilner, Psychological Science, Vol 25(2), 2014, 414–421.
- 〈Will Money Increase Subjective Well—Being?〉, Ed Diener & Robert Biswas—Diener, Social Indicators Research, Vol 57, 2002, 119–169.

돈이란 무엇인가

KI신서 10266

돈이란 무엇인가

1판 1쇄 발행 2022년 5월 25일
1판 2쇄 발행 2022년 7월 22일

지은이 조병익
펴낸이 김영곤
펴낸곳 (주)북이십일 21세기북스

정보개발팀 장지윤 강문형
디자인 박지영
출판마케팅영업본부 본부장 민안기
마케팅1팀 배상현 한경화 김신우 이보라
출판영업팀 이광호 최명열
제작팀 이영민 권경민

출판등록 2000년 5월 6일 제406-2003-061호
주소 (10881) 경기도 파주시 회동길 201(문발동)
대표전화 031-955-2100 **팩스** 031-955-2151 **이메일** book21@book21.co.kr

(주)북이십일 경계를 허무는 콘텐츠 리더

21세기북스 채널에서 도서 정보와 다양한 영상자료, 이벤트를 만나세요!

페이스북 facebook.com/jiinpill21　　**포스트** post.naver.com/21c_editors
인스타그램 instagram.com/jiinpill21　**홈페이지** www.book21.com
유튜브 youtube.com/book21pub

당신의 인생을 빛내줄 명강의! 〈유니브스타〉
유니브스타는 〈서가명강〉과 〈인생명강〉이 함께합니다
유튜브, 네이버, 팟캐스트에서 '유니브스타'를 검색해보세요!